红十字交叉学科
基础研究丛书

国际红十字运动讲义

刘选国　马　强　编著

GUOJI
HONGSHIZI YUNDONG
JIANGYI

苏州大学出版社
Soochow University Press

图书在版编目(CIP)数据

国际红十字运动讲义 / 刘选国,马强编著. -- 苏州：苏州大学出版社,2023.7 (2024.4重印)
(红十字交叉学科基础研究丛书 / 王汝鹏主编)
ISBN 978-7-5672-4439-9

Ⅰ.①国… Ⅱ.①刘… ②马… Ⅲ.①红十字会－研究 Ⅳ.①C913.7

中国国家版本馆 CIP 数据核字(2023)第 106812 号

GUOJI HONGSHIZI YUNDONG JIANGYI
国际红十字运动讲义

编　　著	刘选国　马　强
责任编辑	刘荣珍
装帧设计	吴　钰
出版发行	苏州大学出版社(Soochow University Press)
社　　址	苏州市十梓街1号　邮编:215006
印　　刷	苏州工业园区美柯乐制版印务有限责任公司
网　　址	www.sudapress.com
邮　　箱	sdcbs@suda.edu.cn
邮购热线	0512-67480030
销售热线	0512-67481020
开　　本	718 mm×1 000 mm　1/16
印　　张	17.75
字　　数	273 千
版　　次	2023 年 7 月第 1 版
印　　次	2024 年 4 月第 2 次印刷
书　　号	ISBN 978-7-5672-4439-9
定　　价	50.00 元

发现印装错误,请与本社联系调换。服务热线：0512-67481020

General preface 总序

推动交叉学科建设
促进红十字事业高质量发展

中国红十字会会长、红十字国际学院名誉院长

陈竺

1862年,国际红十字运动创始人亨利·杜南先生根据亲身经历撰写的《索尔费里诺回忆录》在日内瓦出版。亨利·杜南先生当年在书中提出的两项重要建议,开启了国际红十字运动波澜壮阔的辉煌历程。在该书出版160周年之际,红十字国际学院组织编写(译)的"红十字交叉学科基础研究丛书"将由苏州大学出版社正式出版,非常有意义。相信这套丛书的出版,将进一步提升红十字交叉学科建设的规范化、专业化水平,有力推动红十字国际学院的建设和中国特色红十字事业的高质量发展。

红十字运动自1863年在欧洲诞生,从致力于救护战争中的伤兵,扩展到保护战争中的战俘、平民,进一步延伸到维护人类的生命、健康、尊严以及世界的和平与发展,成为历史最悠久、规模最大的世界性人道主义运动。多年来,国际红十字组织和先后成立的亨利·杜南学

院、索尔费里诺学院对红十字运动做过很多研究和探索，不断深化拓展红十字运动的理论与实践，推动国际人道法成为较为完整的国际法分支，形成了独到的法理体系，取得了丰硕的成果，在卫生健康、防疫、救灾、社区发展、志愿服务等方面也有了丰富的实践经验和众多的培训课程，编写出版了很多书籍。但是，截至目前，还没有创建一个涵括红十字运动所有业务领域的专业学科，也没有出版成体系的红十字交叉学科方面的丛书。

随着中国特色社会主义进入新时代，中国在国际事务中扮演着越来越重要的角色。在我国积极履行国际责任和开展国际人道援助的时代背景下，建设强大的国家红会，在国际红十字运动中进一步发挥引领作用，成为中国红十字会和当代中国红十字人的使命和职责。2019 年 8 月，中国红十字会总会、中国红十字基金会和苏州大学联合创办了首个红十字国际学院，旨在打造红十字人才培养基地、红十字运动研究高地、红十字文化传播阵地和国际人道交流合作平台。学院成立以来，为推动红十字相关专业的交叉学科建设，决定编写出版一套"红十字交叉学科基础研究丛书"，既作为红十字运动研究者、人道教育工作者和红十字组织实务工作者开展相关研究的基础资料，又作为红十字国际学院的教学参考书。这是红十字国际学院建设的一件大好事。

建设交叉学科逐渐成为当代科学发展的重要趋势。交叉学科的优势在于融合不同学科的范式，通过资源整合和思想交融，以整体化思维综合性解决重大理论与实践问题，促进多学科复合型人才的培养。红十字事业是一项崇高的事业，也是一项颇具挑战性的专业工作，需要实践探索，也需要理论研究和指导。一个合格的红十字工作者，不仅要承担保护战争中的伤兵、战俘和平民的职责，更需要在自然灾害、重大疫情等突发事件的人道救助中展现专业救援能力。这就要求红十字工作者应具备医学、管理学、社会学、语言学、心理学、传播学等多方面的学科知识和经验，仅靠任何一门单一的学科知识都不足以保障工作的开展，需要交叉科学的思维和知识经验的交汇来引路。

面对日益复杂多元的人道需求和频发的人道主义危机，红十字交叉学科应当建立在法学、社会学、伦理学、公共管理学、传播学、历史学、经济学、营销学、公共卫生学、语言学和应急管理学等多元学科的基础上，丰富拓展现有红十字运动的理论和实践，以综合性、系统性的交叉知识体系，以多元视角和多路径解决问题的思路方法，更高效地应对人类社会面临的复杂挑战。

编写出版"红十字交叉学科基础研究丛书"，是一项宏大的系统工程，同时也是一项填补空白的新事业。希望红十字国际学院和苏州大学出版社精心策划，认真做好丛书出版工作；也希望人道公益领域的专家学者和具有实践经验的实务工作者积极支持和参与，本着科学、求实、严谨、创新的精神，认真研讨，精心编写，吸纳最新的红十字实践经验和理论创新成果，从弘扬人道主义精神、培养人道公益人才、创新红十字理论、指导人道实践的实际需求出发，构建未来红十字工作者应当具有的完备知识体系。

习近平总书记指出，红十字是一种精神，更是一面旗帜，跨越国界、种族、信仰，引领着世界范围内的人道主义运动。进入新时代，迈上新征程，红十字事业迎来新的发展机遇。希望红十字国际学院广大师生、各相关学科的专家学者、红十字同仁和国内外红十字组织，积极支持红十字交叉学科的创建和基础研究丛书的编写出版，认真总结汲取红十字运动的宝贵经验，融汇建立新的红十字科学知识体系，推动国际红十字运动更快更好发展，续写人道事业的灿烂华章。

目录

第一章　国际红十字运动的诞生　001

第一节　国际红十字运动诞生的经济和社会背景　001

第二节　国际红十字运动诞生的思想和文化基础　007

第三节　国际红十字运动诞生的过程　013

第四节　国际红十字运动诞生的社会意义　016

第二章　红十字国际委员会　026

第一节　红十字国际委员会的历史与发展　026

第二节　红十字国际委员会的法律地位和组织结构　031

第三节　红十字国际委员会的使命、经费和工作　037

第四节　红十字国际委员会与国际人道法　046

第三章　红十字会与红新月会国际联合会　052

第一节　红十字会与红新月会国际联合会的历史与发展　053

第二节　红十字会与红新月会国际联合会的职能和组织结构　057

第三节　红十字会与红新月会国际联合会的工作、经费、事务和合作　064

第四章　国家红会　071

第一节　国家红会的历史与发展　071

第二节　国家红会的设立与批准　074

第三节　国家红会的职责与任务　080

第四节　国家红会的角色定位及发展运营　100

第五章　国际红十字运动的组织与运行　127

第一节　国际红十字运动的组成部分　127

第二节　国际红十字运动的法定机构　129

第三节　国际红十字运动的标志　131

第四节　国际红十字运动的基本原则　139

第五节　国际红十字运动的协调与合作　150

第六章　国际人道法　　158

　　第一节　国际人道法概述　　158
　　第二节　海牙法　　167
　　第三节　日内瓦法　　170
　　第四节　国际人道法的实施和执行　　199

第七章　国际红十字运动与国际组织　　209

　　第一节　国际红十字运动与国际组织创新　　209
　　第二节　国际红十字运动与联合国　　224
　　第三节　国际红十字运动与奥林匹克运动　　237

第八章　国际红十字运动面临的挑战与展望　　250

　　第一节　二战以来面临的人道主义挑战　　251
　　第二节　联合国可持续发展目标及红十字行动　　258
　　第三节　国际红十字运动展望　　260

后记　　270

第一章
国际红十字运动的诞生

◇ 学习目标：

1. 了解并领会国际红十字运动诞生的历史背景。
2. 了解国际红十字运动诞生的一般过程、主要内容和组织架构。
3. 了解并掌握国际红十字运动诞生的社会意义。

国际红十字运动，又称国际红十字与红新月运动，它源于欧洲，是社会进步与发展的产物，它根植于人类共同的理性与文化，为人类社会的自我救赎和风险防控提供了新的范式和机制，成为国际民间外交和促进世界和平的重要力量。

与联合国运动、奥林匹克运动并称为"世界三大国际运动"的国际红十字运动，不仅具有深刻的人类社会发展的历史逻辑和多样性文化基础，也具有丰富的实践性内涵和深远的社会影响。

第一节 国际红十字运动诞生的经济和社会背景

国际红十字运动肇始于19世纪中叶的欧洲战场救护，是人道行动制度化的引领者。结合近现代欧洲经济社会发展的时代背景，有利于理解国际红十字运动诞生的历史必然性。

一、经济和社会基础

国际红十字运动在人类递进的近现代历史进程中诞生、发展，具有持久的内在动力，人口、经济生产和贸易、公民组织等为其提供了深厚的经济和社会基础。

（一）人口和经济发展

工业化大生产和世界市场的形成为国际红十字运动提供了经济基础。人类社会进入18世纪之后，煤炭、铁和水力的利用及技术进步，特别是瓦特蒸汽机（Watt's steam engine）①、哈格里夫斯的珍妮纺纱机（Hargreaves's Spinning Jenny）和阿克莱特的水力纺纱机与卷轴机（Arkwright's Water Frame and Reels）等机器的发明与应用，推动产生了在英国首先出现、后又传遍西方世界的工业生产方法。1825年，英国解除了禁止机器出口的禁令，大工业生产力逐渐向世界各地传播。资本输出已经具有了重要意义，它"加速了最落后的国家里的资本主义发展"。至19世纪中叶，工业革命在欧美主要国家完成或迅速发展，大工业生产力渗透全球，世界市场基本形成。工业化以前所未有的大生产方式推动了人类社会的急剧转型与发展。1840年，欧洲人口达到约2.58亿，国民生产总值达到670亿美元，人均国民生产总值为260美元。其中，俄国国民生产总值最高，为122亿美元，人口也最多，为6 600万，人均国民生产总值达到185美元；联合王国（英国）人均国民生产总值最高，为406美元，远远超过位列第2的法国；瑞士、德国、奥匈帝国、意大利的人均国民生产总值都在250美元以上，依次排在第3到第6位；瑞士人口最少，也达到220万。参见表1-1。

表1-1　1840年欧洲及欧洲主要国家人口和经济状况②

国家或地区	国民生产总值/亿美元	人口/百万	人均国民生产总值/美元	出口值/亿美元	出口比率/%
欧洲	670.00	257.8	260	8.70	1.30
俄国	122.00	66.0	185	0.67	0.55

---

① 大英百科全书网络版［EB/OL］.［2022-11-6］. https://www.britannica.com/biography/James-Watt.

② 根据《剑桥欧洲经济史》（彼得·马赛厄斯，悉尼·波拉德主编）相关数据制表。产值和出口值按1960年不变美元价格计量。

续表

国家或地区	国民生产总值/亿美元	人口/百万	人均国民生产总值/美元	出口值/亿美元	出口比率/%
联合王国（英国）	107.50	26.5	406	2.54	2.36
法国	107.00	34.2	313	1.50	1.40
德国	83.00	31.2	266	1.35	1.63
奥匈帝国	81.00	31.3	259	0.43	0.53
意大利	55.00	22.0	250	0.60	1.09
瑞士	6.00	2.2	273	0.40	6.67

机器生产促进了经济快速发展，出口经济初露峥嵘。1840年，欧洲对外（欧洲以外的国家和地区）出口值达到8.70亿美元，占国民生产总值的1.30%。其中，联合王国（英国）出口值为2.54亿美元，占国民生产总值的2.36%。1815—1914年的百年间，欧洲对欧洲以外国家和地区的出口量增加近40倍。外贸开始成为连接和影响国家间关系的重要因素，也推动了以世界市场为基础的世界经济体系的形成，极大提高了生产力水平。"资产阶级在它的不到一百年的阶级统治中所创造的生产力，比过去一切世代创造的全部生产力还要多，还要大。"① 世界市场和贸易体制的形成为诸如红十字运动的兴起和世界性联合提供了经济基础。

（二）公民组织兴起

劳工组织和公民社团的兴起为社会再组织化提供了新的路径。机器化大生产同时带来了劳工问题和劳工组织的兴起。18世纪末之前，伦敦的排字工人已经成功地通过向他们的主管请愿来提高计件工价，地方官员也鼓励在印刷工人、铁匠和鞋匠、帆篷制造者及其他技艺工人中成立工联类组织。在美国，最早出现的是1792年在费城成立的鞋匠协会，以及城市范围的印刷工人、木匠和裁缝组织。英美两国的这些工人联合

---

① 马克思，恩格斯. 共产党宣言［M］//马克思恩格斯文集：第2卷. 北京：人民出版社，2009：36.

会提供了最初的社会链接（如某种自组织）和共同利益（如某种形式的失业或疾病保险），但更重要的是塑造起了工业生产中与机器和资本对抗的平衡力量。到了1800年，罢工作为表达不满的一种方式，在大西洋两岸日渐盛行。

英国工人运动更早关注全国性组织形式。1829年12月，来自曼彻斯特的一位名叫约翰·多尔蒂的年轻棉花操作工成立了大不列颠及北爱尔兰纺织操作者协会，该协会组织从兰开夏郡和约克郡向整个国家扩展。接下来的一年里，多尔蒂又辅助建立了一个更为有雄心的组织，即全国劳工保护协会（NAPL）。这个组织将团结对象从纺织行业扩大到其他行业，比如印花工人、纺丝工人、羊毛工人、针织品工人，以及铸工、煤炭矿工、陶匠等其他行业工人。全国劳工保护协会为帮助英国各地工人提高工资水平发起诸如罢工等行动。1834年成立的全国大团结工会（GNCTU）在结构和功能上更加细密，它一方面致力于组织内部结构演进，促进协会的内部结构系统化，另一方面强化组织功能的总体性控制，协调工资谈判和罢工。至1834年的夏天，它差不多有50万成员。①"大工业把大批互不相识的人们聚集起来。……随着资本家为了压制工人而逐渐联合起来。……在斗争（我们仅仅谈到它的某些阶段）中，这批人联合起来，形成一个自为的阶级。"②"当时资产阶级的胜利意味着新社会制度的胜利，资产阶级所有制对封建所有制的胜利……在更大得多的程度上反映了当时整个世界的要求。"③公民组织的兴起成为该时期欧洲和北美地区的新生社会结构形态，为工业化和世界市场化过程中出现的发展问题提供了新的解决方案。

二、资本主义扩张导致战争频发

为在逐步形成的资本主义世界体系中占有地位，新兴的资本主义各国间的角力渐强，纷纷借助军事手段裹挟贸易，争夺他国利益，走上了

---

① 彼得·马赛厄斯，悉尼·波拉德. 剑桥欧洲经济史：第8卷［M］. 王宏伟，钟和，等译. 北京：经济科学出版社，2004：502.

② 马克思，恩格斯. 马克思恩格斯选集：第4卷［M］. 中共中央马克思恩格斯列宁斯大林著作编译局，编译. 北京：人民出版社，1958：196.

③ 马克思，恩格斯. 马克思恩格斯选集：第6卷［M］. 中共中央马克思恩格斯列宁斯大林著作编译局，编译. 北京：人民出版社，1961：125.

向帝国主义发展的武力扩张阶段，导致大规模战争频发。

（一）战争导致伤亡剧增

进入19世纪，资本主义列强武力扩张引发的战争已变成了大规模灾害性事件，数以万计的士兵可能会在数小时内受伤或死亡。

在亨利·杜南（Henri Dunant，1828—1910年）生活的时代，战争仍然被视为"英雄"的事业，是君主和国家解决国际争端约定俗成的方式。被称为"欧洲病夫"的奥斯曼帝国正在走向衰落，其他欧洲列强加快争夺战利品，通过武力征服的方式瓜分新兴国家的领土，如俄罗斯与英国、法国为争夺小亚细亚地区权利而发起的克里米亚战争（1853—1856年），法国在墨西哥的殖民战争，促使德国走向统一的普奥战争（1866年）和普法战争（1870年）等，战争的惨烈程度甚至超过了1618—1648年的欧洲三十年战争（Thirty Years' War）。因为各类技术创新和制度创新的综合运用在战场上已开始产生致命后果，这导致短时间内伤亡人数迅速增加。首先，欧洲主要国家都开始实施法国大革命期间发明的征兵制度，兵源规模迅速扩大，士兵被看作是可随意摆布的商品。其次，弹道学和爆炸物的发展使得火炮、步枪和机枪射击更精确，杀伤威力更大。最后，铁路的修建使得部队的集结和转移达到了前所未有的速度和规模。例如美国南北战争时期，1863年7月爆发的葛底斯堡战役中，仅3天就有4.6万人失去战斗力（阵亡、受伤、失踪或被俘）。1870年的普法战争更是使这种伤害大范围波及平民。①

"如果战争的杀伤力得到提升，人们的慈悲心肠也应该有相应的提升。"红十字运动创始人早年间说的这句话揭示了战争的巨大危害及其对红十字运动"慈悲心肠"的呼唤。

（二）战场救护应运而生

大规模使用枪炮武器的战争一般会导致较大的人员伤亡。南丁格尔开创的专业化医务护理的介入，使得伤病员的死亡率大大降低，充分体现出战场救护的必要性和可行性。

---

① 樊尚·贝尔纳. 编者按：人道的追求：国际人道法及150年人道行动回顾［J］. 红十字国际评论，2012（4）：5-18.

南丁格尔（1820—1910年）出生于意大利的一个英国上流社会家庭，在德国学习护理后回到英国，并于1853年成为伦敦慈善医院的护士长。克里米亚战争时，她通过分析相关军事档案发现英国参战士兵死亡率高达42%，主要原因却是战场外感染，以及在战场受伤后没有适当护理而伤重致死，真正死于战场者并不占多数。她用统计图表说明这些分析，极力向军方提出疾病预防措施并争取在战地开设伤兵救护医院。1854年10月21日，作为护士长的南丁格尔亲自带领38位护士深入前线工作，经过半年左右的时间，伤病员的死亡率就下降到2.2%。每个夜晚，她都手执风灯巡视，伤病员们亲切地称她为"提灯女神"。可以说，南丁格尔的战场救护给予伤病员的不仅是身体上的护理，更是精神和心灵上的治疗。

南丁格尔战地救护的事迹得到了英国皇室和军队，以及欧洲社会各界的高度关注和传颂；战场救护也因其出色的成效成为世界各国广泛认同并积极采用的一门专业知识，为红十字运动的诞生提供了第一场所图景和初始认同。

三、制度化慈善和志愿服务形成

为应对资本扩张带来的劳资冲突上升、贫富差距扩大和民族排斥加剧等问题，公民组织发起的慈善与志愿服务得到国家法律确认，为红十字运动的诞生提供了制度性基础。

（一）西方慈善与志愿服务的兴起

在西方文明发展的进程中，基督教文明具有独特的历史作用，尤其是对现代西方慈善事业的发展产生了很大推动作用。可以说，西方的现代志愿服务就起源于19世纪西方国家宗教性的慈善服务，距今已有200余年的历史。在西方工业革命以后，大批农民因"圈地运动"失去土地，受资本家剥削愈加严重，社会内部矛盾和冲突在转换中不断加剧，劳动者的生活状态愈加悲惨，宗教性慈善服务由此愈加活跃。西方志愿服务起源的基本理念，是基于罗马时代的博爱精神和基督教的宗教责任及救赎观念，透过义务工作表现出人性的爱，弘扬人类的善。在英国，面对资本野蛮扩张带来的人道问题，富裕起来的知识阶层及中产阶级积极参与博爱和救赎的行动表达，公益慈善组织大量涌现，慈善事业快速发展。1601年，英国颁布了欧洲第一部慈善法——《慈善用途法》（也称《伊丽莎白一世法》）。该法采用列举法详细概括了当时英国社会兴起的主要公益慈善事业，不仅为本国，也为世界的公益慈善事业的发展开创了制度化治理的愿景。

（二）西方慈善与志愿领袖的成长

志愿部门的发展和增长造就出一批有心致力于慈善事业发展的公益人才。亨利·杜南于1828年5月8日出生于日内瓦，父亲是当地有声望的成功商人，母亲温柔虔诚，乐善好施。在父母的教育和影响下，亨利·杜南从小就具备了善良慈悲的品格。他经常给予穷人、病人及遭受其他痛苦的人以精神上的安慰和物质上的帮助，甚至到监狱里探视那些失去自由的人。杜南成年后更是不改初衷地献身各类慈善活动，如积极参加促进基督教与犹太教联合的运动，成为慈善救济联盟组织的成员。1844年6月6日，英国商人乔治·威廉在伦敦创立了基督教青年会（YMCA），旨在通过坚定信仰和推动社会服务活动来改善青年的精神生活和社会文化环境。杜南加入了基督教青年会在瑞士、法国、比利时开展活动的"基督教青年联合会"组织，并于1852年建议并积极推动成立一个青年人的"世界联合会"。此举直接促成了基督教青年会世界协会于1855年在巴黎举行的欧美国家基督教青年会第一次世界大会上宣告成立。杜南在成长过程中参与的一系列慈善实践，特别是推动"世界联合会"的创建，为其提出并创立国际红十字运动组织提供了经验基础。

第二节　国际红十字运动诞生的思想和文化基础

国际红十字运动以人道价值为内核，是推动人类前行的旗帜。从发生学的视角看，有其广泛而深邃的人类社会发展的思想基础和文化基础。

一、国际红十字运动诞生的思想基础

14 世纪以后,随着资本主义的萌芽和发展,欧洲新兴资产阶级革故鼎新,以人本主义开路,推动了人权、信仰理性等人类思想的一次大跨越。

(一)人本主义思想

近代西方开始的文艺复兴、宗教改革与启蒙运动三大思想解放运动奠定了人本主义思想的主导地位。

在 14 世纪开始兴起的文艺复兴运动(Renaissance Movement)中,先进知识分子提出了以人为本的发展理念,即人本主义思想,主张以人为中心,赞扬人的价值和尊严。它使人们长期受天主教会束缚的思想和才智得到解放,创造力得以充分发挥。人本主义以科学反对蒙昧,以人权抗衡神权,启迪民众智慧,倡导对人的深切关注与同情,将人的自由和解放提到了首要地位。恩格斯曾高度评价文艺复兴在历史上的进步作用:"这是一次人类从来没有经历过的最伟大、进步的变革,是一个需要巨人而且产生了巨人——在思维能力、热情和性格方面,在多才多艺和学识渊博方面的巨人的时代。"①

随后,17 世纪到 18 世纪的资产阶级政治文化巨人借助文艺复兴的口号,进一步推动宗教改革(Protestant Reformation),并将反封建、反禁欲、反教会斗争引向深入。它启发人们反对封建传统思想和宗教的束缚,提倡思想自由、个性发展。启蒙运动和尼采(1844—1900 年)的口号"上帝死了"异曲同工,反对蒙昧主义,赞美文化科学,主张人应当掌握丰富的文化科学知识。弗兰西斯·培根(1561—1626 年)喊出"知识就是力量"的战斗口号。莎士比亚(1564—1616 年)在其名著中,借哈姆雷特之口说出"人具有高贵的理性,人具有伟大的力量,人的行为像天使,人的智慧像天神,宇宙的精华,万物的灵长",诠释了人本主义觉醒的真谛。到 19 世纪初叶,"天赋人权""自由、平等、博爱"等人本主义思潮已主导了欧洲社会。

---

① 恩格斯. 自然辩证法[M]. 中共中央马克思恩格斯列宁斯大林著作编译局,编译. 北京:人民出版社,2015:编者引言.

经过三个多世纪的思想解放运动,以人为本的人道思想广为传播,为以人道为宗旨的红十字运动提供了重要的思想准备。

(二)契约和人权制度

契约精神的培育为国际红十字运动的诞生与《日内瓦公约》的施行奠定了法治基础。托马斯·霍布斯于1651年首次出版了他的政治学著作《利维坦》(全名为《利维坦,或教会国家和市民国家的实质、形式和权力》),论述了西方传统社会中人类和国家、王权与教权的关系。霍布斯认为,人的生命运动即人性的根本原则是趋利避害、自我保存。所以,人类需要政治权威,否则会陷入一切人反对一切人的战争状态。国家是人类出于对死亡的恐惧,在理性指引下通过相互间订立契约,将个人权利交付给一个人或一些人组成的会议而组成的。国家的主权在于王权,其作用在于统领并保护个人安全。而教权需要服从王权。可以说,通过社会契约达到国家治理和社会治理的理论从此确立。

英国议会1689年颁布的《权利法案》正式确立了君主立宪制的资产阶级统治。其中,"未经议会同意,国王不能征税"的名言体现了法治权对王权的制约。法国《人权宣言》在法国大革命期间颁布,表达了反封建君主专制和封建等级制的思想,唱响了个人的社会参与和行动自由权利。当然,影响最为深远的是曾经作为西方列国殖民地的美国的独立和诞生。18世纪中叶,殖民地人民不满英国的压迫和剥削,经过独立战争摧毁了英国的殖民统治,建立了美国。美国1776年通过的《独立宣言》和1862年颁布的《解放黑人奴隶宣言》都赋予了"善良人民""名义和权力",以使其"获得自由",成为自由人。

英美和欧洲大陆由封建国家成功向资本主义体制转型,逐渐成熟的契约和人权制度不仅为新兴中产阶级扩张资本主义提供了秩序保障,也为即将兴起的红十字运动所依赖的公约形式和人权价值核心提供了理论准备。

(三)科学和德性的现代信仰

启蒙运动(the Enlightenment Movement)通过对人的本性、权利、道德以及科学本质的思考,塑造了人类脱离神权的现代科学理性。撒母耳·卢瑟福(Samuel Rutherford)在1644年出版的《法律与君王:论君王与人民之正当权力》虽然未脱离神权的影响,但仍具有开创意义。①该著作科学阐明了王权来自于人民或长老的选举,从学理上打破了绝对王权观及其血缘继承制。特别是,卢瑟福提出了"法律为王""主权在民"理念,结合加尔文、诺克斯、霍布斯等人的论述,形成了君主和政府的"有限权力"概念。同时,"人民契约"被卢瑟福提高到与上帝律法同等重要地位,共同制约君主和政府的行为。新兴资产阶级以此为理论武器推动了基督教宪政的步伐,塑造了西欧和北美近现代法律制度和现代市场经济的最根本的"文化基因"之一。卢瑟福还从人的自卫权利讨论了自卫战争的合法性,和中国自黄帝开始的"以战止战"思想一样具有正面思考的意义,为战场救护的正当性提供了宏观理论视角。

伊桑·H.沙甘(Ethan H. Shagan)追溯了从中世纪到启蒙运动的信仰史,揭示了西方现代信仰范畴的形成。②沙甘认为,现代信仰不是宗教改革的产物,而是来自对路德和加尔文的反抗,来自异见者如何将宗教信仰视为需要通过个人判断、论证和争辩加入证明的对象。所以,在沙甘看来,现代信仰已经超越宗教,成为表达对科学、社会和神圣事物的判断的基本范畴。实践图景也越来越明确,基于黑格尔所言"主体性自由"和"最高道德自我",个人见解或"自主判断"具有了科学理性和德性,成为引导人类持续奋进的信仰力量。亨利·杜南等红十字运动缔造者及一代代红十字人,正是基于这样一种人道信仰,才开创了百年辉煌且历久弥新的红十字事业。

二、国际红十字运动扩展的文化基础

国际红十字运动从瑞士的"五人委员会"起步,百年之间已传播至世界各地,全球近200个国家和地区缔约加入。国际红十字运动长盛不衰,人道服务成为人类文明和进步的一面旗帜,成为人类不断战胜灾难和修复创伤的一种精神。国际红十字运动所秉承的人道思想,扎根于且汇集了世界各个民族的情感和意识,具有广泛而深刻的文化基础。

---

① 撒母耳·卢瑟福. 法律与君王:论君王与人民之正当权力[M]. 李勇,译. 上海:复旦大学出版社,2013:序言.

② 伊桑·H.沙甘. 现代信仰的诞生:从中世纪到启蒙运动的信仰与判断[M]. 唐建清,译. 北京:社会科学文献出版社,2020.

（一）世界不同民族共同的文化精髓

设在日内瓦的国际红十字与红新月博物馆以丰富的史料揭示，"保护生命的愿望从洪荒时代就已经存在"，所以，"在漫长的历史过程中，人们锲而不舍地努力，用语言或行动制止各种伤害人命的暴力"，而且"呼唤保护生命，呼唤人类生存所不可少的人道行为，是响彻千古的声音，是不同文化的相同召唤"。所以，国际红十字运动因为其本质是"保护人的生命"而深深扎根于世界各民族文化精髓之中。[1]

博物馆还展示了世界各民族文化和宗教传承中具有"人道"内涵的具体口号。除中国儒家的"仁爱"思想经典外，还有犹太人的"要爱邻居，像爱自己一样"，古印度人的"诸恶莫作，众善奉行"，以及基督教的"我饿了，你给我吃，渴了，你给我喝，我坐牢，你们来探视我"，伊斯兰人的"俘虏是你的兄弟"等。毋庸置疑，国际红十字运动的"人道"思想与世界不同的文化渊源中的"人道"理念紧密相连，所以红十字精神一经倡导和传播，立即得到生长在这些文化中的"人道"基因的广泛响应。

正是因为世界民族文化中蕴含着"人道""博爱"本源，才使得国际红十字与红新月博物馆所展示的18世纪卡特尔条约（Cartel）和战争的人道主义化成为现实。卡特尔条约是协定两个交战国之间关于释放囚犯或逃兵，以及非交战关系的条例。它规定：允许给战俘救助；允许给交战双方的伤员以救护；病人不得被作为战俘对待；必须以公开的形式，让他们知道自己已成为俘虏；等等。可见，国际红十字运动所依赖的《日内瓦公约》的法理基础来源于世界上不同文明对人的尊重和关爱的一致呼声。

（二）中华文化传承中的"人道"思想

西方在文艺复兴时期倡导的"博爱"思想，以中国为代表的东方古已有之。傅斯年曾明确指出：我国"春秋时人道主义固已发达"。[2] 春秋时期（公元前770—前476年）出现的诸子百家奠定了中国文化的类

---

[1] 胡向群. 红十字旗下的记忆（走近博物馆）[N]. 人民日报，2007-12-15（7）.
[2] 傅斯年. 性命古训辨证[M]. 上海：上海古籍出版社，2012：145.

型和要义，也提出了具有深刻内涵的基于"爱人"诉求的人道思想。

儒学经典《论语》记载"有一言而可以终身行之"，即孔子所言"己所不欲，勿施于人"。该言被列为国际红十字与红新月博物馆第五块光板的展现内容。唐代韩愈在《原道》中说："博爱之谓仁，行而宜之之谓义，由是而之焉之谓道，足乎己无待于外之谓德。"这里"仁""义""道""德"更是一个以"博爱"为核心的行动系统，即"博爱"为"仁"，按照"仁"的要求行动称为"义"，其合乎"仁义"的行动原则就是"道"，内心具备仁义的本性、不需要外力强制便是"德"。儒家学说影响中华民族两千多年，以"仁爱"（博爱）为核心的思想深入社会各阶层并世代传递。

墨子的"兼爱"和"非攻"提出了另一种超越人伦等级的无差别之爱，更接近西方的"博爱"理念。墨子主张"使天下兼相爱"，是对儒家"仁"的发展。实际上，儒家弟子中已经萌发了平等兄弟爱的思想，如子夏曰："君子敬而无失，与人恭而有礼，四海之内，皆兄弟也"（《论语·颜渊》）。墨子的"兼爱"以人与人之间绝对平等的无血缘差别的爱为价值原则，其精髓是"义"，也是一种治理机制，如"天下兼相爱则治，交相恶则乱"［《墨子·兼爱（上）》］。兼爱的"义"和儒家的"忠""孝"结合在一起，构成中国传统社会基本价值体系。"非攻"则是在"兼爱"的"义"上，提出了反对不义之战的理想。墨家讨论了攻战之害，于攻守双方"兼国覆军""贼虐万民"［《墨子·非攻（下）》］，于民则"百姓饥寒冻馁而死者，不可胜数"［《墨子·非攻（中）》］。这种战争评判与两千多年后的杜南及各民族正义之士的战争评判如出一辙。

"非攻"思想对中国历来的外交文化和策略具有深刻影响。如15世纪到17世纪，郑和、哥伦布、达·伽马、麦哲伦等中外勇者接续开启了人类大航海和地理大发现时代。所不同的是，西方的船队出现在世界各处的海洋上，寻找的是新的贸易路线和领地，目的是通过贸易和殖民方式进行资本主义扩张和经济掠夺，由此带来了资本主义殖民统治和反殖民战争。而中国明朝的郑和，在1405年之后的28年间，七次奉旨率船队远航西洋，到访过30多个国家或地区，最后到达了西亚和非洲东岸，经中国南海开辟了太平洋西部与印度洋等大洋航线。郑和下西洋被国际称为"十五世纪初年中国人的伟大海上旅行"①，领先西方诸航海者一百年左右，却是为了"通好他国，怀柔远人"②，带来全球人文交流和友好贸易往来。这就是中国历朝坚守"非攻"原则，发展国别往来的一个成果写照。如中国明朝在《皇明祖训》中明确开列了相邻十五国为"不征之国"，对周边国家采取"不侵占"的态度。③

尽管国际红十字运动起源于欧洲，但人道主义思想和中国传统主流"兼爱""仁爱"文化具有共通之处。

第三节 国际红十字运动诞生的过程

一个人，一场战争，一本书，一个组织，推动形成一个传承百年的国际红十字运动。上文的背景分析已经告诉我们，对身临大规模战争杀伤性场景的亨利·杜南而言，毫不犹豫地投入伤员救护并联合有识同仁努力创建一个全球性伤兵救护组织，显得顺理成章。

一、索尔费里诺④战场救护

机器大生产和外贸增长带来了资本主义殖民扩张，西方诸国列强的内外矛盾冲突及殖民地被压迫民族的反抗加剧。1848—1870年，意大利爆发了三次反抗奥地利帝国统治、争取民族独立和国家统一的战争。意大利是文艺复兴运动的发源地、欧洲资本主义的摇篮，意大利人民争取民族独立和国家统一的行动，自16世纪西班牙、奥地利、法国先后入侵意大利时开始，就在欧洲武装冲突的历史中留下了重要篇章。19世纪中叶，资产阶级自由派逐渐占据主导，意大利民族解放运动再度高涨，席卷全境的第二次民族解放战争掀起热潮。其中，索尔费里诺战役是其

---

① 伯希和（Paul Pelliot）. 郑和下西洋考[M]. 冯承钧，译. 上海：商务印书馆，1934：4.
② 范金民. 郑和下西洋动因初探[J]. 南京大学学报（哲学社会科学），1984（4）：129-135.
③ 万明. 明太祖"共享太平之福"的外交理念与实践[J]. 人民论坛，2017（10）：142-144.
④ 地名，位于意大利米兰和维罗纳之间，也可译为"索尔弗利诺"。

中的重要一战，在意大利复兴运动及欧洲现代化进程中具有特别意义。

索尔费里诺战役发生于1859年6月24日，是世界历史上最后一场由各国君主亲临战场指挥作战的重大战役。亨利·杜南在出差途中亲眼见证了索尔费里诺尸横遍野、血流成河的惨状。4万多死伤士兵因缺乏救护被遗弃战场。有着慈善良知素养的亨利·杜南随即决定将个人事业放置一边，投入战场救护。他联系当地一所教堂作为临时救护所，并与法军军医总监取得联系，释放数名奥军军医俘虏，负责治疗工作；他发动当地的村民参加救护，并劝导参与救护的人不加歧视地医治所有的伤病员；他还为濒死的伤兵笔录下临终遗言，并帮助他们与亲人联系。尽管如此，两个月后，因为各种原因，3支军队的伤亡人数又增加了4万人，这场战役无疑是欧洲的一场大灾难。在回到家乡日内瓦后，亨利·杜南撰写并于1862年11月自费出版了《索尔费里诺回忆录》，以直观感人的语句叙述了索尔费里诺战役的残酷，表达了其对战争的憎恶及对死伤士兵和平民的同情，以及祈求减轻战争给人类带来的痛苦的崇高理想。

亨利·杜南在书中提出两项重要建议：第一，在各国设立全国性的志愿伤兵救护组织，平时开展救护技能训练，战时支援军队医疗工作；第二，签订一份国际公约，给予军事医务人员和医疗机构及各国志愿的伤兵救护组织以中立的地位。这两条务实性的建议开启了国际红十字运动的大门，造就了人类同情心的最伟大工程。

二、伤兵救护国际委员会成立

亨利·杜南的《索尔费里诺回忆录》在欧洲各国引起强烈反响。两条建议得到瑞士日内瓦另外4位知名公民——日内瓦公共福利会会长古斯塔夫·莫瓦尼埃（Gustave Moynier）、吉勒姆-亨利·杜福尔（Guillaume-Henri Dufour）将军、路易斯·阿皮亚（Louis Appia）医生和西奥多·莫诺瓦（Theodore Maunoir）医生的赞赏和支持。1863年2月9日，他们5人在日内瓦宣告成立伤兵救护国际委员会（International Committee for the Relief of the Wounded）（日内瓦"五人委员会"）。2月17日，"五人委员会"召开会议，讨论了委员会的相关事宜，并提出确立一个特殊符号作为会徽，统一使用，以便为各国军队医务人员、志愿救助工作者和武装冲突受难者提供法律保护。

1863年10月26日，伤兵救护国际委员会召集和主持了日内瓦国际会议。16个国家和4个私人组织的共36名代表（均来自欧洲国家）参加了这次会议。10月29日，会议通过了10项决议，包括采用白底红十字作为救护人员的保护性标志。1864年3月8日，在普鲁士与丹麦之间爆发的日勒苏益格战役中，佩戴红十字臂章的救护人员第一次在战场上出现，提供人道服务。

三、第一个《日内瓦公约》签署

1864年8月8—22日，伤兵救护国际委员会主要成员受瑞士政府委托，在日内瓦再次汇集召开了具有里程碑意义的"关于中立化在战地服务的军队医务部门的国际会议"。参加会议的12个国家的代表于8月22日正式签署了第一个《日内瓦公约》，即《改善战地武装部队伤者病者境遇之日内瓦公约》。

该公约共有10项条款，包括1863年日内瓦国际会议决议的主要内容。公约接纳并兑现了亨利·杜南在《索尔费里诺回忆录》中提出的两项重要建议。除此之外，公约还规定了救护车、军队医院和医务人员，包括志愿人员和随军牧师应被视为中立而受到保护和尊重；提出"任何士兵因伤病而不能继续战斗，不论他属于哪个国家，都应给予收容和治疗"的重要原则；宣布军队医院和医务人员使用白底红十字标志的旗帜和臂章。公约最后呼吁各国批准加入这一公约。

四、红十字国际大会召开

1867年8月26—31日，伤兵救护协会国际大会（第1届红十字国际大会）在法国巴黎召开，标志着国际红十字运动全球机制的创立；1919年红十字会与红新月会国际联合会成立；1928年在海牙召开的第13届红十字国际大会通过的《国际红十字章程》规定，红十字国际大会每隔四年召开一次，大会的正式代表为红十字国际委员会、红十字会与红新月会国际联合会、按《国际红十字与红新月运动章程》第四条规定所承认的各国红十字会或红新月会，以及签订《日内瓦公约》的缔约国代表。其他政府组织、非政府组织及地区组织、学术机构的代表以观察员身份出席大会。从此，国际红十字运动作为一个国际性的运动，在国际法和两个章程的保障下快速发展起来。

第四节 国际红十字运动诞生的社会意义

红十字运动是人类社会发展史上行为伦理的一座里程碑，是人本主义思潮最重要的组织化成果，建立了尊重生命、尊严和健康的人类活动的人道价值标准。红十字运动诞生一百多年来，为应对人类战争冲突行为和自然突发灾害守住了伦理和道德底线，彰显出国际红十字运动诞生的重大社会意义。

一、确立了尊重生命和尊严的人道原则

从社会发展视角看，国际红十字运动提出并践行了一种理念，即超越民族、种族、国家、宗教信仰与意识形态，提供无差别生命救护与维护人的尊严的理念，并将此理念与行动结合，高度组织化，在全球范围内传播和实践，促成人类生命、权利、尊严和健康价值共同体的形成。

（一）明确了不应逾越的人道基本原则

人类社会的行动，不应跨越基本的伦理道德底线，这就是国际红十字运动倡导并践行的人道基本原则。人道，国际红十字运动的基本原则之一，也是其首要原则。国际红十字运动的本意是不加歧视地救护战地伤员，在国际和国内两方面，努力防止并减轻人们的疾苦，不论这种苦难发生在什么地方。国际红十字运动以保护人的生命和健康为宗旨，确保每一个人得到尊重。它促进人与人之间的相互了解、友谊与合作，促进持久和平。

人道原则是其他一切原则的基础，主要包含以下几层含义：疾苦是普遍的，无法视而不见，必须做出应对；在国际红十字运动所有行动中尊重人的生命与人类尊严至关重要，也就是说，人道原则为人类社会发展确立了不应逾越的基本准则。国际红十字运动通过推广国际人道法、预防灾难和疾病的发生、开展从急救服务到提供食物和避难所等拯救生命的活动来保护人的生命和健康。

（二）建构了独特的人类奉献精神

"救死扶伤"是红十字运动的民间寓意。国际红十字运动的宗旨、基本原则与各缔约国签署《日内瓦公约》的价值观和社会进步方向是一致的。红十字运动遵循人道基本原则，保护人的生命和健康，以志愿奉献、救助生命为显著特征。无论是起初的战场救护，还是广泛的危机救援，以及后来的血液、造血干细胞和人体器官捐献，都体现出了一种独特的奉献精神。国际红十字运动致力于提供人道援助与保护，不仅在那些众所周知的危机中开展工作，也活跃在许多被人们遗忘的危机中。[1]

如前文所述，人道价值与世界各国的文化精髓一脉相承。但在国际红十字运动诞生之前，各民族文化中蕴含的人道价值缺乏交流路径，更无从付诸统一行动。

（三）奠定了重建社会联系和修复社会细胞的新秩序

帮助伤者、病者联系家人是亨利·杜南在索尔费里诺第一次组织战场救护的初心，并由此成为红十字人道服务的基本任务之一。对国际红十字运动宗旨而言，尊重家庭的完整性是与尊重人格尊严密不可分的。重建家庭联系是一系列活动的统称，旨在防止离散和失踪，恢复和维持家人之间的联系，澄清据报失踪人员的命运。活动常常与"对受影响者和家庭的心理、法律和物质支持，重新定居或重新融入社会项目，社会福利服务、遗骸处理和法医鉴定"等联系在一起。从社会意义上看，国际红十字运动每帮助一个人，也就拯救了一个家庭，修复了一个社会细胞，对社会稳定和社会发展具有特定正向功能。国际性家庭联系网络由"中央寻人局"[2]、红十字国际委员会代表处寻人机构及各国红十字寻人服务处共同构成。该网络具有三大战略目标：提高重建家庭联系的能力和成效；加强协调及运动内部合作；加强对重建家庭联系的支持。其最终目标是要通过重建家庭联系网络的工作成效，更好地满足个人及群体

---

[1] 樊尚·贝尔纳. 编者按：人道的追求：国际人道法及150年人道行动回顾[J]. 红十字国际评论，2012（4）：5-18.

[2] "中央寻人局"系红十字国际委员会在日内瓦设立的机构，服务于战争中的被羁押俘虏等与离散家庭的联系。其源于1870年普法战争时期的巴塞尔寻人资料局、第一次世界大战时期的"国际战俘局"、第二次世界大战时期的"中央战俘局"，1960年更名为"中央寻人局"。

的需求。

2007年8月，红十字国际委员会发起了一项全球倡议，旨在发挥各国红会开展寻人服务的传统优势，并以红十字国际委员会积累的经验和专业知识为基础，制定了《国际红十字与红新月运动重建家庭联系战略》，重申了红十字国际委员会对各国红会履行重建家庭联系义务的支持，力求在全球范围内采取统一的流程来巩固重建家庭联系工作，以加强国际红十字运动在重建家庭联系方面的能力。

二、成为了全球灾害风险防控的重要力量

减灾备灾是国际红十字运动的一项重要工作。成功的减灾备灾活动可以在灾害真正来临时将人员和财产损失降到最低。

（一）建立社区为本的减灾备灾体系

在当代，红十字会与红新月会国际联合会支持国家红会与社区一起开展减灾备灾活动，让他们了解社区存在的灾害风险，然后一起实施社区备灾项目。备灾项目包括软件服务，例如培训、确定灾害发生时的撤离方案；也包括硬件建设，例如在社区修建防洪渠、桥梁或者避难所。国际联合会为社区备灾项目开发了一个重要工具，即"易受损性及能力分析（VCA）"。这个工具可以帮助社区确定他们面临的风险和相应的需求，并根据需求寻求相应策略。

备灾活动就是进行防灾模拟演练——模拟洪水、地震、极端天气和其他灾害发生时该怎么做。通过模拟演练，红十字会与红新月会国际联合会、国家红会培训红十字志愿者和工作人员如何应对灾害，培训所在区域民众如何防范风险、躲避灾害，也可以评估当地红会的救灾能力。面对越来越多的灾害，政府、企业、民间组织和个人应该共同发挥作用，建设御灾能力更强的社区。配套的政府政策、企业投入、个人行动和民间组织协调能够让社区在遭遇自然灾害、传染疫情或经济危机时更富韧性地积极应对。

（二）关注灾害变化中的生命与生计

气候变化是21世纪最重要的全球性灾害变化问题之一。红十字会与红新月会国际联合会致力于将气候变化适应工作纳入减灾备灾项目。气候变化已经是不容置疑的全球性问题，极端天气事件正在增加，人们特别是发展中国家的易受损人群将面临更多的影响。2002年,荷兰红十字会与国际联合会共同在荷兰建立了红十字/红新月气候中心。气候中心与国际红十字运动的成员一起,支持国家红会在应对气候变化方面开展的工作,致力于减少因为气候变化和极端天气事件造成的人员伤亡和财产损失。气候中心将科学机构与人道组织连接,以促进气候变化的科学知识在灾害早期预警、卫生项目和大众知识培训中的应用。国际红十字运动成员可以作为桥梁,协调环境组织、科学机构和人道组织之间的合作。随着气候相关灾害的增多,国际红十字运动成员也面临更多的挑战,需要更好地处理日益增长的极端天气灾害带来的风险:建设更好的早期预警系统,提高救灾能力,加强减灾备灾工作,更有创造性地开展健康项目、水和卫生项目及粮食安全项目等有关工作。

三、开启了公民组织参与全球治理新范式

国际红十字运动三大组成部分(红十字国际委员会、红十字会与红新月会国际联合会、国家红十字会或红新月会)实质上是公民组织或公民组织的世界联合,作为践行人道主义精神和价值的最重要的专业组织,形成了参与全球治理的独特力量和新范式。

(一)建立了国家和政府间人道事务协作机制

在诸多人道事务中,国家、政府因为自身的限制难以发挥效力。政府失灵在人道事务中表现得尤为明显,如战场非歧视的伤兵救护、监狱人道探视、诸多人权问题的协商和解决;有些领域和事件中甚至连制定国家之间协商机制的联合国也无能为力,如交战国、敌对国之间的亲友联络,国别冲突中的基本人权保障和人道准则维护等。而由红十字国际委员会、红十字会与红新月会国际联合会和国家红十字会或红新月会组成的红十字组织则可以立足于各民族、国家间签署的《日内瓦公约》,充分发挥国际社会、涉事国政府、民间和捐赠者的综合力量,形成覆盖全球国家或政府间的行动网络和协作机制,予以有效应对。

红十字组织网络致力于动员社会力量,通过与政府合作,应对和解决人类社会发展中的人道问题,弥补了国家或政府在相关领域的失灵,成为全球治理不可或缺的独特力量。红十字运动国际行动网络出现的意义就在于它超越了国籍、种族、宗教信仰、阶级及政治见解,促进了各缔约方政府形成人道主义共识和难能可贵的包容精神,并通过履约责任支持红十字组织中立、公正、独立地开展人道救援工作,而不受政治、种族、宗教或意识形态的影响。

(二)实现了全球人道资源整合和有效治理

国际红十字运动发挥着全球资源整合的重要作用,具体表现在四个方面:第一,通过红十字与红新月国际大会整合各国政府和国际人道主义运动相关的资源;第二,通过国际红十字与红新月运动代表会议、红十字会与红新月会全体大会及红十字国际委员会、红十字会与红新月会国际联合会,整合世界各国红会及国际社会(也包括国际非政府组织,即NGO)的人道资源;第三,通过国家红会整合本国相关人道资源,在具体场景下,成为国家政府与NGO、社会民众之间的桥梁;第四,通过全球红十字运动的统一行动,迅即整合与争取紧急救灾行动中的国际人道资源。从全球治理而言,国际红十字运动的价值在于其致力于推动人类和平、维护人的生命与尊严,超越一切种族和国家的人道精神,以及其对武装冲突中人道问题的解决能力、全球人道资源协调能力等。

国际红十字运动在资源整合中的作用是任何组织所不能替代的,其机制在于能够让各国在应急救援、紧急救灾等各种人道工作场域中紧密合作,甚至是在国别集团战争冲突方之间建立人道合作的平台,从而给全球范围内的受冲击群体提供人道援助和保护。国际红十字运动的资源整合功能同样与其人道主义宗旨紧密相关,一方面是因为其所宣扬的人道主义及对人性的尊重,是人类最基本的底线共识,不同国家模式、不同政治体制下的各种资源都会因《日内瓦公约》与《红十字与红新月运动章程》所倡导的人道主义而被动员;另一方面,国际红十字运动以其巨大的包容性和求同存异的精神,允许全球各国各地区人民在人道主义的统一平台上,抛开体制与意识形态分割,充分地使用人道主义资源。

四、创建了民间外交新机制

根据威廉·戴维森(William D. Davidson)与约瑟夫·蒙特维尔(Joseph V. Montville)的解释,民间外交可指第一轨道外交(政府官员开展的外交活动）以外的一切国际交往活动①，是以问题解决为重点的非官方政策对话，参与者具有某种接近决策圈的渠道②。民间外交在特殊时期能够发挥独特的作用，如在中华人民共和国成立之初，中国红十字会和工会、青联、妇联、中国人民保卫世界和平委员会、外交学会、贸易促进会、体育总会等一同在对外活动中发挥了重要作用。

（一）构建了民间外交沟通机制

红十字运动的公正、中立、独立的性质决定了红十字组织在不同文化之间的桥梁价值，在敌对、冲突、战争状态中是各方倚重的中立力量，在隔阂、冷战、孤立状态中是有效的沟通者。

红十字运动在实践中形成了高度组织化的全球网络，红十字人道服务成为一个既整体统一又充满多样性的生动民间外交表达。红十字和红新月会的多样性体现在其团体的组成上，这些团体吸引了来自不同背景的成员、志愿者和工作人员。他们在一起工作，不分性别、种族、阶级、宗教或政治观点。对文化多样性的尊重和包容，塑造出国际红十字运动第三文化③的特征。在这个平台上，人们按照红十字文化行动，不再拘泥于"我的文化"（第一文化）和"你的文化"（第二文化）。红十字文化成为发挥民间外交作用的独特机制，红十字运动搭建了每一个国家之间的民间交往桥梁，这对没有建立友好关系的国家尤为重要。

（二）促进了缔约国人民的相互理解和包容

"红十字不仅是一种精神，更是一面旗帜，跨越国界、种族、信仰，引领着世界范围内的人道主义活动。"④ 国际红十字运动以人道主义精神和旗帜开辟了民间交流的新机制，对促进全世界人民的相互理解和包容

---

① Davidson, W. D., Montville, J. V. Foreign policy according to Freud [J]. Foreign Policy, 1981-1982（45）：145-157.

② Kaye, D. D. Talking to the Enemy：Track Two Diplomacy in the Middle East and South Asia [M]. The Hague：RAND Corporation, 2007：7.

③ 第三文化原指在存在巨大"文化差异"的第一方文化和第二方文化之间形成的新文化体系，它并不取代而是超越第一文化和第二文化之间"整合"和"差异"的张力关系。笔者认为，第三文化契合了红十字文化的形式和内涵。

④ 人民网. 习近平会见红十字国际委员会主席 [EB/OL]. (2013-05-14)[2022-07-04]. https://cpc.people.com.cn/BIG5/n/2013/0514/c64094_21468851.html.

发挥了不可替代的作用。

国际红十字运动以促进国家缔约与履约为主要工作方式。在形成的国际红十字运动体系中,民族国家是具体缔约方,而国家红会作为政府人道领域的助手具体履行章程所规定的职责。所以,国家红会通过红十字国际网络开展了丰富多彩的民间联络、救护和援助。另外,红十字运动各主体合作的机制保证了民间外交的成果落实和社会绩效,使得全世界各民族人民能够超越国界、种族和信仰团结在一起。

与官方外交相比,民间外交更注重通过民间交流增进人民之间的理解和信任,进而建立超越现实政治经济利益的人民友谊,缓解冲突与对立,具有更为长远的作用。①

五、形成了促进世界和平的重要力量

正如马克思所言,资本是资产阶级社会支配一切的经济权力。② 国际红十字运动诞生在资本主义战争性扩张时期,是对资本驱动的贪婪性、残暴性、野蛮性的一种矫正,更是对人类在资本逐利和武装冲突背景下滑向毁灭的一次自我救赎。国际红十字运动通过缔约国履约将人道主义原则和行动根植于人类冲突和战场救助之中,并发扬光大,形成了促进世界和平的重要力量。

(一) 国际红十字运动增强了非暴力文化的影响力

国际红十字运动的文化建立在人道、博爱的内核之上,是关于人的生命、健康和尊严的基本伦理。所以,红十字运动虽然不是专门为了止战而生,却在减少战争造成的人道灾难中砥砺前行。非暴力是国际红十字运动人道价值的重要表现。

在可预期的未来,围绕国家、民族、阶级、团体的利益,武装冲突还不可避免。在社会文明发展的过程中,各种违法犯罪的现象还在泛滥,必须结合国情和各民族的特点予以坚决打击、严厉惩处。但是,对待武装冲突中放下武器的伤兵,收入监狱羁押的俘虏、犯人等,还是需

---

① 于宏源. 全球民间外交实践与新时代中国民间外交发展探析[J]. 当代世界,2019(10):17-22.
② 马克思. 政治经济学批判[M]//马克思,恩格斯. 马克思恩格斯全集:第30卷. 2版. 北京:人民出版社,1995:49.

要给予应有的人道待遇，维护其应有的人的尊严。18世纪40年代末出生的歌德说："人类经历了很长的时间才认识到要对罪人温和，对犯人仁慈，对野蛮人有人性。"① 这是对人类人道理念的反思。19世纪20年代末出生的亨利·杜南不仅将在战争中采取人道措施的想法变成了现实，而且通过倡导制度性的国际人道法，将人道上升为人类共同的行为规范。亨利·杜南的伟大之处在于，他尊重人的生存权利，尤其是为了国家的利益而战的伤者、病者；并认为应以无歧视的态度向一切受难的人提供救助；通过战场救护传播人道理想，影响人类战争的基本理念，还通过国际人道法开辟秩序空间，给人类以安宁。《日内瓦公约》的缔约国和人道行动的合作伙伴与相关运动联合体皆致力于促进人道行动，红十字国际大会的与会者还以承诺书的形式做出保证，这些单独或联合发表的承诺书是将大会成果转化成国家层面行动的重要工具②，保证全球190多个国家有了一致行动。可以说，亨利·杜南带领人类实现了新的觉醒，国际红十字运动将人类从神权漠视人的生命时代带入了尊重人的生命与尊严的现代人道信仰时代，从根本上弘扬了非暴力文化。

（二）国际红十字运动的人道理念和缔约行动提升了人类的和平信仰

"世界上有两种和平力量：正义和礼法。"③ 这不仅是哲人之语，更是红十字人道主义价值和《日内瓦公约》契约精神的一个写照。其中，人道价值及其原则是人类正义的基本内涵和底线原则，缔约和履约是人类礼法的基本范式和共同行动。可以说，国际红十字运动的人道理念和缔约行动提升了人类的和平信仰。

英国哲学家赫胥黎（Thomas Henry Huxley）认为：人道的本原是指尊重人的权利（包括爱护人的生命、关怀人的幸福、尊重人的人格）的

---

① 辜鸿铭. 中国人的精神（The Spirit of the Chinese people）[M]. 北京：外语教学与研究出版社，1998：15.
② 红十字国际委员会. 红十字与红新月国际大会 [EB/OL]. (2020-11-17) [2021-01-22]. https://www.icrc.org/zh/document/international-conference-red-cross-and-red-crescent.
③ 德语原文：Esgibt zwei friedliche Gewalten auf der Welt: Das Recht und die Schicklichkeit. 辜鸿铭对两种力量的英文释义是"right and tact"，黄兴涛和宋小庆将其译为"正义和礼法"。参见辜鸿铭. 中国人的精神 [M]. 黄兴涛，宋小庆，译. 苏州：古吴轩出版社，2009.

一种道德行为。这是人类社会进化到需要结成伙伴关系和有组织地进行生存斗争所产生的一种思想情操。① 这种广义的人道内涵，是人类文明进步的产物——伦理道德的反映和体现，是维护世界和平的根本力量。

自国际红十字运动诞生以来，红十字会就致力于将战争对人的生命与尊严的危害降至最小，并以此倡导世界和平信仰。例如，一战期间，红十字组织不仅在战场上为伤员服务，还成立国际战俘中心，在红十字组织的人道工作干涉下，近 20 万名被关押者得以在交战各国间交换、获释并返回各自的祖国。再如，红十字组织始终呼吁禁止毒气、核武器等大规模杀伤性武器的使用，并通过 1925 年的《日内瓦议定书》成功将毒气列入禁止使用武器，有力制止了各类战争可能带来的更大人员伤亡，避免了冲突各方战斗人员和平民遭受更大的痛苦和陷入更加可怕的灾难。1949 年，"不参加战斗之人应得到保护""武器和作战方法的选择应受到限制"被确立为国际人道法的基本原则，成为全球限制战争、维护和平的行动纲领。

正如《国际红十字与红新月运动章程》序言中所宣告的，通过人道主义工作和理念的传播，该运动正在促进持久和平。由于在战时及和平时期对人类社会做出的卓著贡献，亨利·杜南于 1901 年获得诺贝尔和平奖，红十字运动组成部分总计获得 4 次诺贝尔和平奖。② 和平不仅仅是没有战争，还是各国和人民之间积极合作。从全球范围看，已有 192 个国家红十字会加入了国际红十字运动，成为弥补国家、政府，甚至预防联合国失灵的重要机制之一。这些国家与中国一样将"保护人的生命和健康，促进人类和平进步事业"列为红十字运动的宗旨，共同促进非暴力的文化信仰，致力于创造一个更和平、更健康、更有韧性的地球社区。

---

① 赫胥黎. 进化论与伦理学 [M]. 宋启林，等译. 北京：北京大学出版社，2010.
② 红十字国际委员会因在建立战俘与家属通信方面的大量工作获 1917 年诺贝尔和平奖；为资助国际红十字会的工作而给予红十字国际委员会 1944 年诺贝尔和平奖；红十字国际委员会因缓和国际紧张局势的有力工作获 1963 年诺贝尔和平奖。

思考题：

1. 如何理解国际红十运动诞生的社会基础？
2. 为什么说国际红十字运动理念扎根于世界各民族文化精髓之中？
3. 说说红十字国际委员会和红十字会与红新月会国际联合会有什么异同？
4. 红十字运动诞生的重要社会意义是什么？

参考资料：

1. 马克思. 哲学的贫困［M］.∥马克思，恩格斯. 马克思恩格斯选集：第1卷. 北京：人民出版社，1995.
2. 彼得·马赛厄斯，悉尼·波拉德. 剑桥欧洲经济史：第8卷［M］. 王宏伟，钟和，等译. 北京：经济科学出版社，2004.
3. 亚当·斯密. 道德情操论［M］. 蒋自强，钦北愚，朱钟棣，等译. 北京：商务印书馆，1997.

第二章
红十字国际委员会

◇ 学习目标：

1. 了解红十字国际委员会的诞生、发展过程、历史与现实意义。
2. 了解红十字国际委员会的主要架构、职能与运行。
3. 了解并掌握红十字国际委员会与《日内瓦公约》的重要关系。

红十字国际委员会（International Committee of the Red Cross，ICRC）因亨利·杜南在《索尔费里诺回忆录》中提出的两条建议而诞生，并成为特色鲜明的国际人道组织。红十字国际委员会不辱使命，在发展、传播、执行国际人道法方面做出了重要贡献。

第一节 红十字国际委员会的历史与发展

一、红十字国际委员会的诞生

红十字国际委员会起源于战地救护，是国际红十字运动的发起者。

1859年6月24日，在意大利北部的索尔费里诺小镇，法国与撒丁联军和奥地利共约30万军队在长达15英里（1英里=1.609 344千米）的战线上进行浴血奋战。① 当时军队里照看战马的兽医远远多于军医，军医的

---

① 亨利·杜南. 索尔费里诺回忆录 [M]. 杨小宏, 译. 北京：社会科学文献出版社，2013：4.

缺乏使得近4万受伤士兵无法获得及时的医疗照顾和处理。① 亨利·杜南出差途经此地，被战场的惨状震撼，遂自发组织当地居民对战地伤病员实施救助。此后，他的内心一直为伤病战士们在索尔费里诺战役中所遭受的痛苦而煎熬。为了避免类似的惨剧再度发生，亨利·杜南在1862年出版了《索尔费里诺回忆录》，不仅回顾了战地伤病员的痛苦与其亲身组织参与且目睹志愿服务为伤病员所提供的救助和安慰，而且提出了两项具有深远意义的建议：在和平时期成立救护团体，以便在战时为伤病员提供服务；通过制定公约来确立国际准则，作为救护团体成立和工作的依据。②

《索尔费里诺回忆录》一经出版，即被奉为杰作，书中的建议引起了广泛的关注和响应。1863年2月9日，伤兵救护国际委员会即告成立。该委员会由5人组成，除亨利·杜南外，还有杜福尔将军、莫瓦尼埃律师、阿皮亚医生和莫诺瓦医生。③ 伤兵救护国际委员会于1875年改为红十字国际委员会。

二、红十字国际委员会的发展

1863年10月26—29日，伤兵救护国际委员会在日内瓦召集了来自16个国家的政府官员和专家举行会议并通过决议，要求国家成立志愿救护组织，以便在战时协助军队医疗部门开展救助；并决定采用白底红十字作为医务人员的标志。④ 该会议的召开标志着国际红十字运动的诞生。

1864年8月8—22日，在伤兵救护国际委员会的倡议下，瑞士政府在日内瓦召开了12个国家代表参加的外交大会，通过了由伤兵救护国际委员会起草的《改善战地武装部队伤者病者境遇之日内瓦公约》（《日内瓦第一公约》）。公约确立了医疗人员和设施中立性原则，确定白底红十字作为医疗人员和设施的标志。⑤ 1864年《日内瓦第一公约》的通

---

① Forsythe, D. P. The Humanitarians [M]. Cambridge: Cambridge University Press, 2005: 15.
② 亨利·杜南. 索尔费里诺回忆录 [M]. 杨小宏, 译. 北京：社会科学文献出版社, 2013: 71, 78, 81.
③ Forsythe, D. P. The Humanitarians [M]. Cambridge: Cambridge University Press, 2005: 17.
④ Schindler, D. The Laws of Armed Conflict. 4th ed [M]. The Hague: Martinus Nijhoff Publisher, 2004: 361-362.
⑤ Schindler, D. The Laws of Armed Conflict. 4th ed [M]. The Hague: Martinus Nijhoff Publisher, 2004: 365-367.

过，标志着国际人道法的诞生。①

伤兵救护国际委员会初创时期的工作主要是协助建立国家红会和发展保护战争受难者的法律。② 1875年，伤兵救护国际委员会改为红十字国际委员会。直至第一次世界大战前夕，红十字国际委员会只向战地派遣了一批工作人员，进行了短暂的救助工作。③

第一次世界大战给红十字国际委员会带来了深刻的变化。首先，为了照顾各方的战俘，红十字国际委员会成立了国际战俘事务局，拥有近3 000名工作人员，除部分志愿者外，其他人员为受薪雇员。国际战俘事务局定期向冲突方派遣工作人员视察战俘营。为了便利工作，红十字国际委员会和其派遣人员签订了长期合同，并让派遣人员常驻在冲突方境内，于是就有了红十字国际委员会代表处。为了顺应20世纪初女权运动的发展，红十字国际委员会还雇用了大量女性工作者。1918年11月，红十字国际委员会吸收了一名女性委员，开启了国际组织接受女性领导的先河。④ 其次，红十字国际委员会在战地的代表根据需要开始扩展工作范围，如应对新的作战手段（如毒气）、内战、武装暴动和叛乱所带来的人道灾难，除向伤病员提供救助外，还为平民、政治犯、难民等提供援助。这些活动强化了红十字国际委员会人道援助的专业性和行动力，使得红十字国际委员会从一个思考战争的组织，开始成为在战争中实施人道救援的行动组织。⑤

此外，一战结束后，1919年，在美国红会的努力下，多个国家红会成立了红十字会联盟，负责和平时期的人道救助、公共卫生和疾病预防等工作。1986年，第25届红十字与红新月国际大会首次通过《国际红十字与红新月运动章程》；1997年11月26日，国际红十字与红新月运动代表会议首次通过《国际红十字与红新月运动各组成部分国际活动组

---

① 丹尼尔·帕尔米耶里. 一个经久不衰的机构？对红十字国际委员会150年历史的回顾[J]. 廖凡, 译. 红十字国际评论, 2012 (4): 31-54.

② 同上.

③ Forsythe, D. P. The Humanitarians [M]. Cambridge: Cambridge University Press, 2005: 18.

④ 丹尼尔·帕尔米耶里. 一个经久不衰的机构？对红十字国际委员会150年历史的回顾[J]. 廖凡, 译. 红十字国际评论, 2012 (4): 31-54.

⑤ 同上.

织协议》（简称《塞维利亚协议》），而后又通过了该协议实施的补充措施。

随着国际武装冲突在20世纪30年代的再度爆发，红十字国际委员会根据其在一战中的经验，再次在中日冲突、玻利维亚和巴拉圭冲突、意大利和埃塞俄比亚冲突中采取行动，考察有关形势，探访、遣返战俘等。尤为重要的是，红十字国际委员会在西班牙内战中实施了大量的援助工作，并让人道工作真正成为一项职业和专业。这些变化使得红十字国际委员会在二战伊始，就储备了一些经验丰富的人道工作者。[①]

与其在一战期间的人道行动相比，红十字国际委员会在二战期间的人道行动在内容上类似，但在规模上则大大超过前者。二战期间，红十字国际委员会设立了79个代表处，而且大部分工作人员为受薪雇员，探访了11 000次战俘营，发放了30亿瑞士法郎的物资，整理了3 500万份战俘档案。大量的战地人道需求迫使红十字国际委员会不断创新工作方式。在总部，红十字国际委员会开始设立专业委员会，吸收雇员就不同的问题做出决策，还设立了人道传播部门。在战地，红十字国际委员会代表处则开始购置轮船、卡车等重型资产来开展援助行动，但也出现了红十字国际委员会的工作人员在战场上殉职，甚至被当作间谍遭处决的悲剧。尤为令人遗憾的是，红十字国际委员会的工作也开始遭到外界的批评与质疑。批评意见主要集中在红十字国际委员会没有对纳粹违反人道法的行为，尤其是纳粹德国的大屠杀行为进行谴责；红十字国际委员会发放的虚假旅行证件导致战犯潜逃；等等。二战后，红十字国际委员会委员的单一瑞士国籍的属性再次遇到挑战，部分国家的红会要求红十字国际委员会和红十字会与红新月会国际联合会合并，以实现真正的国际化。对此，红十字国际委员会公布了大量的报告，通过宣传其人道工作和承认其工作失误来回应外界的批评和质疑。随着冷战的爆发，红十字国际委员会利用其委员瑞士国籍所代表的中立性优势，拒绝了国际化的要求。[②]

---

① 丹尼尔·帕尔米耶里. 一个经久不衰的机构？对红十字国际委员会150年历史的回顾[J]. 廖凡，译. 红十字国际评论，2012（4）：31-54.

② 同上。

二战后，红十字国际委员会经历了一段低谷期。由于预算的削减，工作人员由 3 700 人锐减至 420 人。领导层的频繁变动也导致决策和行动效率下降。冷战期间，红十字国际委员会的行动也遭到东西方阵营部分国家的抵制。尽管如此，红十字国际委员会仍努力维持其在朝鲜半岛、匈牙利、阿尔及利亚和也门等地的人道行动，并在埃塞俄比亚、喀麦隆和委内瑞拉等地设立了地区代表处，这些地区代表处往往在数个相邻的国家开展人道行动。① 尤为重要的是，在红十字国际委员会的努力下，国际社会于 1949 年通过了"日内瓦四公约"，1977 年通过了"日内瓦四公约"的两个附加议定书，进一步促进了国际人道法的发展。

20 世纪 70 年代发生的两场战争再次成为红十字国际委员会发展史上的转折点。1967 年 6 月 5—10 日爆发的阿以冲突，使得红十字国际委员会从一个消极应对人道问题的组织，转变为积极针对未来的战争采取行动的人道组织。此前，红十字国际委员会往往是等到战争爆发后再组织人力和物力实施人道行动。而在这次战争中，红十字国际委员会首先通过其地区代表处了解和预判了冲突情势，并在战争实际爆发前就做好了行动准备。这一策略上的变化导致了红十字国际委员会雇用和培训工作人员政策的变化。同时，红十字国际委员会还意识到其一线代表可能需要长期在战地开展工作，工作范围除传统的战地救护外，还可能涉及公共卫生、经济安全等领域，这就需要大量专业人员，从而使得一线工作人员的规模大大超过了其总部工作人员的数量。此状况一直维持至今。发生在 1967 年 7 月至 1970 年 1 月的尼日利亚内战，则使红十字国际委员会认识到了筹资的重要性，并于 1974 年成立了筹资部。为保障经费来源，红十字国际委员会还与欧共体（欧盟）和瑞士政府签署了定期捐赠协议。同时为了进一步协调和管理一线人道行动，红十字国际委员会再设地区行动部门，由行动部长统一协调和指挥，人力等行政管理部门的职能也得到进一步加强。至此，红十字国际委员会成为一个机构设置完善的人道组织。②

---

① 丹尼尔·帕尔米耶里. 一个经久不衰的机构？对红十字国际委员会 150 年历史的回顾[J]. 廖凡，译. 红十字国际评论，2012（4）：31-54.

② 同上。

冷战的结束为红十字国际委员会的活动和发展提供了新的契机。红十字国际委员会在海湾战争、索马里内战、前南斯拉夫战争和卢旺达种族屠杀中积极开展人道行动，人员和经费规模不断扩大。自1991年起，红十字国际委员会的经费即超过了6亿瑞士法郎。2007年以后，红十字国际委员会每年的经费均超过10亿瑞士法郎。随着经费的增加，红十字国际委员会的活动也随之扩张，关于其活动的年度报告甚至多达500页。红十字国际委员会自此成为一家"人道企业"，在运转上也更多地从经济学和企业运营角度来关注受益人数据、人道行动成本核算和效率等，以更好地回应捐款人的关切。此外，红十字国际委员会总干事的职责得到了强化，不仅负责红十字国际委员会的日常运转，而且在制定战略和政策方面开始发挥越来越重要的作用。为适应其全球行动的需要，红十字国际委员会从1990年起开始雇用外国籍代表，如今其外国籍代表的人数已经超过了瑞士籍代表的人数。①

红十字国际委员会能历经150余年艰难岁月而不衰，日渐兴旺至今，除外部机遇和个别领导人的个性因素外，还因为其管理层（委员）均持有近似家族成员般相同的信念、理想及联系，如关注受难者个人苦难，坚持委员的瑞士国籍，保守、谨慎的性格和行动等，并且能将此信念贯彻始终；以及其在一线的雇员能够根据具体情况创造性地开展工作，如及时根据需要拓宽业务领域和范围等。②

第二节　红十字国际委员会的法律地位和组织结构

一、红十字国际委员会的法律地位

红十字国际委员会是根据瑞士民法设立的社团，但其诞生不久，国家即通过国际条约授权开展人道行动。如今，红十字国际委员会开展行动的法律依据包括"日内瓦四公约"及其附加议定书和《国际红十字与

---

① 丹尼尔·帕尔米耶里. 一个经久不衰的机构？对红十字国际委员会150年历史的回顾[J]. 廖凡, 译. 红十字国际评论, 2012 (4)：31-54.
② 同上。

红新月运动章程》。因此，红十字国际委员会具备国际法人格，是"自成一类"的特殊国际组织。

首先，与传统的政府间国际组织相比，红十字国际委员会是由个人而非国家发起设立的，其没有成员国，管理层也由私人选任或聘用，而非由国家提名推选。因此，从发起和治理机制看，红十字国际委员会更近似于社会团体或非政府组织。但是，红十字国际委员会的职责和行动的授权却与政府间国际组织一样，均来自国家缔结的条约或国际大会通过的决议，并据此获得了国际法人格，成为国际法主体。尤其是，联合国大会于1990年通过决议授予红十字国际委员会观察员地位，赋予了红十字国际委员会与其他国际组织同等的地位。其他国际组织也授予了红十字国际委员会观察员地位。

其次，不少国家在法律上或事实上将红十字国际委员会视为国际组织。截至2016年年底，95个国家与红十字国际委员会签署了双边地位协定，协定赋予红十字国际委员会只有国际组织才能享有的特权与豁免。还有一些国家则直接通过国内立法的方式赋予红十字国际委员会特权与豁免。在具体事务上，国家及其外交代表机构也往往按照外交礼仪和实践与红十字国际委员会进行交往，如以外交信函与红十字国际委员会联络、新任大使按外交礼仪拜会红十字国际委员会主席、将红十字国际委员会登记于外交部礼宾司的外交机构名单中等。① 此外，联合国前南斯拉夫刑事审判庭通过判例确立了红十字国际委员会免于作证的特权，并认为该项特权与豁免已经成为国际习惯法。② 该实践也被国际刑事法院接受。

二、红十字国际委员会的组织结构

红十字国际委员会组织结构如图2-1所示③。

---

① Debuf, E. Tools to do the job: the ICRC's legal status, privileges and immunities [J]. IRRC, 2016 (897-898): 319-344.

② 同上。

③ 红十字国际委员会组织结构图 [EB/OL]. (2018-12-31) [2022-06-26]. https://www.icrc.org/sites/default/files/topic/file_plus_list/ar201812_orgchart_final-zh.pdf.

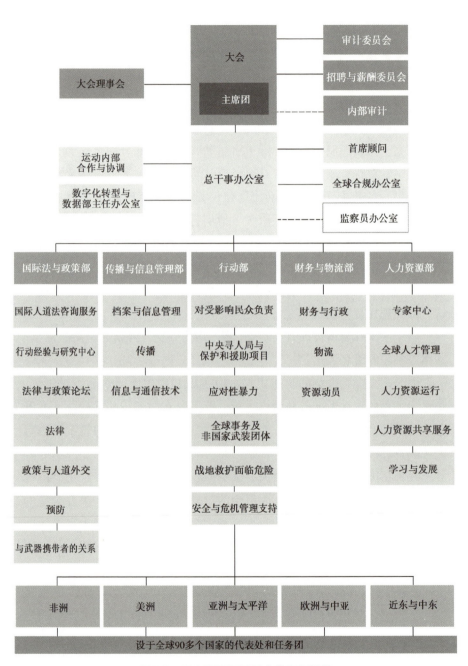

图 2-1　红十字国际委员会的组织结构

红十字国际委员会委员大会是红十字国际委员会的最高权力机构，由 15 至 25 名瑞士籍成员（委员）组成。新增委员往往由现任委员推选产生。委员任期四年，权力平等，可连任两届，但最高任职年龄不得超过 72 岁。大会每年召集 5 次会议，负责对红十字国际委员会的所有活动进行监督。大会的主席和副主席也就是红十字国际委员会的主席和副主席。大会制定委员会的政策，确定总体目标和战略，并批准预算案和通过决算案。大会还制定与国际红十字运动其他组成部分的合作与工作关系的政策，对符合条件的国家红会予以认可，任命主要的管理人员，包括总干事、各部主任和内部审计处处长。在红十字国际委员会成立早期，委员均来自日内瓦中上层阶级，他们行事谨慎，关注法律及细节问题。自 1923 年起，红十字国际委员会开始接收来自日内瓦以外地区的瑞士人，其中部分委员同时在红十字国际委员会和瑞士政府兼职，从而引起人们质疑红十字国际委员会的行动是否会受瑞士国家利益的影响。①这一局面现在有所改观。

红十字国际委员会现有委员 20 名，均为外交、经济、金融、医学、法律等领域的著名人士。②

大会理事会是大会的附属机构，由主席和副主席等 5 名委员组成，负责为大会的活动做准备并做出决策，特别是在财务战略问题、人力资源管理问题及对外交流问题方面。大会理事会还可以在紧急情况下履行大会职责。③

红十字国际委员会主席由大会选举产生，主席对外代表红十字国际委员会，主要负责红十字国际委员会的对外关系，并在总干事办公室的密切配合下开展人道外交。作为大会和大会理事会主席，红十字国际委员会主席要确保前述机构能够履行责任并密切监督红十字国际委员会的运行。红十字国际委员会主席还负责制定机构策略并提交给大会。红十

---

① Forsythe, D. P. The Humanitarians [M]. Cambridge: Cambridge University Press, 2005: 203-206.
② 红十字国际委员会大会 [EB/OL]. [2022-06-29]. https://www.icrc.org/zh/the-assembly.
③ 红十字国际委员会大会理事会 [EB/OL]. [2022-06-29]. https://www.icrc.org/zh/assembly-council.

字国际委员会主席通常来自瑞士联邦政府或者银行和医学界。红十字国际委员会现任主席为米里亚娜·斯波利亚里茨·埃格，她于2022年10月1日起任红十字国际委员会主席。① 指导委员会是红十字国际委员会的执行机构，由总干事、行动部主任、数字化转型与数据部主任、国际法与政策部主任、传播与信息管理部主任、人力资源部主任、财务与物流部主任组成，负责实施和监督由大会和大会理事会制定的组织战略和总体目标。指导委员会还负责红十字国际委员会的人员管理，确保红十字国际委员会顺利运行。②

内部审计处是一个内部监督机构，根据公认的国际标准独立、客观地监督和评估该组织的绩效。内部审计处、指导委员会和大会是内部监督系统的三个组成部分。大会在审计委员会的帮助下，负有最终监督责任。③

数据保护委员会负责检查（独立于其他机构和行政部门）红十字国际委员会在处理个人数据时是否遵守了个人数据保护规则及其他适用规则，并负责在受理个人或其他数据保护案件时对个人的权利进行裁决。④

上述机构为红十字国际委员会总部的管理机构。其在一线的90多个国家的代表处或任务团共计12 000余名员工则分别在非洲、美洲、亚洲与太平洋、欧洲与中亚、近东与中东地区开展行动。总部按照上述区域设立了对应的地区部门（图2-2），负责管理和支持代表处在各地的行动。这些地区部门的主任则向行动部主任汇报工作。

---

① 红十字国际委员会主席办公室［EB/OL］．［2023-02-06］．https://www.icrc.org/zh/office-of-the-president.
② 红十字国际委员会指导委员会［EB/OL］．（2021-10-20）［2022-06-26］．https://www.icrc.org/zh/document/icrc-directorate.
③ 红十字国际委员会管理机构［EB/OL］．［2022-06-26］．https://www.icrc.org/zh/who-we-are/the-governance.
④ 同上。

图 2-2　红十字国际委员会各代表处或任务团分布图①

---

①　ICRC. Annual Report 2018 [R/OL]. (2019-06-19)[2022-06-26]. https://www.icrc.org/en/document/annual-report-2018.

第三节 红十字国际委员会的使命、经费和工作

一、红十字国际委员会的使命

红十字国际委员会自诞生之日起,就力图实现双重宗旨:作为一个中立且独立的人道组织,向武装冲突受难者提供救济,以及努力重申并发展战争法规和惯例,以加强对没有或不再直接参加敌对行动之人的保护。红十字国际委员会最初只关注保护国际性武装冲突中的医务人员和受伤、生病或遭遇船难的战斗人员,但随着作战手段和方法的发展演变,以及一线工作的实际需求的变化,红十字国际委员会逐渐将工作范围扩大至其他类别的人员,如战俘、平民,以及非国际性武装冲突和其他暴力局势中的受难者。①

红十字国际委员会的使命可以表述为:红十字国际委员会是一个公正、中立和独立的组织,其特有的人道使命是保护武装冲突和其他暴力局势受难者的生命与尊严,并向他们提供援助。红十字国际委员会还通过推广和加强人道法与普遍人道原则,尽力防止苦难发生。红十字国际委员会负责指导和协调国际红十字运动在武装冲突和其他暴力局势中开展国际行动。②

实施人道行动、推广与发展人道法及人道原则是红十字国际委员会履行人道使命的支柱,两者相辅相成,后者为前者提供法律基础和框架,前者则为后者提供实施的土壤和发展的源泉。③

要有效履行其使命,红十字国际委员会必须得到国家、冲突或其他暴力局势的各方和人们的信任。这种信任需要建立在他们对红十字国际委员会的政策和工作的了解和理解之上。红十字国际委员会力图通过可预见的和可持续性的人道行动来获得各方的信任。如何将行动的有效性与可信赖

---

① Melzer, N. International Humanitarian Law [M]. Geneva: ICRC, 2016: 311.
② 红十字国际委员会. 红十字国际委员会:使命与工作 [R]. 北京:红十字国际委员会东亚地区代表处, 2010: 4.
③ 红十字国际委员会. 红十字国际委员会:使命与工作 [R]. 北京:红十字国际委员会东亚地区代表处, 2010: 6.

性完美结合是红十字国际委员会面临的永恒的挑战,因为红十字国际委员会必须证明它是一个既注重实效又不乏创造力的组织。也正因此,在红十字国际委员会总部制定的战略和政策的框架内,其一线代表处在如何能最好地帮助冲突和其他暴力局势受害者方面具有相当大的自主权。

为了加强国际红十字运动的内部协调和工作,1997年,运动代表会议(由红十字国际委员会、红十字会与红新月会国际联合会和国家红会代表组成)通过了《塞维利亚协议》。根据协议,红十字国际委员会是武装冲突及其他暴力局势下国际人道行动的主导者(即便是遭受武装冲突和暴力局势的国家和地区同时发生了自然灾害);红十字会与红新月会国际联合会则是在自然灾害中或者武装冲突局势进入重建或恢复阶段后发挥指导和协调作用,并负责照顾和平国家中的难民;国家红会在某些武装冲突情况下,依照《日内瓦公约》精神和《国际红十字与红新月运动章程》及《塞维利亚协议》也能成为人道行动的主导者。①

二、红十字国际委员会的经费

红十字国际委员会的预算经费全部来自各方的自愿捐款。其中的主要来源是国家和欧盟捐赠,约占红十字国际委员会预算的85%,私人捐赠只占红十字国际委员会经费的3%,其余经费来自国家红会的捐赠。②

红十字国际委员会的预算分为两部分:总部预算和一线预算。红十字国际委员会通常根据总部运行和一线工作的实践需要制定预算,通过向国家和国际社会发出呼吁的方式筹集资金。2020年,红十字国际委员会的预算金额约为21.6亿瑞士法郎,其中总部预算为2.465亿瑞士法郎(其中包含7.5%的行政管理费用),一线预算金额约为19.1433亿瑞士法郎(图2-3)。③

最大的支出地区为非洲(41%),其次为近东与中东(30%)、亚洲与太平洋(15%)、欧洲与中亚(8%)及美洲(6%)。详见表2-1。从

---

① Forsythe, D. P. The Humanitarians [M]. Cambridge: Cambridge University Press, 2005: 125-126.
② Forsythe, D. P. The Humanitarians [M]. Cambridge: Cambridge University Press, 2005: 233-234.
③ ICRC. Appeals 2020: Overview [R]. Geneva: ICRC, 2019: 3.

其实施的项目上看，援助项目支出最大（64%），其次分别为保护（19%）、预防（10%）、合作（6%）等。详见表2-2。

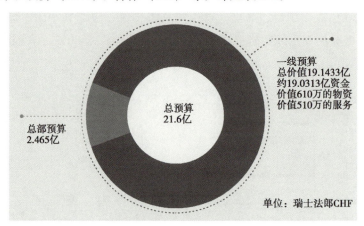

图 2-3　红十字国际委员会 2020 年活动经费预算表

表 2-1　红十字国际委员会 2020 年预算（按地区划分）

地区	瑞士法郎/百万	占比/%	备注
欧洲与中亚	147.4	8	
美洲	129.5	6	
近东与中东	565.6	30	
非洲	785.2	41	
亚洲与太平洋	286.7	15	
总计	1 914.4	100	

表 2-2　红十字国际委员会 2020 年预算（按项目划分）①②

项目	瑞士法郎/百万	占比/%	备注
保护类	354.4	19	
援助类	1 239.7	64	
预防类	191.8	10	
合作	108.8	6	
常规	19.5	1	
总计	1 914.2	100	

---

① ICRC. Appeals 2020：Overview [R]. Geneva：ICRC, 2019：16.
② 编者注：红十字国际委员会的预算可按不同方式划分，但并非所有预算资金都可归入项目中，故按地区划分的预算总额要比按项目划分的预算总额高。

红十字国际委员会在全球支出最大的15个一线代表处为：叙利亚、南苏丹、也门、伊拉克、尼日利亚、刚果（金）、阿富汗、乌克兰、索马里、利比亚、缅甸、马里、以色列及占领区、中非共和国、黎巴嫩。这些代表处的支出往往能占红十字国际委员会预算的80%。详见图2-4。

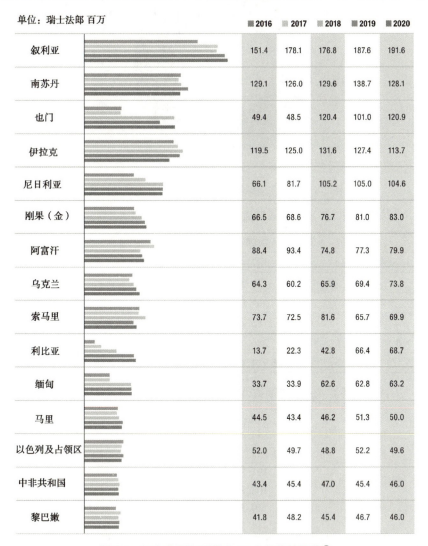

图 2-4 红十字国际委员会15个代表处预算①

---

① ICRC. Appeals 2020：Overview ［R］. Geneva：ICRC，2019：20.

自 2012 年至 2020 年，红十字国际委员会的预算每年平均增长 7%，2015 年增长了 21.4%，2018 年增长了 10.9%，国际人道局势仍不容乐观。详见图 2-5。

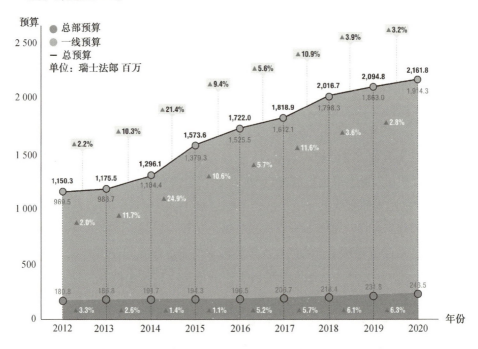

图 2-5　红十字国际委员会 2012—2020 年预算变化态势①

三、红十字国际委员会的工作

（一）工作范围和准则

1. 红十字国际委员会的工作范围

① 在国际性和非国际性武装冲突中的工作范围。在国际性和非国际性武装冲突中，努力帮助受害者是红十字国际委员会的核心使命之一。红十字国际委员会在对现有的或将来的人道救援需求做出适当评估和考虑后，根据国际人道法提供服务。②

② 在其他暴力局势下的工作范围。在其他暴力局势下，如果需求得

---

① ICRC. Appeals 2020：Overview［R］. Geneva：ICRC, 2019：25.
② Harroff-Tavel, M. Do wars ever end? The work of the ICRC when the guns fall silent［J］. IRRC, 2003（85）：465-496.

不到满足，而且局势紧迫，红十字国际委员会则会建议提供人道服务。此时，红十字国际委员会需要考虑的是，依据自己作为一个特殊中立和独立组织的地位和经验，评估自己是否能比其他组织具有优势。在这种情况下，红十字国际委员会建议提供服务的依据是该委员会的章程而非国际人道法。

③ 在非武装冲突下的紧急灾害救援。如果在红十字国际委员会工作区域发生自然灾害、重大技术性事故或大规模流行病，红十字国际委员会也将积极介入，尽其所能并以与红十字运动成员合作的方式开展行动。

④ 为其他人道组织提供服务。红十字国际委员会凭借自己的专业优势，为所有人道组织提供服务（如寻人），以及传播国际人道法与红十字运动的基本原则等。

2. 红十字国际委员会开展人道行动的工作准则①

① 对受害者所受苦难的程度及其需求的紧迫程度的评估。人道法规定的公正原则是红十字国际委员会工作的依据，它禁止歧视，且要求其援助与需求相称。

② 坚持红十字国际委员会特有的专业和能力，坚持中立、独立的人道组织特殊性，利用它在一线人道行动方面积累的丰富经验（对当地情况的了解及人力资源、后勤和寻人等方面的经验）。

红十字国际委员会的这一特点和优势得到了国际社会的认可，使得它在诸多人道机构参与的复杂环境下具备独特的协调和行动能力。

③ 红十字国际委员会在采取行动时，除考虑上述法律依据和标准外，还会综合考虑有关行动对其他人道行动的影响及对工作人员安全的影响，如果影响严重，则会暂停相关行动。

（二）工作策略与方法②

综合分析是红十字国际委员会开展工作的基本策略。红十字国际

---

① 红十字国际委员会. 红十字国际委员会：使命与工作［R］. 北京：红十字国际委员会东亚地区代表处，2010：10.

② 红十字国际委员会. 红十字国际委员会：使命与工作［R］. 北京：红十字国际委员会东亚地区代表处，2010：12-17.

委员会在开展行动前需要对形势、各方、利害关系和不断变化的情况进行全面综合分析，需要考虑社会、经济、政治、文化、安全、宗教、民族和其他诸多因素，以及影响冲突局势或其他暴力局势的本地、区域和国际因素等，以便确认受害人群及其需求。这种综合分析能使红十字国际委员会清楚产生人道问题的原因，掌握一线的具体情况，为确定工作重点和制定指向目标的整体战略提供事实基础，并能明晰问题的类型或需求的范畴，从而能有的放矢地安排人力和物力。红十字国际委员会通过综合分析制定工作策略，在中立和独立的人道活动框架内标本兼治。

在工作策略确定后，红十字国际委员会一般采取下述四种方法开展工作。

1. 保护

保护是指保护武装冲突和其他暴力局势中的受害者的生命、安全、尊严和身心健康，该方法旨在确保当局和其他各方履行各自义务，维护个人权利。

该方法还力图预防或制止实际存在或可能发生的违反国际人道法的行为或违反其他法律和基本规则的行为。

保护行为首先关注违反人道法行为产生的原因或背景，与责任人和对责任人具有影响力的人进行交涉，然后关注违反行为造成的后果。

2. 援助

援助的目的是保护受武装冲突或其他暴力局势不利影响的个人或群体的生命，或恢复其尊严。

援助行动主要解决违反国际人道法及其他相关法律后所带来的问题，并通过减少危险的发生根除产生这些违法行为的原因。

援助包括满足个人或群体的基本需求。这些需求是多种多样的，应对措施主要是提供物资和服务、支援现有机构和服务，以及敦促当局和有关人员尽职尽责，从而解决有关健康、水、卫生、住所和经济安全等方面的问题。

3. 合作

合作的目的是增强国家红会的行动能力，尤其是受武装冲突和其他暴力局势影响的国家红会的行动能力，以增强红十字国际委员会与国家红会互动与合作的能力。

合作的宗旨是通过充分利用国际红十字运动各组成部分在保护、援助和预防等方面的互补性任务和技能，从而优化其人道工作。

红十字国际委员会参与起草并实施红十字运动法定会议通过的政策，加强国家红会的能力建设，帮助他们始终如一地遵循基本原则。

4. 预防

预防的目的是培育一个有利的环境，以促进尊重武装冲突和其他暴力局势受害者的生命和尊严，并有助于红十字国际委员会的工作。

该方式旨在通过影响那些对武装冲突和其他暴力局势受害者的命运有直接或间接影响的人，来预防苦难的发生。这通常意味着它是一项中长期工作。

预防方法涉及实施国际人道法及其有关法律的交流、发展、澄清与推广工作，并促使红十字国际委员会的工作得到各方认可。

最后，一线代表处每项工作都是针对某个具体问题或一般问题而开展的。每项工作都有其自身的实施方略。这些方略将年度计划书中保护、援助、合作和预防这四个方法综合于不同的活动中。保护也可能包含在援助、合作或预防项目的活动中。比如，在难民营为流离失所者挖井，目的是解决缺水问题，构成援助方法的一部分，然而这项行动也可以保护那些因外出找水而面临暴力危险的人，因此挖井也成为保护的重要方法之一。

红十字国际委员会往往通过外交行动为其一线代表处的综合行动提供支援。人道外交的目的是影响并在必要时改变国家、武装组织及国际组织的政治决策，以增进各方对国际人道法的遵守，并促进红十字国际委员会主要目标的实现。为此，红十字国际委员会鼓励业务部门、总部各级机关和其代表处就普遍关注的问题加强与有关国家、团体或组织的对话。

（三）行为模式

在具体执行人道行动的工作中，红十字国际委员会的行为模式是提高责任意识、支持意识和替代意识。红十字国际委员会往往将三者结合起来，并力图在它们之间找到平衡。①

1. 提高责任意识的方式

提高责任意识的目的在于提醒对方所负的责任和义务，必要时规劝他们改变自己的行为。具体有三种做法：

① 规劝：规劝的目的是通过双方保密对话，说服对方做其责任或能力范围内的事。这是红十字国际委员会首选的行动模式。

② 动员：通过动员有影响力的第三方（如与当事者有良好关系的国家、区域组织、私营公司、民间社团或宗教团体）来寻求支持。红十字国际委员会选择第三方时十分谨慎，只接触那些它认为会对收到的信息保密的第三方。

③ 谴责：当遇到无视自身义务或故意违背自身义务的当局，规劝（即使是动用了有影响力的第三方的支持）可能无效时，红十字国际委员会就可能会打破其保密性惯例而诉诸公开谴责。这种行动模式仅作为一种保护方法，主要用于保护个人的规则即将遭到违反或已被确认违反的情形。

2. 提高支持意识的方式

支持意识，是在有关当局无力采取行动时，红十字国际委员会在必要时会提供支持，以使其能够承担起责任。

3. 提高替代意识的方式

替代方式（包含直接提供服务），是在主管当局不采取或无力采取适当措施时（如因缺乏手段或意愿，或不存在此类当局），红十字国际委员会将代替他们直接采取行动以满足受影响者的需求。如果形势严峻，红十字国际委员会将先采取行动，然后与当局接洽，规劝其采取适当措施或帮助其寻找可能的解决方案。

---

① 红十字国际委员会. 红十字国际委员会：使命与工作［R］. 北京：红十字国际委员会东亚地区代表处，2010：17-18.

第四节 红十字国际委员会与国际人道法

国际人道法是限制武装冲突所造成的人道后果的规则的总称。① 红十字国际委员会自诞生之日起，就以发展和传播国际人道法为己任，其对国际人道法的作用和贡献体现在三个方面：发展、传播和执行。

一、发展国际人道法

1864 年《日内瓦公约》的通过标志着当代国际人道法的诞生，是国际公法发展史上具有里程碑意义的事件。红十字国际委员会则是这一历史事件背后的推动力量。首先，红十字国际委员会提出了缔约建议，并起草了公约，随后又积极寻求瑞士政府的支持，促使后者召集了外交大会。其次，尽管红十字国际委员会本身并未享有独立派代表出席外交大会的权利，但其主要成员作为瑞士政府的代表出席并主持了会议，主导了公约的通过。②

同样，红十字国际委员会在二战结束前再次积极行动，起草了 1949 年"日内瓦四公约"，在首先提交第 17 届红十字国际大会审议并获得支持后，再通过瑞士政府召集外交大会来予以通过。在 1949 年 8 月举行的外交大会上，红十字国际委员会积极与会，协助各国理解和完善公约条文，对公约的通过起到了引领作用。红十字国际委员会在"日内瓦四公约"的 1977 年附加议定书的谈判过程中，也发挥了同样的作用。如今，"日内瓦四公约"及其 1977 年两个附加议定书获得国际社会的广泛接受，成为国际人道法的核心内容。③ 2005 年，《一九四九年八月十二日日内瓦四公约关于采纳一个新增特殊标志的附加议定书》（《第三议定书》）也获得通过。

---

① Melzer, N. International Humanitarian Law: A Comprehensive Introduction [M]. Geneva: ICRC, 2016: 16-17.

② Bugnion, F. The International Committee of the Red Cross and the development of international humanitarian law [J]. Chicago Journal of International Law, 2004 (1): 193.

③ Bugnion, F. The International Committee of the Red Cross and the development of international humanitarian law [J]. Chicago Journal of International Law, 2004 (1): 194-198.

红十字国际委员会尽管没有参加限制作战手段和方法的国际人道法海牙法体系的早期发展,但自一战结束时起,即开始呼吁国际社会采取措施限制地毯式轰炸、禁止使用毒气等。红十字国际委员会的建议得到了第10届红十字国际大会的支持,并最终使得国际社会在1925年通过了《日内瓦毒气议定书》。1949年"日内瓦四公约"通过后,红十字国际委员会根据其在广岛和长崎实施人道救助的经验,呼吁国际社会通过协议禁止核武器和无制导的导弹。1954年,红十字国际委员会召开专家会议草拟的条约草案,得到了1957年红十字国际大会的支持,但由于东西方阵营的对峙,无法召集外交会议,草案遂无疾而终。红十字国际委员会转而积极参与联合国体系内军控条约的谈判,促成了1980年《禁止或限制使用某些可被认为具有过分伤害力或滥杀滥伤作用的常规武器公约》(简称《常规武器公约》)及其附加议定书和1997年《渥太华禁雷公约》的通过。红十字国际委员会在此方面的工作得到了《常规武器公约》大会的认可。① 红十字国际委员会积极推进努力消除核武器议案,并促进该议案于2013年在红十字运动代表会议上通过。该决议虽对各国政府没有约束力,但也是红十字国际委员会努力推进世界和平的一个积极贡献。

此外,红十字国际委员会在一线的人道行动也促进了国际人道法的发展和完善。为了应对人道需求和保护受难者,红十字国际委员会在二战期间租用了大量的商船运输人道救援物资,并在这些船舶上展示红十字标志。同时,红十字国际委员会协助商业冲突各方设立诸多中立地带或保护区,以保护平民、伤病员等。这些实践最终均被"日内瓦四公约"确认和接受。②

从红十字国际委员会发展国际人道法的经验来看,涉及保护受难者的法律规则往往容易获得有关国家的支持,而关于限制作战手段和方式的规则,由于其涉及有关国家的生存与安全,则容易引起争议和政治

---

① Bugnion, F. The International Committee of the Red Cross and the development of international humanitarian law [J]. Chicago Journal of International Law, 2004 (1): 200-204.

② Bugnion, F. The International Committee of the Red Cross and the development of international humanitarian law [J]. Chicago Journal of International Law, 2004 (1): 204-208.

化，有关国家往往希望将其进程控制在自己手中。

二、传播国际人道法

传播国际人道法是红十字国际委员会预防工作的一部分。知法是守法的前提。为此，红十字国际委员会与有关国家和冲突各方进行定期对话，提醒他们承担法律义务。此外，它还为国家、非国家实体的成员，人道领域的专家和学者提供培训课程，定期编写涉及人道法和人道行动等不同主题的读物。最后，红十字国际委员会（特别是其国际人道法咨询服务处）还向各国提供服务，帮助它们将国际人道法义务纳入其国内的立法、制度和实践。①

红十字国际委员会每年花费数千万瑞士法郎在总部和代表处推进传播国际人道法工作，并与研究机构和大学等合作，除向上述国家和冲突方代表传播外，还面向公众包括大学生和中小学学生传播基本的人道法规则和原则。在中国，红十字国际委员会与中国红十字会合作，在高校开展模拟国际人道法庭、人道问题辩论赛，以及在中小学开展人道法教育等，得到了很好的反响。其大众传播的形式也灵活多样，包括电视访谈、动画片、知识竞赛、电子游戏等。红十字国际委员会一线传播的效果得到了受众的肯定，也影响了部分冲突方的行为。②

三、执行国际人道法

作为国际人道法的"监护人"，红十字国际委员会在冲突即将爆发或爆发伊始，即积极主动联系冲突各方，提醒其所承担的国际人道法义务。如在1980年两伊战争爆发前和1999年北约轰炸南联盟伊始，红十字国际委员会即向各方发出外交照会，列举各方根据"日内瓦四公约"及其他国际人道法条约和惯例所承担的义务。在发现各方有违法行为或即将实施违法行为时，红十字国际委员会便会立即通过双边对话、发动有影响力的第三方的方式对有关冲突方进行秘密沟通和规劝，促使其改正错误。

---

① Melzer, N. International Humanitarian Law: A Cornprehensive Introduetion [M]. Geneva: ICRC, 2016: 328.

② Forsythe, D. P. The Humanitarians [M]. Cambridge: Cambridge University Press, 2005: 272-273.

作为最后手段，红十字国际委员会在一定条件下保留公开谴责并呼吁立即停止违反国际人道法的行为的权利。红十字国际委员会进行公开谴责必须满足的条件有：

第一，违法行为重大且反复或很可能反复发生。

第二，有可靠确凿的证据证明存在这种违法行为，或者红十字国际委员会代表目睹了这种违法行为。

第三，双边保密对话，以及动员有影响力的第三方的努力都未能阻止违法行为。

第四，公开谴责有利于保护受害人。

实践中，红十字国际委员会很少进行公开谴责。即使这样做，有关声明也主要涉及定期和反复交涉没有产生有效的结果的情形，即违反国际人道法已成为当局的政策，或者红十字国际委员会完全无法接触到有关当局。谴责前，红十字国际委员会必须确信这种公开施压是保证国际人道法得到尊重的唯一手段。在考虑受害人利益时，红十字国际委员会既要重视人道保护和救济方面的短期利益，还要考虑将来继续接触和救助受难者的长期利益。2009年，红十字国际委员会曾对缅甸的局势进行过公开谴责，主要是谴责当局虐待被关押人和平民，并拒绝就此与红十字国际委员会沟通，也不停止其违法行为。①

此外，尽管红十字国际委员会不参与任何针对违法行动的调查和司法程序，但其鼓励冲突方接受国际人道实况调查委员会的管辖，也愿意为各方建立公正的调查委员会提供斡旋。②

2011年，第31届红十字与红新月国际大会通过决议，鼓励并授权红十字国际委员会思考不遵守国际人道法所带来的挑战。鉴于此，红十字国际委员会与瑞士政府发起联合倡议，以求建立更有效的国际机制来推动对国际人道法的遵守。

---

① ICRC. Myanmar：ICRC denounces major and repeated violations of international humanitarian law [EB/OL]. (2007-06-29) [2022-06-29]. https://www.icrc.org/en/doc/resources/documents/news-release/2009-and-earlier/myanmar-news-290607.htm.

② Forsythe, D. P. The Humanitarians [M]. Cambridge：Cambridge University Press, 2005：327-328.

根据上述倡议，瑞士政府和红十字国际委员会举办了一系列国家间的多边会议，有关国家和其他利益攸关方也进行双边讨论。在协商过程中，各方提出了广泛的强化人道法执行机制的建议，包括定期报告、缔约国会议、实况调查、斡旋、预警、紧急呼吁和专题讨论等。最后的协商集中于多数国家认可的重点领域，如将建立国家间会议制度作为执行机制的基石。国家间会议为各缔约国就国际人道法问题开展定期对话提供了平台，是发挥机制其他功能的基础，如定期国家履约报告、国际人道法专题讨论等。目前，会议机制的细节尚在讨论之中。

建立新的国际人道法遵守制度的最大挑战是，由于该制度是自愿性的，缔约国不愿意修正1949年"日内瓦四公约"或制定新的条约来处理该问题，因此，至关重要的是保证所有国家能定期参与会议。红十字国际委员会和瑞士政府发布了一份四年磋商进程的报告，并提交了一份决议草案供2015年12月举行的红十字国际大会审议，但国际大会期间各方未能达成任何协议。各国决定继续朝着一个范围广泛、国家驱动的政府间进程努力。许多国家还重申其尊重国际人道法的承诺，包括通过与红十字国际委员会进行双边对话，以及通过国际大会和地区性国际人道法论坛加强国际人道法的实施。红十字国际委员会将与各国继续进行对话，以改善国际人道法的执行问题。①

总之，为了确保其一线行动能为各方接受，红十字国际委员会较为顾及各方的感受，不愿意与之发生公开和正面的冲突，在国际人道法执行方面表现谨慎。②

思考题：

1. 如何理解红十字国际委员会的法律地位？
2. 如何理解红十字国际委员会的工作方式？
3. 试分析红十字国际委员会如何促进国际人道法的发展与实施。
4. 试论述国际红十字运动与国际人道法的关系。

---

① Forsythe, D. P. The Humanitarians [M]. Cambridge：Cambridge University Press, 2005：276.
② Forsythe, D. P. The Humanitarians [M]. Cambridge：Cambridge University Press, 2005：20.

参考资料：

1. 红十字国际委员会. 一九四九年八月十二日日内瓦四公约及其附加议定书［EB/OL］.［2022-07-04］. https://www.icrc.org/zh/doc/assets/files/publications/icrc-006-20110186.pdf.

2.《国际红十字与红新月运动章程》，参见红十字国际委员会，红十字会与红新月会国际联合会. 国际红十字与红新月运动手册［M］. 中国红十字会总会，译. 北京：社会科学文献出版，2017.

3. 红十字国际委员. 编者按：人道的追求：国际人道法及150年人道行动［J］. 红十字国际评论，2012（4）：5-18.

第三章
红十字会与红新月会国际联合会

◇ **学习目标：**

1. 了解红十字会与红新月会国际联合会诞生、发展的历史过程。
2. 了解红十字会与红新月会国际联合会的主要架构、职能和运行。
3. 了解、掌握红十字会与红新月会国际联合会主要的工作及其意义。

红十字会与红新月会国际联合会（以下简称国际联合会）诞生于第一次世界大战末，拓展了国际红十字运动的空间和内涵，推动了国家红会的发展，编织了世界上最大的人道服务网络，成为非武装冲突期间人道救助的重要力量。

国际联合会创立于1919年，总部在瑞士日内瓦，是各国红十字会和红新月会的联合组织，现由192个成员国家红会组成。其宗旨是激励、鼓舞、协助和促进各国国家红会开展各种形式的人道主义活动，预防和减轻人类疾苦，从而为维护人类尊严和促进世界和平做出贡献。国际联合会协调灾害和危机的国际响应，发展和推行统一的人道行动标准和政策，在国际场合代表成员国家红会。国际联合会的核心工作领域包括人道主义价值观传播、救灾和备灾，以及与各国红十字会与红新月会合作，加强其能力建设和开展各项人道主义工作。

国际联合会是一个独立的"纯粹的非政治、非政府、非宗教的志愿组织"。作为世界上最大的人道主义网络，国际联合会的一切行动以人道、公正、中立、独立、志愿服务、普遍和统一等七项基本原则为指导。

第一节 红十字会与红新月会国际联合会的历史与发展

一、国际联合会的诞生

把红十字会组织的能力和资源集中起来,不仅仅是在战争时期为救济做准备,还可以在和平时期提供人道援助,这个想法可以追溯到红十字运动的创始人亨利·杜南。1862年,杜南写道:因为组织的永久存在,在流行病暴发时期,或如洪水、火灾或其他自然灾害发生的时候,他们也可以提供伟大的服务。1867年,红十字国际委员会第二任主席古斯塔夫·莫瓦尼埃也建议成立一个国家社会的"联邦"。

但全面提出该思想并付诸行动的是亨利·戴维森,当时的美国红十字战争委员会(American Red Cross War Committee)会长,他对美国总统伍德罗·威尔逊(Woodrow Wilson)关于一战后世界应该如何管理的想法做出了回应,并在1918年12月提出成立一个战胜国红十字会协会联盟,作为拟议中的国际联盟的一个平行组织,向遭受饥荒和疾病的人们提供人道主义援助。他期望通过这种组织形式应对一战后交战国及相关地区出现的饥荒、流行病和严重灾难。

1919年5月5日,法国、意大利、日本、英国和美国红十字会签署了联盟章程,国际联合会的前身——红十字会联盟(League of Red Cross)诞生了。一个月后,以第一次世界大战中对同盟国宣战而成为战胜国的国家为主体签署了《国际联盟盟约》(Covenant of the League of Nations),在《国际联盟盟约》中出现了具有历史性意义的条款:各国际联盟成员国家承诺鼓励和促进国家红十字会的建立,以及国家红会间的合作。

1919年,红十字会联盟的秘书处设于巴黎;1939年,秘书处从巴黎迁往日内瓦。1983年10月,红十字会联盟更名为红十字会与红新月会联盟(League of Red Cross and Red Crescent Societies)。1991年11月,其又更名为红十字会与红新月会国际联合会(International Federation of

Red Cross and Red Crescent Societies, IFRC)。

国际联合会把提升因战争而饱受侵害的国家的人民的健康水平作为其首要目标,即"加强和团结已经开展医疗健康服务的红十字会,并促进新的红十字会的建立"。国际联合会扩大了红十字的国际活动内容,除红十字国际委员会明确使命之外的活动它都参与,包括不是由战争引起的紧急情况(如人为灾难或自然灾害)的救援。

二、国际联合会的百年发展

国际联合会自成立以来,一直与各成员国红会密切合作,以满足各个历史时期建设人道、创新和赋权于人的文化的发展需求。国际联合会的发展简单梳理如下。①

国际联合会支持各成员国家红会应对重大灾害。1919年,国际联合会向波兰派出了第一个行动小组,以帮助这个饱受蹂躏、饥饿和斑疹伤寒折磨的国家。1922年,国际联合会决定将其支持重点放在三个重要领域:卫生、护理和青年。

20世纪30年代,全球金融危机爆发,各国红会缴纳会费减少,国际联合会削减了35%的预算,裁减了员工,并搬到成本较低的办公室,根据需要实施了帮助失业者和因经济衰退而离开本国的移民的计划。比利时、芬兰、法国、德国、拉脱维亚、英国和美国的红十字会都有帮助失业者、无家可归者和饥民的服务。随着战争威胁的日益加剧,各国红会积极准备,拓展急救课程、提供救护车服务并招募献血者,还为遭受空袭的儿童安排疏散计划,为受毒气和化学攻击的受害者提供治疗。护理和公共卫生仍然是优先事项,国际联合会扩展了访问护士、紧急护理和家庭治疗的项目。与此同时,在整个20世纪30年代,其在拉丁美洲开展广泛的备灾工作,建立了灾害赈济室和紧急物资仓库。

1939—1945年,第二次世界大战期间,国际联合会建立了联合救济委员会(JDC),协调帮助战争受害者的各方力量。国际联合会在1946年7月召开了历史上有重要意义的理事会会议,确定专注于加强国家红

---

① 编者注:红十字会与红新月会国际联合会在不同时期名称不同,为便于理解,本部分统一以国际联合会之名概述。

会的能力和它们之间的合作，并就国际联合会与联合国、各国家红会及其政府之间应建立何种关系做出了阐述。国际联合会的作用被界定为一个协调机构，旨在促进各国家红会的赈济工作及相互之间的联系，此外，还明确了国家红会在作为政府人道助手的同时要遵守独立、公正和志愿服务的原则。代表们还承诺寻求免税商品过境、特殊邮政设施和为红十字会工作人员快速签发签证等机制，这些为国际联合会后来的国际救灾相关规则（IDRL）的形成打下了重要基础。

20世纪50—60年代，国际联合会最大的行动之一是向匈牙利难民提供帮助。1957年，联合国难民事务高级专员办事处（UNHCR）（今联合国难民署）向国际联合会颁发了"汉森奖章"，以表彰其"高效和人道主义"的救援行动。在阿尔及利亚爆发战争后的1959年到1962年，国际联合会在突尼斯和摩洛哥为阿尔及利亚难民采取了其有史以来时间最长的救济行动。此外，1960年，全球有两次影响很大的地震，包括3月摩洛哥阿加迪尔地震（造成2万人死亡）、5月智利地震（同时伴随火山爆发、海啸和火灾），国际联合会对此开展了救援行动。国际联合会还向受前"比属刚果"动乱影响的难民提供保健服务和其他援助。

随着许多前殖民地的独立，加入国际联合会的会员红会大幅增加。因此，国际联合会加强了其支持和发展运作良好的国家红会的承诺，帮助每个红会建立牢固的法律基础，并制定培训工作人员与招募志愿人员的计划。为了满足这一需求，国际联合会的预算有所增加。1961年，国际联合会通过了一个新的宣言，即"人道获致和平"（Per Humanitatem ad Pacem）。1963年，国际联合会和红十字国际委员会因"为国家间的博爱做出了最好的工作"而共同获得诺贝尔和平奖。

整个20世纪70年代，由于灾难频发造成人道需求巨大，国际联合会发出了200多次行动呼吁，比1945年到1960年的总呼吁次数还要多。这些行动包括帮助东巴基斯坦（今孟加拉国）"世纪旋风"的幸存者（当时风暴造成20多万人死亡），印度大规模风暴的救助工作，解决越南和柬埔寨的"船民危机"，土耳其、危地马拉和罗马尼亚的地震救援工作，以及安抚来自安哥拉的难民。随着灾害响应行动的增加，国家红会中形成了一种新的认识，即减轻灾害的重要性、降低社区的易受损性，以及确保非紧急情况下工作所需要的定期的、可靠的资金。

20世纪80年代，国际联合会确定将社区卫生作为优先事项，通过护士和志愿人员传播有关母乳喂养、良好营养、卫生、免疫等方面的信息。1986年，切尔诺贝利核电站爆炸污染了乌克兰、俄罗斯和白俄罗斯的大片地区，国际联合会在向幸存者提供初步援助后，制定了切尔诺贝利人道主义援助和重建方案。1985年，紧急救灾响应基金（Disaster Relief Emergency Fund，DREF）设立。这项基金允许在为更大的灾难发出正式呼吁之前，可立即为小规模紧急情况释放资金。该基金至今仍是国际联合会最灵活、最有效的灾难响应工具之一。

据统计，20世纪90年代，平均每年约有1 000万人受到灾害的影响，国际联合会为此开展了更为长期、复杂且投入更多的行动，秘书处调动了前所未有之规模的资源。同时，国际联合会设立了由医疗、初级卫生保健、物流、通信、水和卫生或救济协调等领域的现场代表组成的信息与通信部门，以便在危机时期迅速有效地做出反应。1994年，国际联合会在联合国大会获得观察员地位。这一地位使国际联合会能够在联合国会议和大多数其他国际组织的会议上就人道主义问题发表意见，有力地促进了国际联合会及其国家红会的作用的发挥。

在2000年至2010年期间，面对复杂的危机，国际联合会进行了自我调整，以适应新的环境。国际联合会重新将其活动重点放在健康、救灾、备灾和传播基本原则方面。它重新强调增强国家红会的可持续发展能力，重新通过招募、培训和留住志愿人员，建设更强大和更具恢复力的社区，并通过加强社区层面的应对机制的方式，将救灾、恢复和预防进行有机整合，完成了众多重大灾害期间的人道救助行动，如2004年印度洋海啸，2005年美国卡特里娜飓风、巴基斯坦地震、莫桑比克洪水，2007年中美洲和加勒比地区飓风和热带风暴，2008年缅甸的纳尔吉斯强热带风暴、中国汶川地震，2010年海地地震等的救助工作。2002年，为了应对全球气候变化并帮助各国红会采取措施减轻全球气候变化带来的影响，红十字与红新月气候变化中心在荷兰成立。2007年，红十字国际大会通过决议，加强国家红会作为本国政府在人道主义领域的助手的作用，并通过了国际灾害响应的有关规范、原则等。2010年到2020

年，国际联合会确定了十年发展战略，促进了八个重点领域（包括减少灾害风险、住所、生计、医疗、水和卫生设施、非暴力和和平的文化、社会包容、移民）取得持久的发展成果。国际联合会还通过加强国家红会能力建设，确保有效的国际灾害管理，同时作为战略伙伴影响其他人和组织，共同推动人道主义行动和社会恢复力建设，建设强大的国际联合会，保证工作的有效、可靠和负责任。

从1919年至2019年年底，国际联合会从5个创始成员国家红会发展到拥有192个成员国家红会，范围覆盖了全世界，成千上万的志愿者在社区层面开展工作，促进人道主义价值观、救灾、灾难预防、健康及社区护理的发展。

第二节 红十字会与红新月会国际联合会的职能和组织结构

一、国际联合会的宗旨

国际联合会是一个独立的国际人道主义组织，它同红十字国际委员会和各国红会，共同组成了国际红十字运动。

国际联合会的宗旨是激励、鼓舞、协助和促进各国国家红会开展各种形式的人道主义活动，预防和减轻人类疾苦，从而为维护人类尊严和促进世界和平做出贡献。国际联合会的一切行动在任何时候都以人道、公正、中立、独立、志愿服务、普遍和统一等七项基本原则为指导。

国际联合会是一个由各国国家红会联合建立和组成的会员组织。这一独特的几乎覆盖世界上每个国家的国家红会网络是国际联合会的主要力量。国家红会之间的合作及其志愿者在社区一级的广泛参与赋予了国际联合会深入基层、发挥社区人道救助能力和援助最需要的人的独特功能。在大规模灾害和卫生危机发生之前、期间和之后，国际联合会协调国际支持，加强其成员国红会的能力和领导力，并在国际层面采取行动，筹集资源并说服决策者在任何时候都为保护易受损群体的利益采取行动。

二、国际联合会的法律地位

国际联合会是由世界各国国家红会联合建立的具有法人资格的法人团体,并根据其本身的章程行事。国际联合会是一个国际法主体,其职责是由《国际红十字与红新月运动章程》及相关国际法赋予的。国际联合会因其国际法人资格获得广泛承认,有关国家普遍按照本国法律法规中关于国际组织的规定或订立的双边地位协议把国际联合会作为国际性组织对待。

国际联合会根据与瑞士政府订立的一项国际协议在日内瓦设立秘书处,该协议明确承认国际联合会拥有"国际法人资格"。根据协议,国际联合会在瑞士拥有通常联合国等国际组织才拥有的法律地位,享受特殊待遇和豁免。同时,国际联合会与70多个设有运作机构的国家订立了类似协议。国际联合会根据这些协议所享有的特殊待遇和豁免,主要包括司法豁免,场所、房屋、档案及其他财产不受侵犯,免受海关限制,关税、税金豁免,等等。这些特殊待遇和豁免对于国际联合会的中立和独立行动是不可或缺的。

三、国际联合会的职责

国际联合会按照其章程、红十字与红新月运动的基本原则、《国际红十字与红新月运动章程》和国际大会的决议,承担以下职责。

(一)为国家红会提供服务

第一,作为国家红会之间联络、协调和学习的常设机构,为国家红会提供帮助。

第二,鼓励和促进在所有国家建立和发展独立并获承认的国家红会。

第三,在降低灾害风险、灾害救济准备、救济活动的组织及实施等方面向国家红会提供援助。

第四,鼓励和协调国家红会与本国有关政府机构合作参与旨在保障公共健康和提高社会福利的活动。

第五,鼓励和协调国家红会相互交流关于对儿童和青年进行人道主义教育的意见,以及发展各国儿童和青少年之间的友好关系,共同分享有关青年参与志愿服务和决策机制的实践成果。

第六，协助国家红会从全体国民中招募志愿者和会员，并在他们和公众中间进行有关红十字运动的基本原则和理想的普及宣传。

（二）人道行动

第一，为所有受灾害影响而遭遇人道危机的人提供各种形式的救助。

第二，根据国际大会通过的《红十字与红新月灾害救济原则与条例》，组织、协调和指导国际救济活动。

第三，根据与运动其他组成部分达成的协议，向武装冲突受害者提供救助，协助促进和发展国际人道法，传播国际人道法和基本原则。

第四，在国际上担任国家红会的正式代表，特别是处理所有涉及国际联合会全体大会通过的决议和建议方面的事宜，并担任维护各国红会完整性和利益的保护人。

国际联合会还行使由全体大会正式指派的其他职能，执行红十字国际大会委托办理的任务。国际联合会在各国开展工作时，应通过该国红会或取得该国同意后方得进行，另外还须遵守该国的法律。

四、国际联合会的组织结构

（一）国际联合会的治理结构

根据《红十字会与红新月会国际联合会章程》（简称《国际联合会章程》），国际联合会的法定机构包括以下两种。

具有领导职权的机构：全体大会，领导委员会和主席。

具有行政职权的机构：秘书长及其领导下的秘书处。

除了法定机构外，还有章程机构，指根据《国际联合会章程》设立的具有咨商或者其他职能的机构，包括财务委员会、审计和风险委员会、青年委员会、监察和仲裁委员会、选举委员会。

以上决策机构负责确定宗旨、政策、目标和方案的框架，并提供问责和遵守的机制，决定组织的发展方向。国际联合会秘书处则负责日常运作。领导委员会负责任命秘书长等工作。秘书长是国际联合会的首席执行官，负责管理和指导秘书处和一线办事处的工作。

国际联合会的治理结构如图3-1所示：

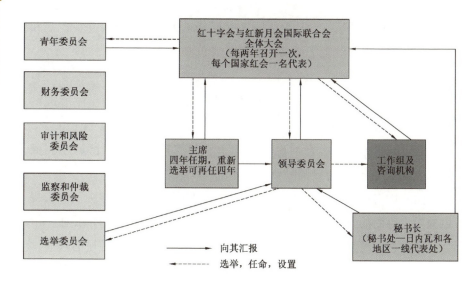

图 3-1 红十字会与红新月会国际联合会治理结构

1. 全体大会

国际联合会全体大会是国际联合会的最高决策机构,由所有成员国家红会的代表组成,每两年召开一次。每个成员国家红会都有平等的一票表决权。全体大会选举任命国际联合会领导委员会和其他法定机构,并负责任命秘书长。全体大会决定国际联合会的远景和战略,决定指导国际联合会和国家红会的一般性政策,决定接纳、中止或取消相关国家红会的会员资格,以及其他重要事项。

2. 领导委员会

领导委员会负责在国际联合会全体大会之间工作,一年举行两次会议,有权就有关问题做出决策。领导委员会由国际联合会的主席和4个副主席、1个当然副主席、青年委员会主席、财务委员会主席、审计和风险委员会主席及20个国家红会的代表等组成。

3. 主席及副主席

主席是国际联合会的最高领导人。主席应向全体大会负责,以确保国际联合会遵循其宗旨并履行章程所规定的职能。主席由全体大会和领导委员会授权,按照全体大会和领导委员会的决议指导国际联合会和秘书长的工作。

国际联合会的副主席由4名选举产生的副主席（每个法定区域1人）和1名当然副主席组成。当然副主席由国际联合会总部所在地的国家红会即瑞士红十字会会长或者其指定的代表担任。

4. 章程机构和工作组

2010年5月，第21次领导委员会会议根据2009年第17届全体大会决议通过的职权范围设立了咨询机构。领导委员会还可根据其具体需要设立相应的工作组。

（1）财务委员会

财务委员会由主席和9名成员组成，均以个人身份经选举委员会推荐，由全体大会任命产生。财务委员会就所有涉及国际联合会的财务和风险事项提供咨询意见。

（2）审计和风险委员会

审计和风险委员会由主席和5名成员组成，以个人身份经选举委员会推荐，由全体大会任命。审计和风险委员会负责提供所有与审计和风险事项相关的咨询，为国际联合会的管理提供系统的保证、分析、评估、推荐、建议和信息。其目标包括确定提高内部程序和资源使用有效性、效率、节约和合理化的手段，以及确保国际联合会的财务条例和程序、适用的会计标准和工作人员行为守则得以遵守。

（3）青年委员会

青年委员会由主席和8名成员组成。2019年起，青年委员会成员以个人身份经选举委员会推荐，由全体大会选举产生。青年委员会就国际联合会有关青年和青年活动的所有事项提供咨询意见，包括推广和评估青年政策或战略，并研究青少年领域事务和相关政策的发展。

（4）监察和仲裁委员会

监察和仲裁委员会由主席和12名成员组成（每个法定区域3人），以个人身份经选举委员会推荐，由全体大会任命。监察和仲裁委员会协助国际联合会的下属机构采取适当步骤，解决某一国家红会或国际联合会任何机构可能违反完整性的任何问题，并协助解决提交其处理的任何争议。

(5) 选举委员会

选举委员会由主席和 4 名成员组成（每个法定区域 1 人），以个人身份由领导委员会提议，由全体大会任命。

选举委员会的职能包括：① 为选举制定选举标准；② 拟定主席和副主席职位的候选标准，至少在有关选举开始前一年获得领导委员会批准；③ 对照相关使用条件，审查领导委员会所有候选人的情况（从个人到国家红会）；④ 与领导委员会协商后，提交财务委员会、青年委员会及监察和仲裁委员会候选人的建议名单，供全体大会任命；⑤ 监测和监督上述职位的所有选举情况；⑥ 宣布上述职位的选举结果。

5. 运动内合作

（1）地区会议

按照国际联合会议事规则的规定，国际联合会有四个法定区域——非洲、美洲、亚太和欧洲。地区会议由法定区域内的国家红会举办，每四年举行一次，旨在促进地区内各国家红会间的合作，寻找共同面临的问题和人道关切，努力建立本地区关于执行全体大会、代表会议和红十字国际大会决议的共同战略，就与全体大会和红十字运动法定机构有关的事务向领导委员会提出建议。

（2）与红十字国际委员会的合作

国际联合会与红十字国际委员会保持密切联系，并依照《国际红十字与红新月运动章程》及与红十字国际委员会达成的协议，就共同关心的事务进行合作。

（二）国际联合会秘书处

国际联合会有五个区域办事处，分别设在非洲、亚太、美洲、欧洲、中东和北非，并在全球战略化布局 60 多个代表处在一线开展工作，特别是支持 192 个国际联合会会员国红会（截至 2019 年）及它们的数千万名志愿者的人道行动。这一独特的全球网络使国际联合会及其成员能够深入各个社区。

五个区域办事处的所在地：① 非洲：内罗毕；② 亚太：吉隆坡；③ 美洲：巴拿马；④ 欧洲：布达佩斯；⑤ 中东和北非：贝鲁特。

国际联合会秘书处由日内瓦总部和世界各地的一线代表团组成。国际联合会秘书处的作用：组织、协调和指导国际性灾难和危机的应对活动，以及发展相关工作；为成员红会制定和实施共同的标准和政策；支持国家红会的组织发展和能力建设；在国际论坛上作为成员国家红会的正式代表。

秘书处在日内瓦总部设有三个职能部门，分别是国家红会发展和行动协调司（NSDOC），全球关系、人道外交和数字化司（GRHDD），以及管理政策、战略和企业服务司（MPSCS）。

国际联合会全球日常运行领导团队由秘书长、副秘书长和区域办事处负责人组成。在每个区域，有多国别代表团或国别办公室在一线工作，协调和支助单个或多个国家红会在面临紧急情况和发展情况时的工作。

此外，国际联合会有三个代表团，分别是在纽约的联合国常驻观察员代表团、在布鲁塞尔的驻欧盟代表团、在亚的斯亚贝巴的非盟代表团。国际联合会与各国政府间机构、国际组织和外交使团保持合作，建立人道主义援助网络，倡导以合作和协作的方式采取更有效的人道主义行动。

（三）资源中心

资源中心是国际联合会下设的功能性机构，由一个或多个国家红会与国际联合会秘书处合作建立，遵循国际联合会和各国红会共同发挥领导作用的理念，由在全球或某一特定区域具备某种专业优势的国家红会率先建立和贡献其知识，并向红十字会或红新月会网络提供服务。这些资源中心可向国家红会提供培训、技术援助、宣传、知识管理和研究支持，确保它们提供的资源适合当地的需要。截至2019年，全球共有14个资源中心或托管项目，包括加勒比灾害风险管理参考中心（CADRIM），RCC气候中心，全球备灾中心（GDPC），全球急救资源中心（GFARC），生计资源中心（LRC），社区复原力资源中心（CRREC），机构备灾资源中心（CREPD），社会心理支援资源中心（PS），避难所研究小组，紧急医疗事故和院前护理区域资源中心（CREMYAP），全球血液服务咨询小组（GAP），亚太灾害恢复力中心（APDRC），全球道路安全伙伴关系（GSRP），人道主义响应指导委员会（SCHR）。

第三节　红十字会与红新月会国际联合会的工作、经费、事务和合作

一、国际联合会的工作指导战略

国际联合会每十年制定一次长期战略，作为国际联合会及其成员国红会应对人道主义挑战和发展问题的方向指引和指导。"2020战略"于2009年11月国际联合会全体大会通过，执行期为2010年至2020年，于2020年年底结束。最新的指导战略为"2030战略"，"2030战略"是"2020战略"的延续和发展，并于2019年12月在国际联合会全体大会期间通过，2021年1月实施。作为国际联合会及其成员——国家红会共同制定的战略，国际联合会采取相应的措施支持国家红会实现战略规定的战略目标。

（一）"2020战略"

1. "2020战略"的目标

① 拯救生命，保护生计，加强灾害和危机后的恢复。

② 确保健康和安全的生活。

③ 促进社会包容与非暴力和和平的文化。

2. 实现战略目标的行动

① 建设强大的国家红十字会或红新月会。

② 开展人道主义外交，防止和减少全球化进程中出现的易受损性。

③ 确保国际联合会的有效运作。

在对"2020战略"的执行过程中，国际联合会于2015年对战略进行了中期评估，并在2019年进行了终期评估，为后续的战略提供了有益借鉴。

国际联合会通过制定和实施计划和预算，实现战略中的目标和成果。2019年全体大会上，国际联合会的重点活动被修订为八个领域，包括灾害风险，避难所，水和卫生，健康，生计，保护、性别和多样化，移民，教育。同时全体大会还确认加大对国家红会发展及志愿者发展的投入和支持。

（二）"2030战略"

在制定"2030战略"时，国际联合会充分咨询了各国红会和利益相关方的意见，以面向未来的视角，建议将领导和决策转向处于变革中心的最基层社区。战略分析认为，目前有五项全球性挑战是我们面临的最紧迫的或者将要面对的风险，需要采取坚定的地方行动，以应对这些挑战，并推动积极的全球变革。

1. 全球性挑战

① 气候变化和环境危机。

② 不断演变的危机和灾难。

③ 健康和福祉方面的差距日益扩大。

④ 移徙和身份。

⑤ 价值观、权力和包容。

2. "2030战略"的目标

① 人们可以预见、响应并迅速从危机中恢复过来。

② 人们有尊严地过上安全和健康的生活，并有机会兴旺发达。

③ 人们感到有力量在当地社区甚至全球积极动员起来。

3. 实现目标变革的七个转变方向

国际联合会建议采取一种系统方法以认识工作各方面的相互联系，并特别关注弱势、被排斥或被边缘化的人。为此"2030战略"确定了七个至关重要的转变方向，做好准备应对上述挑战，动员地方行动以推动全球变化，实现战略目标。

① 支持和发展国家红会，使其成为强大和有效的本地行动者。

② 激励和动员志愿服务。

③ 确保信任和问责。

④ 作为分布式网络开展有效工作。

⑤ 开展有影响力的人道主义行动。

⑥ 实现数字化转型。

⑦ 适应未来的融资。①

---

① 关于"2030战略"的更多信息，以及红十字运动面临的挑战与未来，请参阅本书第八章。

二、国际联合会的工作领域

国际联合会开展赈济救助行动协助灾害受害者，并结合发展工作，加强其成员国红会的能力。其工作主要集中在四个核心领域：灾害、气候和危机的应对，健康卫生促进，国家红会发展，社会包容、保护和参与。

国际联合会日内瓦秘书处的作用是协调和调动对国际紧急情况的救济援助，促进国家红会之间的合作，并在国际领域代表这些国家红会。各区域办事处及各级代表团的作用是在救济行动和发展方案方面协助和向国家红会提供咨询意见，并鼓励区域合作。

（一）灾害、气候和危机的应对

国际联合会致力于建立专业团队，运营和协调一个运作良好、关系全球的灾害管理系统，以满足受灾害、气候变化和危机影响的易受损群体的需求。主要工作包括：

第一，领导制定全球灾害和危机管理政策和方案，加强对人道主义援助的原则和规则的传播，以及红十字运动内的协调与合作。

第二，开发和推广国际联合会应对灾害和危机的工具，在应急准备和应急规划、灾害需求评估、救济到恢复规划、扩大紧急情况下的现金使用和全球应急能力系统等领域，提升国家红会的能力。

第三，通过紧急行动计划和对资源动员工作的支持，提高通过紧急呼吁和紧急灾害响应基金支持行动的时效性和质量。

第四，支持国家红会在备灾和救灾方面的能力建设。

第五，通过国际联合会全球网络支持受危机和灾害影响的社区的恢复，以及加强幸存者的生计并开发他们的资产，使社区能够提高发展多样化收入和增加资金来源的能力。

第六，为受灾害、气候变化或人道主义危机影响而流离失所的人提供援助，使其不受阻碍地获得基本服务，并与当地社区合作，帮助移徙者和流离失所者重建生活，融入当地社区。

（二）健康卫生促进

国际联合会的健康卫生和救护活动包括急救、紧急响应，流行病控制、健康促进和预防，以及提供心理社会支持和社区赋权。支持各国红会成为为社区提供健康卫生服务、参与性强、相关性高和可信的首选合作伙伴。通过支持国家红会的能力建设，改善以社区为基础的卫生和急救平台，提高卫生应急能力并帮助国家红会向边缘化群体提供服务。同时，国际联合会为服务提供质量保证框架，旨在提高紧急护理的标准，并促进健康和积极的老龄化。

（三）国家红会发展

加强国家红会的发展是国际联合会的一项基本任务和主要职责。各国红会在不同的背景和文化中工作，面临许多不同的挑战，其能力也各不相同。国际联合会秘书处和各国红会合作并向它们提供支持，帮助它们发展组织能力，提升效率。国际联合会根据各国红会的实际情况和发展优先事项提供相应的支持。例如，支持各国红会评估自身的发展需求，并通过组织能力评估和认证（OCAC）等不同流程进行战略和组织规划；支持国家红会提升治理能力，在法律基础、组织结构、风险管理等方面提供支持；支持国家红会加强其政府人道助手的作用，以及进行战略和管理规划；提供技术建议、指导和资源，支持国家红会加强某个方面的系统建设和能力，如应急准备、物流、财务、信息通信技术、宣传、筹资、规划监测和评估、人力资源管理、志愿者管理、青少年发展等；寻找或提供国家红会可用于其自身发展的资金，例如，由国际联合会和红十字国际委员会联合设立的国家红会投资联盟①就是专项用于支持国家红会长期能力建设的资金平台。

（四）社会包容、保护和参与

为应对国际社会频繁出现日益孤立、紧张和诉诸暴力的情况，红十字会和红新月会通过传播人道主义价值观念，期待人们更好地理解红十字运动的基本原则和人道主义价值观，建立更加安全、包容、和平的社区，相互尊重，共同努力寻求解决社区问题的办法。

通过开展人道教育，培养个人生存和生活技能、人道主义价值观，以及个人和社区的适应力，使个人具备根据红十字运动的基本原则和人

---

① 国家红会投资联盟基金设立于2019年，旨在支持国家红会的可持续发展，申请条件可访问网站了解。The National Society Investment Alliance［EB/OL］.［2022－07－01］. https://www.ifrc.org/our-work/national-society-investment/funds-national-society-development/nsia.

道主义价值观处理各种挑战并采取行动的能力。同时，为那些因战争、灾难或流离失所而受教育中断的人提供更多的教育机会。

国际联合会还支持各成员红会通过语言和行动打破排斥和边缘化的障碍。国际联合会努力确保自身行动"无害"，并鼓励各国红会充分考虑社区参与、性别及多样性方面的问题，特别是重视青年在推动社会积极转变中的作用，以及针对诸如儿童、老人、残疾人和移民等易受损群体的具体需要提供服务。

三、国际联合会的经费

国际会联合会的经费有三个主要来源：各国家红会的法定捐助，提供人道主义响应和专项行动而收到的自愿捐款，以及为各成员国红会和其他伙伴在国家一级提供所要求的服务时根据成本回收的补充服务费。

其中，在开展人道主义响应行动时，国际联合会一般会针对国家、区域或全球性项目发出具体的国际呼吁（如发生灾害时的紧急呼吁或支持能力建设项目的年度呼吁），通常可以通过多方来源获得捐助：各国红十字会和红新月会筹集的公共和私人基金、超国家组织（如欧盟）的捐助、政府捐助。

捐助形式可以是现金；可以是实物（物品），如食物（大米、豆类、油等）或非食物（车辆、毯子、塑料布、厨房用品和帐篷等）；也可以是志愿服务，如专业人员等。

国际联合会通过制定行动计划和预算说明其现有的财政资源，并确定这些资源如何分配以实现预期的目标和成果。该行动计划和预算每两年汇报给全体大会审核通过。在资源开发和支出管理方面，国际联合会的目标是对所有利益攸关方（包括它所支持的易受损群体）全面负责。国际联合会还努力确保其年度收入尽可能可预测，这样才能不损害其目前和未来以一贯和透明的方式为成员国红会服务的能力。国际联合会每年收支平均预算在3亿至5亿瑞士法郎。

国际联合会执行严格的审计与风险控制制度。合并财务报表每年由一名独立的外部审计员按照国际财务报告标准进行审计。内部审计和调查办公室负责内部审计职能。该办公室向秘书长报告，并与审计和风险委员会沟通，确保内部审计的职责得到切实有效的履行。

四、伙伴关系与合作

国际联合会除了与红十字运动成员（红十字国际委员会、国家红会）开展密切的合作外，也与许多其他组织合作，以便更有效地开展工作。自 1994 年以来，国际联合会在联合国大会享有观察员地位，使它有机会参加最高级别的国际辩论，并在几乎所有国际组织的机构内进行谈判和审议。此外，国际联合会还利用其国际法人资格与广泛的国际合作伙伴达成工作协议。

在国家和地方一级，国际联合会通过国家红会与社区团体、企业、政府部门和政府间机构建立伙伴关系，使它们能够更有效地结合当地实际情况制定适合各自国家的方案和服务。国际联合会从区域一级对国家红会的活动进行支持，并与区域性机构建立合作伙伴关系，包括联合国区域组织和其他组织，如阿拉伯国家联盟和美洲国家组织等。

思考题：

1. 如何理解国际联合会是全球会员组织中最大的人道主义网络？
2. 如何理解、辨析国际联合会的核心工作领域？
3. 试分析国际联合会在全球灾害响应中的作用与工具（平台）。
4. 试分析国际联合会发展人道主义合作伙伴与遵循原则的关系。
5. 试论述国际联合会对全球人道事业的作用与体现方式。

参考资料：

1. 国际联合会章程（Constitution），参见 2019 年 12 月 5—7 日，日内瓦（瑞士）大会第 22 届会议修订并通过的红十字会与红新月会国际联合会（IFRC）的法定文本 ［EB/OL］.（2021-08-16）［2022-07-05］. https://www.ifrc.org/statutory-texts.

2. 国际联合会议事规则（Rules of Procedure），参见同上文本。

3. 国际联合会财务条例（Financial Regulations），参见同上文本。

4. 国际联合会"2020 战略"（Strategy 2020），参见 2009 年 11 月 23—25 日，内罗毕（肯尼亚）大会第 17 届会议通过的红十字会与红新月会国际联合会（IFRC）的法定文本。

5. 国际联合会"2030 战略"（Strategy 2030）[EB/OL]. （2021-07-06）[2022-07-05]. https://www.ifrc.org/document/strategy-2030.

6. 国际联合会官方网站 https://www.ifrc.org/.

第四章
国家红会

◇ 学习目标：

1. 了解国家红会的诞生与发展历程。
2. 了解国家红会的地位、权利和义务。
3. 了解并掌握国家红会在不同时期的基本职能和运行重点。

国家红会，即国家红十字会或红新月会，它与《日内瓦公约》及红十字运动相伴而生，是国际红十字运动的三大组成部分之一。国家红会是依照国家宪法、法律法规和"日内瓦四公约"、《国际红十字与红新月运动章程》、《红十字会与红新月会国际联合会章程》建立的全国性组织，作为本国政府的人道助手，结合国情开展工作，参与红十字运动的国际合作。

第一节 国家红会的历史与发展

一、国家红会的起源

国家红会是指一个国家依据签署的《日内瓦公约》及其国内法规在其国内成立的国家红十字会或红新月会的简称。

国家红会的诞生源于亨利·杜南在《索尔费里诺回忆录》一书中提出的建议和1864年《日内瓦公约》。1863年2月9日，在亨利·杜南和瑞士日内瓦公益会主席古斯塔夫·莫瓦尼埃的共同努力下，以"五人委员会"为雏形的伤兵救护国际委员会成立,这是世界上第一个红会组织。初建之时的伤兵救护国际委员会尽管全部是瑞士日内瓦公民,属于日内瓦的小型协会,并不是亨利·杜南先生在《索尔费里诺回忆录》中提出的"国家红会"的概念,但委员会成员从一开始就以国际视野和议题确定了该组织的国际性。第一次会议就将该组织定名为伤兵救护国际委员会,其关注和讨论的内容是"国际伤兵救护"问题。① 伤兵救护国际委员会成立后,1863年,"准外交会议"成功举办,并通过了含有十项决议、三条建议的《日内瓦国际会议决议和建议》。② 根据会议决议,36位参会代表回到本国后分头积极筹建本国的"伤兵救护协会",从而推动了国家与地区层面的红会建立,出现了世界范围内真正意义上的"国家红会"雏形。

二、国家红会的诞生与发展

1863年10月,伤兵救护国际委员会在瑞士成功组织召开16国外交代表参加的"准外交会议"后,委员会成员及参会的政府与非政府代表均被亨利·杜南的设想及会议成果所激励,为推进正式国际外交会议签订国际协议创造条件,参会代表纷纷在所在国(含公国、邦国)积极推进本国层面的伤兵救助组织建设。1863年11月,参会代表哈恩博士率先创建了世界上首个国家红会——符腾堡"伤兵救护委员会";1864年3月17日,参会代表杜福尔将军等在日内瓦成立了"志愿护士地区分部";1864年5月25日,亨利·杜南应法国参会代表和政府邀请,专程赴法国协助成立了法国国家红会。③ 在此期间,比利时、荷兰、布鲁塞尔等国家、公(邦)国、城市都纷纷建立了早期红十字性质的伤兵救助组织。1864—1866年间,欧洲的奥尔登堡、普鲁士、梅克伦堡-什未林、汉堡、黑森-达姆施塔特、萨克森、巴登及巴伐利亚八个邦国成立了早期邦国红会,并随着1869年德意志联邦的成立而结成联盟,成为联邦

---

① 丹尼尔·帕尔米耶里. 一个经久不衰的机构?对红十字国际委员会150年历史的回顾[J]. 廖凡,译. 红十字国际评论,2012(4):31-54.
② 中国红十字会总会编译. 国际红十字与红新月运动基本文件汇编[M]. 北京:中国红十字会总会,2008:1.
③ 罗歇·迪朗. 红十字之父:亨利·杜南传[M]. 晓亚·杜博礼,译. 青岛:中国海洋大学出版社,2011:40-41,80.

层面的"战地伤病士兵救护协会中央委员会"。1864年3月,依照十项决议的第八条,先期成立的伤兵救护组织在普鲁士与丹麦的石勒苏益格战役期间首次使用了白底红十字标志。

承载国际红十字运动宗旨和使命的国家红会在漫长的150余年的历史长河中,虽艰难起步,但一遇合适的机会就发展壮大。1864年至20世纪初第一次世界大战前,受历史的局限和条件的限制,红十字国际委员会的主要精力用在国际人道法的理论研究与传播,以及与已建立的国家红会的通信往来上,国家红会发展的速度缓慢。1875年,伤兵救护国际委员会更名为红十字国际委员会。1914年,第一次世界大战爆发,红十字国际委员会集中有限的力量主要应对国际战俘局工作,这是因为红十字国际委员会本身还无法跳出"继续受《瑞士民法典》调整的社团约束"。① 该时期国家红会建设总体上还是基于国际和平会议参会国签署陆战法规和《日内瓦公约》来同步推进(如中国),众多殖民地、半殖民地国家和无战争直接威胁的国家并无建立国家红会的条件、认识和紧迫性。

1919年,红十字会联盟(今国际联合会)成立,在受一战影响的国家开展战后人道救助,有力地扩大了国际红十字运动的传播面和影响力。20世纪50—60年代,"日内瓦四公约"被世界各国广泛认同,各国纷纷签署加入。随着二战后联合国的建立和民族解放运动的快速发展,经过红十字国际委员会和国际联合会的共同努力,国际红十字运动拓展了人道服务的内涵和舞台,国家红会的建会数量快速增长。随着冷战的结束,20世纪末21世纪初,国家红会的建设达到了高峰(表4-1)。

国际红十字运动早期,国家红会的建立呈现出各种模式:多数是国家层面建立总会后推进地方分会建立;少数是公(邦)国先成立地方红会,条件成熟后再合成为国家红会(如德国)。1904年创建的中国红十字会则是集中与分散并行,直到1912年才真正达到全国统一。

---

① 罗歇·迪朗.红十字之父:亨利·杜南传[M].晓亚·杜博礼,译.青岛:中国海洋大学出版社,2011:40-41,80.

表 4-1　部分年代红十字与红新月国际大会规模情况①

序号	时间	大会名称	大会举办地	政府代表	国家红会代表	备注
1	1867年	第1届红十字国际大会（时称伤兵救护协会国际大会）	巴黎	13	17	红十字运动初期②③
2	1912年	第9届红十字国际大会	华盛顿	28	26	一战前
3	1952年	第18届红十字国际大会	多伦多	55	55	二战后
4	1986年	第25届红十字与红新月国际大会	日内瓦	125	136	冷战后
5	1995年	第26届红十字与红新月国际大会	日内瓦	185	165	—
6	2007年	第30届红十字与红新月国际大会	日内瓦	194	186	21世纪初

第二节　国家红会的设立与批准

一、国家红会：设立与批准条件

国家红会首先是一个国内人道救助团体（组织），它的设立与运行必须依照所在国关于社会团体（组织）设立的相关法律法规，经一定的国内程序审核批准后才能设立。同时，建立国家红会的本意是作为本国政府的人道助手参加国际红十字运动，成为国际红十字运动的一部分。和平时期，国家红会在国内按照国际红十字运动的宗旨、使命和原则开

---

① 该表"政府代表"栏为派出政府代表参会的国家数；"国家红会代表"栏为派出国家红会代表参会的国家红会数。

② 弗朗索瓦·比尼翁. 红十字之魂：古斯塔夫·莫瓦尼埃传[M]. 晓亚·杜博礼，译. 青岛：中国海洋大学出版社，2011：79.

③ 中国红十字会总会编译. 国际红十字与红新月运动基本文件汇编[M]. 北京：中国红十字会总会，2008：277.

展训练，并作为政府助手开展人道救助工作，同时与国际红十字运动各成员合作，支持世界范围内的人道救助。而其尤为特殊和重要的职能是在本国与他国发生武装冲突时（包括其他武装暴力冲突）也能履行人道救助职责，得到各方在《日内瓦公约》框架下的保护，确保其履行人道救助的权利和安全。因此，国家红会组织建立后就需要得到国际红十字组织和《日内瓦公约》签署加入国的认同，需要按照国际红十字运动规定的要求与原则建设，并报红十字国际委员会履行审核批准程序。

国家红会参加国际红十字运动大家庭，理论上和组织程序上都必须得到红十字国际委员会的承认，并履行加入国际联合会的参会程序。尽管20世纪末通过的《国际红十字与红新月运动章程》（简称《运动章程》）及《塞维利亚协议》使审批程序得到了简化，但本质上这是两个不同的国际认可，所赋予的权利和义务也不尽相同。

二、国家红会：国际承认的发展过程

自1863年国际红十字运动诞生以来，限于世界范围内的政治、经济格局及国情和认知的差异，对于国家红会的设立条件与国际认同的要求和程序经历了一个漫长的统一、规范、不断完善的过程。

世界上第一个具有国家红会性质的符腾堡伤兵救护委员会成立后的十余年间，当时的伤兵救护国际委员会对国家红会的建立标准和进入国际红十字运动大家庭的条件并无明确的规定。但是鉴于创立时核心成员所在地和欧洲初期建立伤兵救护组织的历史特点，伤兵救护国际委员会成为当然的国际会议召集人。有文字记载的是1876年，在审定塞尔维亚红十字会时提到过一些标准，尽管十分简单，但这些标准可视为开始产生了认定国家红会条件的思想。1896年，红十字国际委员会第一次产生了一份对国家红会认定条件的内部文件，文件开始明确：国家红会要得到红十字国际委员会的承认，该国必须签署（加入）《日内瓦公约》[①]。1928年通过《国际红十字章程》第七条曾提到认定条件的存在。以后多届国际大会的决议都要求红十字国际委员会监管"认定国家红会

---

① 中国红十字会创立初期的1904至1907年间，红十字国际委员会明确要求当时的清朝政府必须补签《日内瓦公约》。

的条件",特别是1948年第17届红十字国际大会的决议。1952年,《国际红十字章程》全面修订后,这项任务就明确委托给了红十字国际委员会,即红十字国际委员会负责"认定符合第四条规定的认定条件的新成立或重建的国家红会"。直至1986年,国际红十字与红新月国际大会通过《红十字与红新月运动章程》(以下简称《运动章程》),以及《塞维利亚协议》诞生后,国家红会的国际承认了有了更加明确的程序和书面约定。

1919年红十字会联盟成立,参加红十字会联盟的国家共同签署《国际联盟盟约》,国家红会参加红十字会联盟的条件简要明确:签约入会。至《运动章程》和《塞维利亚协议》诞生后,国际红十字运动两大国际组织在国家红会加入国际红十字运动组织体系时的审核得到了新的调整,但本质上是两个不同的审核。《国际联合会章程》第七条规定:国家红会必须获得红十字国际委员会的承认之后,才有资格申请成为国际联合会的成员;国家红会在获得国际联合会依照本章程和议事规则接纳后方成为其成员。

三、国家红会:国际承认的基本条件

国家红会的国际承认主要体现在三个方面:一是得到红十字国际委员会的承认;二是由红十字国际委员会通知(通报)所有《日内瓦公约》签约加入国的国家红会及国际联合会知晓;三是依照国际联合会会员条件向国际联合会提出申请,经国际联合会全体代表会议通过而成为国际联合会会员(会员单位)。

国际承认国家红会的基本前提在《运动章程》第四条"承认各国红会的条件"中列出10项要求,其中列为第一的是最基本的前提条件。

第一,"它应建立在一个独立的国家领土上,而且《改善战地武装部队伤者病者境遇之日内瓦公约》(简称《日内瓦第一公约》)已经在该国生效"。独立的国家、签署加入《日内瓦第一公约》,并且"已在该国生效"成为国际委员会对国家红会审核承认的前提条件。

在前述第一项前提下,《运动章程》还明确了其他第二至十项的9个条件。

第二,是该国唯一的全国性的红十字会或红新月会,并由一个中央

机构领导；在与本运动的其他成员交往时，中央机构是唯一有资格代表该会的。

第三，本国合法政府已依照"日内瓦四公约"和国家立法正式承认它为志愿救护团体，担任政府当局的人道主义工作助手。

第四，具有独立的地位，从而得以按照本运动的基本原则进行活动。

第五，采用"日内瓦四公约"及其附加议定书所规定的一个名称及特殊标志。

第六，组织机构应能便于履行该会章程所确定的任务，并在平时就做好准备，一旦发生武装冲突，应能履行公约所规定的法定任务。

第七，该会活动必须遍及本国领土。

第八，在吸收志愿工作者和专职工作人员时，不得考虑种族、性别、阶级、宗教和政治见解。

第九，严守本章程，爱护团结本运动各成员的友谊，并与本运动各成员合作。

第十，尊重本运动的基本原则，以国际人道法指导其活动。

四、国家红会：国际承认的申报和认定程序

国家红会要得到世界各国政府和各国红会的承认，在武装冲突中得到切实的保护并保证其履行人道职责，则国家红会的认定必须由红十字国际委员会做出。一个国家红会一旦获得红十字国际委员会的认定，就可以成为国际红十字运动的一个组成部分，拥有该身份应有的所有权利和义务。国家红会获得认定后会收到红十字国际委员会的正式通知，有权利与本国政府代表一同参加国际红十字与红新月大会。红十字国际委员会则会将新认定国家红会的情况以通告的形式知会所有国家红会。

《运动章程》第七条明确规定：国家红会只有获得红十字国际委员会的认定，才有资格向国际联合会主席提出加入国际联合会的申请。并正式表示愿意遵守国际联合会的章程各项条款。国家红会能否成为国际联合会会员，最终由国际联合会全体大会做出决定。在两届全体大会之间，国家红会可以暂时被国际联合会的领导委员会承认，但没有被选为国际联合会官方职位的投票权或被选举权，要等到经下一届全体大会会议确认才能获得正式承认。

虽然国家红会获得国际委员会承认与加入国际联合会是分开的、有先后次序的,但近年来国家红会的认定申请和加入国际联合会的申请通常会同时分别呈递给国际委员会主席和国际联合会主席,国际委员会和国际联合会受理后各自按照规定程序进行审批,并相互及时沟通,这已成为一种提高效率的习惯做法。

五、国家红会在国际红十字运动中的权利和义务

(一) 国家红会被国际委员会承认后的权利和义务

1. 国家红会主要权利

《运动章程》第四条、第五条明确规定了国际委员会对经认定通过的国家红会具有合作的责任,也同时赋予了国家红会权利。国际委员会的职责第五条第二款第二、六、七项和第四款均可以理解为国家红会被承认后的权利:

① 国家红会被承认后,有权要求国际委员会通告所有《日内瓦公约》参加国红会,包括通知国际联合会。同时赋有申请加入国际联合会的权利。

② 国家红会有权作为本国政府人道领域的助手,在武装冲突中履行人道救助职责,并得到所有《日内瓦公约》签署(加入)国给予中立地位与安全保护。

③ 国家红会有权与国际委员会就共同关心的问题进行合作,如为武装冲突所开展的人道救助行动的准备工作;对"日内瓦四公约"内容的遵守、发展等进行讨论;传播运动基本原则与国际人道法。

④ 可以有权商请国际委员会争取与协调其他国家红会提供援助,与国际委员会协调此类国际人道援助行动等。

2. 国家红会主要义务

《运动章程》第四条"承认各国红会的条件"中列出的十项要求中的后五项应同时视作国家红会的主要义务:

① 组织机构应能便于履行该会章程所确定的任务,并在平时就做好准备,一旦发生武装冲突,应能履行公约所规定的法定任务。

② 该会活动须遍及本国领土。

③ 在吸收志愿工作者和专职工作人员时,不得考虑种族、性别、阶

级、宗教和政治见解。

④ 严守本章程，爱护本运动各成员的友谊，并与本运动各成员合作。

⑤ 尊重本运动的基本原则，以国际人道法指导其活动。

（二）国家红会加入国际联合会后的权利与义务

国际联合会从 1919 年成立以后，历经百年，其对国家红会加入该组织后应有的权利和应履行的义务经实践不断完善，在《运动章程》中做了明确的规定。

1. 《运动章程》赋予经批准加入国际联合会的国家红会五项基本权利

① 国家红会有权出席全体大会并使用投票权参与全体大会的工作。

② 国际联合会的所有正式机构，国家红会均可竞选或者提名候选人。

③ 国家红会可以向国际联合会提出和接受后者依照其宗旨、职能、资源和法定义务能够提供的服务和信息。

④ 国家红会可主动以自己的名义，或联合其他国家红会共同向全体大会及国际联合会其他机构提出建议。

⑤ 国家红会可根据协调与合作的适用规则寻求其他国家红会的援助。

2. 《运动章程》还对批准加入国际联合会的国家红会提出了必须履行的十项义务

① 国家红会应在任何时候都依照红十字与红新月运动的基本原则行事。

② 国家红会应依据《运动章程》为其规定的人道主义目标努力工作，其中包括降低灾害和疾病的危害，加强当地救助易损人群的能力，促进对人的尊严和多元化的尊重，减轻因武装冲突和内部动乱引发的痛苦。

③ 国家红会应遵守代表会议和国际大会做出的和制定的决议和政策。

④ 国家红会应依照统一的原则，相互尊重各自的领土完整和独立。

⑤ 国家红会应向国际联合会提供必要的支持，以助其履行宗旨和职能，特别是依照第五条第四款，鼓励各自政府承认国际联合会的国际法律地位，并给予必要的特权和豁免权。

⑥ 国家红会应遵守本章程的规则，执行全体大会和领导委员会通过的决议。

⑦ 国家红会应认识到维护集体完整性的必要性，全力配合监察和仲裁委员会的工作，并采取必要步骤，以确保国家红会应该遵守的完整性标准。

⑧ 国家红会应按照全体大会批准的数额，在财务规则规定的期限时间内向国际联合会缴纳年度会费。

⑨ 国家红会应帮助国际联合会建立广泛的通报和工作管理机制，提交经过审计的年度报告和财务报告。

⑩ 国家红会应将该会章程的修改建议及其主要领导和管理机构的组成情况通知国际联合会秘书长以向国际联合会通报。①

第三节　国家红会的职责与任务

一、国家红会的职责

亨利·杜南的最初设想是"和平时期在所有国家建立志愿团体，在战时不分国籍为伤员提供援助"。杜南先生的这个设想今天已经成为现实。

150多年前，在1863年的日内瓦会议上，与会者决定在每个国家建立国家救济会。与会者对国家救济会的任务的设想是："在战时和有需要时以力量范围内的各种手段为军队医疗服务提供帮助"，"在和平时期，救济会应该为战时介入做准备，即培训'医疗志愿人员'和准备各种医疗救济物品"。会议还认为，救济会应该由中央委员会管理，并成

---

① 中国红十字会总会编译. 国际红十字与红新月运动基本文件汇编［M］. 北京：中国红十字会总会，2008：83-85.

立"数目不限"的地区或地方分会支持中央委员会。每个委员会必须与各自国家的政府保持联系,以便机会到来时其提供的服务可以被接受。各国家委员会可以参加国际会议;这些国家委员会的核心是"Comité international de secours aux militaires blessés",字面意思为"武装部队伤者救助国际委员会"。根据这些决定及其精神,"救济会"在短时间内就成立起来了。1867年在巴黎召开的第1届红十字国际大会上,16个国家救济会派代表参加了会议。从1876年开始,武装部队伤者救助国际委员会改名为红十字国际委员会。后来,在大多数情况下,国家名被冠于红十字前,救济会很简单地被称为"德国红十字会""法国红十字会""荷兰红十字会"等。

在国家红会创立之初,其主要目的(任务)是保护受伤士兵,帮助军队医务人员进行伤员和病人的护理。第一次世界大战后,1919年,红十字会联盟成立,建立国家红会的国家数量不断增加,国家红会普遍将活动范围迅速从难民拓展到了医疗与社会福利等领域,如建立医院,组织捐献血液,培训护士,开展儿童保健和公共卫生项目,提供救护车服务、山地和海上救援,组织急救技能培训,为老年人和残障人士提供帮助,等等。第二次世界大战后,国家红会的活动进一步扩大,在部分工业化国家,国家红会开始应对新的社会问题,如吸毒成瘾、失业、犯罪。在发展中国家,新成立的国家红会开始致力于改善公共卫生和社会福利,参与防治婴儿疾病、健康教育和疫苗接种等活动,并为医疗和社会管理人员提供培训。

二、国家红会职责任务的规范性

《运动章程》指出,各国红会是红十字与红新月运动的成员和重要力量,在本国国内是独立自主的全国性团体。它们依据自身的章程和本国法律从事符合红十字运动的任务和七项基本原则的人道主义活动。各国红会是本国政府在人道领域的助手,支持本国政府为满足各自国家人民的需要而开展人道工作。

(一)《运动章程》在承认国家红会的条件中,关于国家红会的基本职责的表达

第一,建立一个国家政府承认的国家红会,并由一个中央机构领

导,能够统一代表本国红会。

第二,努力建设成为志愿救护团体,担任政府人道工作的助手,争取国家立法承认。

第三,按照国际红十字运动的七项基本原则开展活动,按照章程独立开展工作。

第四,采用《日内瓦公约》及其附加议定书规定的一个特殊的标志,并努力维护标志的正确使用。

第五,建设一个能履行该会章程所确定的任务的组织机构,能履行《日内瓦公约》所规定的法定任务。

第六,将组织系统及活动覆盖至全国。

第七,不带种族、性别、阶级、宗教和政治见解地吸收志愿者和专职工作人员。

第八,按照《运动章程》增进(团结)本运动各成员的友谊,并与本运动各成员合作。

第九,尊重国际红十字运动的七项基本原则,以国际人道法指导国家红会的活动。

(二)《运动章程》对国家红会提出的十条职责任务或义务(前四条)

第一,国家红会应在任何时候都依照红十字与红新月运动的基本原则行事。

第二,国家红会应该依据《运动章程》为其规定的人道主义目标努力工作,其中包括降低灾害和疾病危害、加强当地救助易损人群的能力、促进对人的尊严和多元化的尊重、减轻当地武装冲突和内部动乱引发的痛苦。

第三,国家红会遵守代表会议和国际大会做出的和制定的决议和政策。

第四,国家红会应依照统一的原则,相互尊重各自的领土完整和独立。

第五条至第十条主要是围绕履行国际联合会会员的国际义务。包括:国家红会应向国际联合会提供必要的支持以助其履行宗旨和职能;

执行全体大会决议和国际联合会领导委员会通过的决议；配合监察和仲裁委员会仲裁；以及向国际联合会缴纳会费、通报工作和国家红会主要领导变动情况等。

综合各国家红会的工作，大致可分为战争或武装冲突时期、和平时期两个主要类别，有的国家和地区恰介于两种状况之间，则更具有挑战性。

三、国家红会在战争或武装冲突时期的主要工作

当前世界局部战争、武装冲突仍时有发生，且长期存在。国家红会在战争或武装冲突中的工作形式主要包括：遭受战争或武装冲突的国家红会（受援国红会）参与本国人道工作，援助国家红会通过多边、双边渠道对遭受战争的国家提供人道援助。

战争或武装冲突中的国家红会的主要工作可以分成三个相对区别但又时常交叉的部分。

（一）与战争或武装冲突密切相关的工作

例如，重建家庭联系、战地医疗卫生服务、人道法传播、生活救助（武装冲突引起的、武装冲突期间自然灾害引起的）、生计服务等。

（二）与战争或武装冲突间接相关的常规性人道工作

例如，卫生健康促进、灾害管理、志愿者发展、移民和流离失所者救助等。

存在战争或武装冲突的国家，其人道危机产生的原因是多样化的，经常表现为既有战争或武装冲突造成的后果，也有自然灾害及其他社会原因造成的后果，二者交错叠加使人道危机进一步恶化。在这些国家，国家红会的人道工作面临着更复杂的境况和更大的挑战，人道工作者的工作环境和安全也存在极大的风险。

（三）与红十字国际委员会、国际联合会合作开展的人道救助工作

国家红会是本国政府在人道领域的助手，其工作开展与政府当局有着紧密联系。因此，在存在战争或武装冲突的国家，国家红会并不具备红十字国际委员会那样的条件。在很多情况下，国家红会与红十字国际委员会合作开展工作，尽力按照红十字运动的基本原则履行人道职责，

不加歧视地保护人的生命和健康。在本国武装冲突局面得到有效控制的情况下，经红十字国际委员会评估和其认为必要时，国际联合会及国家红会也可在红十字国际委员会的主导下合作开展紧急人道救助工作。①

四、国家红会在和平时期的主要工作

国家红会的人道工作一般随着本国基本国情与国家在不同时期的不同状况而调整，国家红会的工作重点需与本国国情和需求紧密结合。但无论在战争期间，还是和平时期，红十字运动始终围绕"防止并减轻无论发生在何处的人类疾苦；保护人的生命和健康；维护人类尊严，尤其是在发生武装冲突和其他紧急情况的时候"这一目标开展工作，只不过其工作对象和工作方法及其面临的挑战有所不同，相互之间存在一种内在的必然联系。因此，和平时期除了完成一般的人道工作外，还应平战结合，注重志愿服务队伍组织、急救技术储备和资源网络的建设与维护。

1919年成立的红十字会联盟（今国际联合会）扩大了国际红十字运动的活动范围，将维护健康、应对非武装冲突引发的紧急情况（人为的或自然灾害等）包括进来，极大推动了国家红会在和平时期的工作拓展和进步。

在和平时期，国家红会独立或与国际联合会、红十字国际委员会合作，主要开展工作包括人道救助、灾难和风险管理、急救技术培训、卫生健康、难民和流离失所者救助、红十字青少年工作、人道主义教育与价值观推广、国际人道法传播、志愿者发展等。部分国家还开展诸如养老照护、人体器官组织和遗体捐献等工作。

（一）人道救助

由于每个国家和地区都会存在社会经济发展不平衡的情况，也总存在相当一部分家庭或个人因不同的原因造成基本生存、生活困难及其他人道问题的情况，在当地政府的救助政策还一时难以覆盖或解决时，国家红会有责任通过各种方式、途径，采取有针对性的措施，力所能及地

---

① 《红十字会与红新月会国际联合会章程》，参见中国红十字会总会编译. 国际红十字与红新月运动基本文件汇编［M］. 北京：中国红十字会总会，2008：72.

协助政府解决或缓解这部分存在严重人道危机的困难人群之急需。尤其是在重大自然灾害或其他灾害发生时，国家红会应该成为人道救助的生力军。

（二）灾难和风险管理

灾难和风险管理是和平时期各国红会的主要工作之一。国家红会同本国政府一道组织紧急救济活动和其他活动，救助《日内瓦公约》规定的武装冲突受难者，以及遭受自然灾害或其他灾害需要救助的灾民。国家红会在该领域的工作主要包括救援队与备灾中心（仓库）建设，紧急状态下的紧急响应、卫生救助、避难所、灾后恢复、防灾减灾等。

1. 救援队和备灾中心（仓库）建设

救援队和备灾中心（仓库）是国家红十字组织平战结合的重要的基础性工作，各国红会都十分重视。依靠专业志愿者建设标准化的专业救援队伍，可使紧急救援工作高效、专业、安全可靠。西班牙、德国、英国、奥地利、加拿大、丹麦及日本等国家红会在国际联合会框架下建设发展了紧急响应单位（Emergency Response Unit，ERU），主要面向国际社会开展救援行动。近些年，在亚洲，中国、韩国、印度尼西亚、菲律宾等灾害多发国家的国家红会也纷纷参照ERU标准建设，发展自己的救援队伍，并逐步开展国际救援。

各国红会根据灾害的分布状况和需求特点，在灾害多发地建设备灾仓库，在灾害来临前预先储备常用救灾物资，使灾害响应速度大大提升，也为国家红会奠定了资源网络体系。截至2019年，中国红十字会已建成各级各类紧急救援队伍（Emergency Response Team，ERT）600多支，拥有专业志愿者2万多名，各级各类备灾中心（仓库）704个，总仓储面积32万平方米，在国内外历次重大自然灾害和疫情救援中发挥了重要作用。很多基层的红十字救援队伍还活跃在本地日常各类山野救援、水域救援等小型救援任务中，为保护人民群众的生命健康做出了不懈努力。

2. 紧急响应

各国红会紧急响应一般包括：

① 平时有严格训练的救援队伍。

② 备有灾害现场救援工作所必需的设备设施和救援物资。

③ 建立了一套运行娴熟的运行机制。

各国红会在紧急救援领域开展的工作有：

① 各类突发灾害后的救援（自然灾害、事故、建筑物坍塌、水域、雪地、山地的人员搜救；医疗救援；提供安全的避难生存场所；提供维护生命的必需品；提供创伤心理的帮助，等等），部分国家红会还参与火灾救援。

② 在人员安置和灾后救助方面，针对受灾民众的生活救助，包括提供临时庇护所、供餐等服务，同时还承担着协助政府向受灾家庭发放生活救济金的工作。例如，捷克红十字会结合本国灾害特点，与消防部门分工合作，在火灾发生后，由消防部门负责灭火和人员搜救，红十字会则对受火灾影响的居民提供临时安置、生活救助及伤病护理。西班牙红十字会的紧急救援工作主要是为受灾民众提供临时居所、心理救援、紧急医疗运输等服务，该会设立有全年24小时值守的急救中心，主要靠专业的志愿者为灾民提供居所、被褥、衣物、卫生用品、厨具、食品等生活物资。西班牙红十字会还是西班牙赛事保障的主要力量之一。美国红十字会各级分会与政府灾害响应部门分工合作、密切配合，红十字会主要负责灾后民众的生活安置，向受灾民众提供日常生活用品、临时居所运营管理等。

3. 卫生救助

每年都有数百万人的生活和健康受到紧急事件的影响，这些紧急事件包括自然灾害及自然灾害发生后引起的次生传染性疾病等。国家红会组织志愿者在紧急情况发生时提供一线响应，为受害者和潜在受害者提供及时帮助，以减少疾病传播，减少伤残和死亡，维护人的健康和尊严。

当诸如地震、洪水和暴风雨等灾害袭击贫穷、疾病防治条件差、基础设施落后的脆弱社区时，后果往往是灾难性的。2008年5月，"纳吉"台风袭击缅甸沿海地区，造成了空前的破坏，外援人员短时间内无法到达受台风严重影响的社区，缅甸红十字会的志愿者设立了数十个移动医疗站，使受灾人群可以在其中获得基本的医疗服务并获得援助。2010年

1月12日发生的海地地震,是海地历史上最具毁灭性的灾难之一。红十字会与红新月会国际联合会协调多个国家红会派遣了6个医疗ERU,其中包括1个转诊医院,1个快速部署医院和4个基础医疗ERU。地震发生后的4个月内,他们共治疗了10万多名患者,包括进行复杂的手术。2008年,津巴布韦暴发了一次异常大的霍乱疫情,到2009年中期,在这个医疗基础设施已经被毁坏的国家,疫情影响了10万多人。国际联合会协调部署了来自6个不同国家的霍乱治疗中心,并安排水处理设施,每天可提供80万升清洁水,成千上万的红十字志愿者开展了家庭访问,确定了患病者,并提供了药品和家庭用水处理设施。2008年的中国汶川地震,中国红十字会除提供帐篷、棉被、食品等生活物资外,还派出了6支医疗救援队、2支心理救援队开展救援。此外,在双边机制的协调下,中国红十字会与德国红十字会共同在都江堰设立了"中德红十字野战医院",这座野战医院拥有包括手术、放射等科室在内的完善的科室设置,在灾区服务了三个月,接诊各类患者8万多人。在多边机制的协调下,联合会协调西班牙、奥地利和英国红十字会派出了供水和大众卫生ERU,为数万受灾群众提供了干净的生活用水及临时厕所服务。

4. 避难所建设

在紧急情况的早期,住房、供水、卫生、食品和医疗保健是生存的关键因素。避难所在降低脆弱性和建立社区适应力方面发挥着至关重要的作用,尤其是当受影响的人处于恶劣的气候条件下,如极端寒冷或高温时。几十年来,红十字运动一直在为受灾民众提供庇护场所(避难所)。这些援助方法视灾难类型、当地能力、规模和资源等实际情况而有很大差异,但是总的来说,避难所解决方案一般包括提供帐篷和活动板房,用于建造或维修房屋的材料(建房工具包等)。另外,条件允许的情况下,很多国家红十字会还会制定在公共建筑中开辟避难所的方案。灾难后提供人道主义避难所解决方案的目标是挽救生命,同时也为可持续重建铺平道路。

在灾后提供临时居所也是中国红十字会灾害响应的主要任务之一。中国红十字会通常以提供帐篷(配有内部的床和寝具)的形式进行救助,在小型灾害后,采取向受灾群众发放帐篷自行建设安置的模式;在大规模灾害发生后,采取统一建设集中帐篷安置点并进行管理的模式,例如云南鲁甸地震甘家寨安置点。此外,在大规模灾害发生后,中国红十字会还会提供活动板房等形式的临时居所援助。在汶川地震后,中国红十字会投入5亿元人民币参与国家为灾区兴建的100万套过渡性安置房中的学校、卫生诊所建设。2013年开始,中国红十字会在菲律宾"海燕"台风、尼泊尔地震、厄瓜多尔地震、斯里兰卡水灾等国际灾害救援中均提供了临时居所援助,并派出队伍赴受灾国直接开展安置点建设。

此外,国际联合会是全球住房集群①的负责人,在国际灾难中,由其协调灾后的住房响应,因此各国红会在国际灾难救援的避难所援助方面发挥着重要作用。例如,汶川地震后,根据地震灾区的需求,国际联合会从全球向四川灾区协调了10万顶帐篷,这些帐篷大部分是由各国红会响应提供的。

5. 灾后恢复

在灾后恢复阶段,各国红会根据本国实际和能力开展恢复重建工作,通常包括住房、公共设施(医疗设施、教育设施等)的重建支持,灾后生计恢复等,在这一阶段通常会将防灾减灾与恢复重建紧密结合,以期降低受灾社区未来的灾害风险。如中国红十字会在国内历次灾难发生后均积极参与灾后重建。仅以2011年5月底的截止统计为例,中国红十字会系统在2008年汶川地震发生后,在地震灾区共援建民房183 179户、学校2 114所、卫生院(站)5 123所,以及部分康复中心、敬老院、福利院和防灾减灾设施等。同时,广泛开展防灾避险、救护培训、心理支持、健康教育、发展生计等软项目。又如日本红十字会在2010年日本大地震灾后的恢复重建中没有参与大规模的民房重建工作,而是将重点放在生计恢复、健康医疗、社会福利等软项目上,为受灾民众提供家用电器、健康体检、老年人照顾、校车服务、社区巴士、核辐射应对等。

---

① 集群响应是联合国制定的一种灾害响应协调方式,在其紧急救济协调员、人道协调厅和机构间常设委员会的领导下,(联合国系统内外)各机构围绕不同的要素——健康、营养、水和卫生、紧急住所和安置等,通过整体协作的方式进行更好的协调和更有效的交付。

6. 防灾减灾

社区的防灾减灾项目是各国红会普遍开展的工作之一，目的是通过遍及全国的基层红会网络，深入基层社区，帮助社区分析查找潜在风险点，并通过硬件、软件项目支持加以控制，以降低灾害风险。近年来，中国红十字会在总结数十年以社区为本防灾减灾项目经验的基础上，整合资源开发设计了"博爱家园"项目，它集防灾减灾、生计发展、志愿服务、基层组织建设于一体，从硬件、软件等方面全方位支持农村社区能力提升，探索出了一条不断提高农村社区抗风险能力的新路径。

（三）急救技术培训

急救技术培训是红十字组织履行武装冲突时期和非武装冲突时期人道主义职责的基本技术储备与志愿者队伍储备。急救培训列入了各国红会的重点工作计划，形成了全世界最大的急救培训网络。国际联合会是世界领先的现场初级救护培训的提供者。

由于意外发生的不确定性，医疗卫生机构无法提供全覆盖的及时救援，每年有数百万人因意外受伤或受伤后得不到及时救治而成为严重伤残甚至死亡。如果在意外发生后，在等待专业帮助的同时，现场人员立即运用适当的技术进行初级救护，就可以最大程度地减少各类灾害造成的人员伤亡总量和降低伤残程度，给伤患者更多的生存机会，并减轻灾难和紧急事件对社会的影响程度。尤其是生活在饱受战争或灾难影响地区的人们，通常更加缺少接受现场初级救护基本知识培训的机会。在许多脆弱社区积极开展现场救护知识与技能的宣传和培训工作，大力提升现场救护能力，对社区、家庭、个人都会带来积极的影响，现场初级救护培训有助于建立更强大的社区。

现场初级救护是一种人人可以享有的人道主义行为，可以在学习技术、应用技术中传播感悟人道主义精神。有了急救技能，志愿者在社区便可以无差别地挽救需要紧急救护的生命。国际联合会为各国红会开展现场初级救护工作提供了统一的技术支持。

中国红十字会在全国范围内开展救护培训，也是《中华人民共和国红十字会法》赋予红十字组织的基本职责之一。目前，中国红十字会系统已建立起完善的培训师资队伍，编制了系列培训教材，建设了救护培训基地,年均培训持证救护员达到300万人次。

(四)卫生健康

各国红会在卫生健康领域的主要工作涉及社区健康、应急医疗、供水和大众卫生、急救等各个方面,根据各国的卫生健康发展战略和需求确定相应的服务项目。现对一些普通的卫生及健康工作介绍如下。

1. 水和卫生及健康促进

根据世界卫生组织的报告,2020年,约有1/4的世界人口(约20亿人)缺乏安全的饮用水,近一半的世界人口(约36亿人)缺乏安全的卫生设施,约4.94亿人仍然在露天排便,约23亿人缺乏家用洗手设施。在不改善基础设施和提高卫生意识的情况下,仅靠提供临床医疗保健服务其实事倍功半,消耗和浪费了大量资源。因此,水和卫生基础设施及卫生健康意识的改善极其重要。各国红会在该领域开展的主要工作包括:在社区推广卫生健康知识,诸如良好的卫生习惯(洗手、粪便垃圾处理等)、安全用水等;帮助修建基础设施,诸如修建厕所、供水设施、提供净水设备和储水容器等。中国红十字会从20世纪60年代初就与医疗卫生系统一起广泛开展爱国卫生运动,在城乡、工厂、农村开展消灭"四害"、改厕改水、防治血吸虫病、建立里弄(村)红十字卫生服务站,开展对传染性疾病的环境消毒等工作,发挥了巨大的作用。

2. 社区健康促进

作为所服务社区的成员,红十字志愿者和工作人员可以获得当地社区居民的信任和支持,在了解和应对社区健康需求、风险和不平等方面具有独特的优势,这使得他们在危机前、中、后期都能在健康促进方面发挥作用。国家红会的社区健康工作致力于改善社区和个人整个生命周期的健康,通过训练有素的以社区为基础的卫生工作者(志愿者),为社区特别是接触不到医疗卫生服务或者边缘化的群体提供卫生健康支持,通过如孕产妇和儿童健康项目、传染及非传染性疾病预防项目、健康老龄化项目等,填补"最后一公里"的健康需求。

(1) 孕产妇、新生儿和儿童健康维护

据世界卫生组织统计,每年全世界有6 000万妇女在家中分娩,无法获得合格、熟练的助产与护理服务。超过50万名妇女死于妊娠和分娩并发症,每年有400万新生婴儿(1个月大之前)死亡。母亲和儿童的健康在减少贫困的斗争中起着不可或缺的作用。为此,部分国家红会积极参与支持和实施与生殖健康,孕产妇、新生儿和儿童健康有关的健康项目,比如在中低收入国家,社区卫生工作者参与促进安全分娩和纯母乳喂养,筛查、管理和跟踪无并发症的儿童疾病等。

(2) 疾病防治

各国红会还结合本国实际参与开展传染病及非传染性疾病的防治工作,如艾滋病、疟疾、麻疹、流感、心血管疾病、癌症、糖尿病和慢性呼吸道疾病等。他们通常与当地的卫生部门、医疗机构、医药企业合作开展这些工作。中国红十字会是国内最早介入艾滋病防治和开展艾滋病感染者关爱的机构之一,2005年联合国艾滋病规划署授予中国红十字会云南分会"艾滋病防治特别贡献奖"。上海等地方红会也在高校青年学生中开展艾滋病预防的"同伴教育"。中国红十字会还在不同历史时期与抗艾滋病、结核和疟疾全球基金及国际联合会等机构开展大规模的疟疾防治、慢性病防治项目。

(3) 社区流行病防范

流行病与传染病的传播、预防与社区密切相关。当社区成员广泛参与流行病与传染病的防范和应对时,社区便成为发现和制止疫情,减少传播、挽救生命,恢复生产生活的重要贡献者。国家红会组织的网络系统在世界各地的社区中占有举足轻重的地位,它通常是政府在应对疫情暴发时应急响应的重要力量。国家红会通过建立志愿者网络,培训志愿者,以支持及早发现疫情和对疫情采取早期行动。尤其在卫生系统建设薄弱的经济欠发达国家,红会组织的作用更加明显。近年来,乌干达等非洲国家红会在埃博拉疫情防控方面发挥了重要作用,乌干达红会一直在扩大应对措施,以帮助社区提升防疫能力,防止埃博拉病毒传播。志愿者们处于高风险地区,每天协同筛查成千上万的人,使社区对埃博拉病毒反应更加敏感。乌干达国家红会广泛的社区志愿者网络与其他合作方及卫生部门合作,形成了一个强大的监视系统。该系统有助于在疾病暴发之前实现检测,阻止病毒的传播。

(4) 老年人健康维护

根据世界卫生组织的数据，65 岁及以上人口将从 2000 年的 5.24 亿增至 2050 年的 15 亿。这些人中的大多数生活在低收入或中等收入国家。国家红会开展的老年人服务主要致力于提高老年人的生活质量，旨在增强或保持老年人的独立性、积极的健康行为，减少残疾（少跌倒、晚发病或少残疾），加强社会包容和改善老年人的心理健康，支持老年人把自己的健康经验贡献给社区，同时解决歧视、污名和年龄歧视等问题。以日本红十字会为例，日本面临着出生率不断下降和迅速老龄化等社会问题，大多数老年人都希望能够在自己已经习惯的社区独立生活。为满足这些需求，同时完善现有的公共卫生服务体系，打造当地居民、志愿者、福利服务提供者和政府相互合作、相互支持的社区，日本红十字会运营了很多满足老年人、儿童和残障人士的需要的福利场馆。这些场馆可以全天候使用，而且每个场馆都有专业工作人员，它们同红十字志愿服务队、地方分会、红十字医院、地方社区和其他福利组织相互支持。在老年福利机构中，日本红会通过加强人员培训，提升在老年人疾病治疗、阿尔兹海默病患者看护等方面的服务。

(5) 毒品的预防及吸毒者的治疗和护理

毒品是影响全球健康的 20 大危险因素之一，它与艾滋病、肝炎、结核病、自杀和心血管疾病密切相关。据联合国统计，生活在 148 个国家中的大约 1 590 万人定期注射毒品，这些人被称为注射吸毒者。由于一些危险行为，如共用注射器和针头、不安全的性行为，以及普遍缺乏健康求助意识等导致这些人特别容易感染艾滋病病毒、丙型和乙型肝炎病毒。根据联合国全球毒品报告，2019 年，全球注射吸毒人数超过 1 100 万，其中 140 万是艾滋病病毒感染者，560 万是丙型肝炎感染者，近 120 万人同时感染以上两种病毒。因此，注射吸毒构成了严重的公共卫生问题，需要通过合理运用非常规的公共卫生干预措施来解决。这种干预措施强调减少和降低危害后果，而不仅仅是惩罚和谴责。部分国家红会协调政府和捐助者，制定政策，与利益相关者、多边组织、民间社会，以及吸毒成瘾者、艾滋病病毒携带者合作，为注射吸毒者、艾滋病病毒感染者及其家人提供预防、治疗、护理等支持，旨在减少与降低与毒品使用相关的其他风险因素（如艾滋病病毒和经血传播的其他传染性疾病）的负面影响。需要指出的是，针对注射毒品成瘾者的危险行为进行预防，以及对注射吸毒者等进行治疗和护理并不与政府当局的打击毒品相违背，它并不是鼓励和支持非法吸食毒品，而仅仅是从人道的角度，对已经吸食毒品的人群进行保护性干预，以防止他们进一步感染传染性疾病，从而也减少传染性疾病的传播几率。降低危害计划正在20多个国家红会实施，33个国家红会参与了降低危害培训。据不完全统计，2009年，有18 361 133人接受了该项目预防全球范围内的信息和社会心理支持，动员了约119 370名志愿者在最脆弱的社区开展与吸毒相关的艾滋病病毒预防工作，志愿者工作时间高达1 750万小时，各国家红会平均每天与4万多名吸毒者合作。

3. 献血

在许多国家，国家红会作为政府在促进安全和可持续的血液计划方面的辅助机构发挥着重要作用。

2001年，一群来自国家红会血液服务部门的专家成立了红十字会与红新月会血液服务机构合作管理全球咨询小组［Global Advisory Panel（GAP）on Corporate Governance and Red Crescent Societies］，该小组于2012年正式在瑞士注册为一个独立的机构，拥有自己的章程和职权范围。在其专门执行委员会的领导及其成员的支持下，GAP与国际联合会的卫生部门密切合作，并在其董事会中设有一名国际联合会的观察员。由于GAP在参与提供血液项目方面能够为红十字会与红新月会提供支持，国际联合会已经认证GAP为其资源中心。

根据GAP 2018年做出的统计，有约19%的国家红会提供采集、处理、检测和分发在内的全套血液服务，约39%的国家红会仅开展定期的无偿献血志愿者招募活动，25%的国家红会仅开展志愿无偿献血的宣传促进工作。

在中国，中国红十字会是最早参与推动无偿献血的机构之一，全国最早的血液中心大部分冠名为红十字血液中心。如今，参与、推动无偿献血是《中华人民共和国红十字会法》赋予红十字会的重要职责之一，各级红十字会在志愿无偿献血的宣传、动员、表彰等方面发挥着重要作用。

4. 心理健康和社会心理支持

社会心理支持是红十字会应急响应的重要组成部分。武装冲突、自然灾害和其他紧急情况往往使人们面临极其痛苦的事件，如失去亲人、家园和生计，还有许多人面临严重侵犯人类尊严的伤害。心理健康和社会心理支持是人道响应中成本最低的活动，却可以对需要它的人们的生活产生无价的影响，特别是在灾害发生后进行早期干预，可以帮助个人和社区在紧急事件或重大事件发生后缓解、治愈心理创伤并重建社会结构。它可以帮助受心理创伤的人变成主动的幸存者，而不是被动的受害者。

国家红会的心理健康和社会心理支持服务形式多样，如设立儿童友好空间，通过安全游戏维护儿童心理健康；为需要帮助的人开通热线电话和帮助点；通过社区参与促进积极的心理健康氛围的形成；缓解污名化等影响心理健康的问题；以及帮助易受损群体发展社会和情感技能，使他们能够相互支持。

在大多数人道主义危机发生的低收入和中等收入国家，获得心理健康和社会支持服务的机会非常有限。因此，投资当地志愿者的工作对于确保每个人在任何地方都能够获得可靠的心理健康和社会心理支持至关重要。国际联合会于1993年在丹麦设立了全球社会心理资源中心，与各国红会合作，为受益人、人道主义工作人员和志愿者提供心理社会福祉。心理资源中心由丹麦国家红会主持，并得到加拿大、芬兰、法国、希腊、冰岛、挪威、瑞典等国家红会的支持，还与多家研究机构合作。

中国红十字会于2005年最早尝试开展灾后心理援助，在汶川地震、雅安地震、鲁甸地震、昆明暴恐、湖北监利沉船、天津滨海新区爆炸等重特大灾难事故中均发挥了重要作用。中国红十字会香港分会的心理急救工作较为出色，该会除开展空难等事故后的早期心理急救干预外，还开设了心理援助热线，为有需要的香港市民提供心理援助服务。

5. 降低伤亡、提升道路安全

联合国于2010年3月通过的《关于改善全球道路安全的决议》（联合国第64/255号决议）将国家红会确认为主要合作伙伴，该决议宣布了2011年至2020年十年道路安全行动。在2011年11月于日内瓦举行的第31届红十字与红新月国际大会上，各国红会及其各自的政府也对道路安全做出承诺，通过各国红会及其政府的共同努力，减少道路交通事故造成的伤亡。

根据全球道路安全合作伙伴（GRSP）的调研报告[①]，国家红会参与道路安全的活动主要包括提供急救培训，对道路的使用者、公众特别是学生进行安全教育，对道路安全政策进行倡导等。

（五）难民和流离失所者救助

当前，世界正在经历的创纪录的移民潮，构成了现代最重大的人道危机与挑战。在全球范围内，难民和流离失所者正面临着不可承受的风险，而且往往得不到维护其安全、尊严和权利所需的人道援助和保护。

难民与流离失所者迁移的原因呈多样性：冲突和暴力、危机和紧急情况、迫害、侵犯人权、贫穷、失业、绝望、缺乏基本服务或粮食不安全等。极端天气事件每年使数百万人流离失所，越来越多的人正在逃离气候恶化区域。最脆弱的逃离者往往面临着以上这些因素的结合。对许多人来说，他们只是在寻求最基本的更好或更安全的生活。

部分处于和平地区的国家红会在难民和流离失所者救助方面发挥了重要作用。他们长期以来为原籍国、过境国和目的地国的难民和流离失所者提供人道主义援助和保护，不论他们在本国的法律地位如何。他们协助数百万难民和寻求庇护者、人口贩运受害者、无人陪伴儿童、劳工移民及因受灾害和气候变化影响而流离失所的人，为其提供诸如急救、获得健康之类的拯救生命和改善生活的服务及其他基本服务。

各国红会对难民和流离失所者的工作和支持侧重于拯救生命、防止痛苦、减少脆弱性和风险、恢复尊严和增强复原力；强调关注难民和流离失所者的需要、权利和安全，以及不受阻碍地获得基本服务；支持可促进理解、互动和社会包容的倡议；帮助难民和流离失所者重建生活和生计，并找到可持续的解决办法。

---

① 调研报告来自网址：https://www.grsproadsafety.org/142-national-societies-provide-feedback-on-road-safety-work.

国家红会开展这一工作的优势在于其有着遍及各处可信赖的志愿者网络，他们可以接触到弱势难民和流离失所者，无论他们身在何处。

国家红会对难民和流离失所者的救助与其所在国家的难民政策紧密结合。例如，欧洲的德国、意大利、西班牙等国红会常年开展难民的登记、救助等工作。在中国，红十字会也是边境地区流离失所者救助工作的主要参与者，如在中缅边境地区对因冲突等原因造成的流离失所者进行人道救助。这些救助有时候是针对涌入中国境内的流离失所者进行安置、救助，有时候是根据对方要求，深入对方区域开展工作。2013年，受中华人民共和国商务部委托和缅甸政府要求，中国红十字会深入缅甸克钦邦等地区为1万户流离失所家庭提供物资救助，缓解其生活困难。

难民救助的主要形式包括：急救、流动医疗诊所和初级卫生保健服务、紧急情况下的粮食分配和回返社区的粮食生产支持、住房建设和维修、基本生活用品分发、紧急水和卫生计划、社会心理支持、重建家庭联系、现金援助、技能培训及其生计恢复支持等。同时，开展反对反移民情绪并促进包容接纳，提出融合和社会融合的倡议，帮助难民和其他新来者调整适应，在允许的情况下帮助他们找到工作并建立新的生活。① 在很多国家，国际联合会和红十字国际委员会给上述工作提供了有力的支持和指导。

（六）红十字青少年工作

国际联合会对青少年会员的定义是：少年会员和青年会员统称青少年会员，其年龄界定为5岁到30岁。具体划分为三部分：第一部分是5岁至10岁的儿童，第二部分是11岁到15岁的少年，第三部分是16岁至30岁的青年。儿童和少年是红十字运动的受益者，同时也有机会作为志愿者参与红十字运动。青年在红十字运动中的主要角色是管理工作的参与者及不同项目的执行者，并从参与红十字运动的不同项目中受益（非经济利益）。

1892年，捷克红十字会妇女委员会提出"红十字青少年"的概念；

---

① Migration and displacement [EB/OL]. [2022-06-29]. https://www.ifrc.org/migration-and-displacement.

1914年，红十字青少年组织于第一次世界大战期间源起；1917年，美国总统号召公私立学校学生参加美国红十字会工作；一战后，美国红十字青少年组织继续工作，对欧洲儿童做了大规模的战后救济工作，许多国家纷纷仿效，开始发展红十字青少年；1922年，红十字会联盟（今国际联合会）理事会通过的第18项决议支持并正式认可红十字青少年活动。

国际联合会认为年轻人是人道主义行动和发展的主要推动者。作为当下和未来的领导者、志愿者和受影响社区的成员，青年通过各种有意义的方式参与到社区活动中，促进了社区的韧性发展。国际联合会于1991年通过了《青年政策和战略》，并于2011年、2017年先后修订。青年政策为国际联合会及其成员国家红会如何与青年合作及如何为青年服务提供了全球性的参考标准。政策指出，人道工作必须考虑到处于脆弱环境中的青年的特殊需要，处理他们的安全和保护问题。同时，国家红会应该认识到青年参与在建立强大国家红会中的关键作用。要承认和认可青年作为贡献者的多重角色，承认他们作为创新者、跨文化交流大使和同伴教育促进者的技能，通过教育和赋权，创造青年参与的有利环境，使青年积极领导和参与志愿活动，并参与到国家红会的治理、管理和服务中去。

国际联合会和各国红会通过正式、非正式的培训和技能发展教育，提升青年的能力，并建立专门的青年网络和青年机构，提供青年参与的平台，同时鼓励青年在成年后继续成为会员或者与国家红会合作。青年参与各级管理、治理和服务的决策对于代际间的经验和知识传递至关重要。

红十字青少年工作在中国也有着悠久的历史。1922年，《中国红十字会修正章程》中已有"学生会员"描述。抗战胜利后，红十字青少年工作成为当时中国红十字会的一项重点工作。1946年，红十字青年服务团成立。1948年，中国红十字会总会成立红十字少年委员会，各地分会相继在学校建立红十字少年会。1952年，中国红十字会恢复开展红十字青少年工作。1993年颁布实施的《中华人民共和国红十字会法》明确"开展红十字青少年活动"是中国红十字会的七项职责之一，2017年该法修订时加以重申。

2005年，中国红十字会总会、教育部、卫生部、共青团中央联合成立了"全国学校红十字工作委员会"，并共同印发了《关于加强学校红十字会工作的指导意见》。2020年，中国红十字会总会、教育部联合印发了《关于进一步加强和改进新时代学校红十字工作的通知》，就加强和改进新时代学校红十字工作提出明确要求。近年来，中国红十字会在红十字青少年领域主要开展了以下四项工作：红十字青少年健康安全教育；组织红十字青少年志愿服务；在青少年中传播国际人道法和红十字运动的基本原则；开展青少年骨干培训、主题夏令营活动和国际交流，促进红十字青少年全面发展，增进国内外青少年的友谊。另一方面，青年应该成为言行改善的推动者（Youth as Agents Behavioural Change，YABC，中国称"青春善言行"）等。

（七）人道主义教育与价值观推广

红十字与红新月运动致力于促进人道主义价值观和红十字与红新月运动的七项基本原则的推广。这些努力包括三个方面。第一，了解人道原则的基本含义：不论这种疾苦发生在什么地方，都要不加歧视地保护人的生命和健康；保障人类尊严；促进人与人之间的了解、友谊和合作，促进持久和平。第二，体会中立公正行为立场的核心要义：不因国籍、种族、宗教信仰、阶级和政治见解而有所歧视，仅根据需要，努力减轻人们的疾苦，优先救济困难最紧迫的人。第三，维护和领会中立原则在个人、组织、行为中的特点与表现方式，及该原则对国际红十字运动的意义：本运动在冲突双方之间不采取立场，任何时候也不参与带有政治、种族、宗教或意识形态的争论。

教育是一项基本人权，也是一项基本的公共服务。国际联合会和国家红会的工作之一就是致力于确保所有人能够安全、公平地获得优质、包容的教育。当人们缺乏获得优质教育的机会，或当他们的学习受到灾害和危险干扰时，他们的身心健康就会受到巨大的影响，同时影响到整个世代的生活前景。这就是红十字会在危机发生前、中、后期都努力支持教育，并将教育作为长期发展工作的一部分的原因。红十字人道教育项目的内容包括帮助人们获得在应对危机时自救和互救的知识和技能，以及帮助人们提高对基本原则和价值观的理解，并获得将它们付诸行动的能力。例如，国际联合会在2008年与来自世界各地的国家红会的年轻人一起创建的"青春善言行"（YABC）人道教育项目。该项目通过同伴教育的方式，使用游戏、角色扮演、模拟和可视化练习、讲故事等多种艺术形式，触动参与者的心灵，以改变其思想行为。通过该项目，参加者了解如歧视、排斥、性别和暴力等不同社会问题，学习同理心、积极聆听、批判性思维、非暴力沟通和合作谈判等社会和情感生活技能，从而激发观念、态度和行为的积极转变。参加者从培养自我意识、自我反思和内在改变开始，进而成为榜样，影响和鼓励其他人也以尊重、平等、开放对话和包容的方式行动，从而推动和平包容的社会文化。

（八）国际人道法传播

以"日内瓦四公约"为核心的国际人道法是国际红十字运动的基本法律保障，传播国际人道法是国际红十字运动的基本任务，也是国家红会的基本任务。2017年，经修订后实施的《中华人民共和国红十字会法》在第三章第十一条列明了红十字会的九项职责，其中第六项职责表述为"宣传国际红十字与红新月运动的基本原则和日内瓦公约及其附加议定书"，第八项职责表述为"依照日内瓦公约及其附加议定书的有关规定开展工作"。国家红会与红十字国际组织会同政府有关部门与本国军方、教育等部门合作，采用合适的方式宣传、普及国际人道法，普及国际人道法的基本原则和理念，确保以《日内瓦公约》及其附加议定书为代表的国际人道法得到尊重，确保国际红十字运动的标志得到尊重与保护。

（九）志愿者发展

国际红十字运动首先是一场志愿者发起的国际人道运动。自国际红十字运动诞生以来，志愿者一直是红十字运动的骨干力量，志愿精神是红十字运动源源不断的动力来源，志愿者是红十字运动三大组成部分的支柱。所有红十字会和红新月会志愿者在支持世界红十字运动中发挥了巨大的、无可替代的作用，各国红会均将发展志愿者作为重要工作内容，成立红十字志愿者组织，提供志愿服务平台，制定志愿服务保障制度，为红十字志愿者发展提供支持。

第四节　国家红会的角色定位及发展运营

一、国家红会在国际红十字运动中的身份和地位

（一）国家红会的属性

根据《国际红十字与红新月运动章程》，各国红会是红十字与红新月运动的基本成员和重要力量，它们依据自身的章程和本国立法，从事符合本运动的任务和基本原则的人道主义活动。各国红会支持其政府为满足各自国家人民的需要而开展人道主义工作。

在国内，国家红会是独立自主的全国性团体，为其志愿者、会员等提供必不可少的机构服务平台。和平时期，国家红会根据自己国家的需要开展服务（各国红会的活动会有所不同）。大多数国家红会的工作主要集中在救灾救助、卫生救护、社区发展、社会救助、青少年活动、寻人、传播国际人道法、宣传红十字运动基本原则等方面。为了有效地提供人道主义服务，各国红会与政府进行合作，如组织紧急救济活动和其他活动，传播并协助政府传播国际人道法，确保国际人道法得到尊重保护，认定并保护《日内瓦公约》及其附加议定书所承认的特殊标识。

在国际上，各国红会在资源允许的范围内开展国家红会之间的相互支持与帮助，救助"日内瓦四公约"规定的武装冲突受难者和自然灾害及其他灾害的灾民。这类救济可以是以服务和人员的方式，也可以是以物质、经费和道义的方式，并在程序上经过有关国家红会、红十字国际委员会或国际联合会。运动成员间的国际援助依照《国际红十字与红新月运动章程》第五条和第六条进行协调，接受这种援助的国家红会需在本国国内进行协调，并应视情况征得红十字国际委员会或国际联合会的同意。

各国红会根据运动的原则和章程、《国际联合会章程》，以及他们各自国家的法律法规开展工作。作为本国政府人道工作的助手，国家红会根据本国人民的需求协助政府开展工作，并依照国家法律法规和"日内瓦四公约"及其附加议定书及《国际红十字与红新月运动章程》主动从事各项人道工作。各国红会应与其政府密切合作，确保对国际人道法的尊重，确保对《日内瓦公约》中关于红十字运动标志的批准、使用和禁止相关条款的尊重。

（二）国家红会在响应行动中的角色

在国际红十字运动中，运动成员间的合作是广泛存在的，在具体的响应行动、项目或计划中，需要明确国家红会的角色，在此有两个概念：执行国家红会（Operating Nation System，ONS）和伙伴国家红会（Participating Nation System，PNS）。执行国家红会是指负责直接运作响应行动、项目或者计划的一方红会，包括项目策划、执行、督导和评估。伙伴国家红会是指通过向执行国家红会提供额外的财政、人力、物质、设备、培训和技术援助等对其运营进行有力补充的一方。执行国家红会和伙伴国家红会在紧急响应行动及在发展项目中的角色和作用，分别在《红十字与红新月灾害救济原则与条例》（Principles and Rules for Red Cross and Red Crescent Disaster Relief），以及发展合作政策（Development Co-operation Policy）中有详细描述。任何国家红会可以在某个项目中是执行国家红会的身份，同时在另一个项目中是伙伴国家红会的身份。原则上，所有的国家红会都将自动成为他们自己国家的执行国家红会，除非在特殊情况下由国际联合会按照《红十字与红新月灾害救济原则与条例》第二十一条的规定重新设定。

二、国家红会的发展

（一）国家红会发展面临的问题和挑战

国家红会的存在、发展和健康持续有效运营是提供人道服务的基础，也是国家红会能够适应时代发展和不断变化的人道需求的基础。国家红会及其领导者需以发展的眼光和战略的高度，对组织发展的基本原则进行足够的认识和理解，并不断反思和在实践中论证。国家红会的运营情况各不相同，有的国家红会处于相对稳定的状态，有的国家红会尽管有来自合作伙伴的支持，仍面临严峻问题。

根据国际联合会发布的《国家红会发展框架》，近些年，国家红会在发展中逐渐显现出一些问题。例如，真正会造成国家红会破产的威胁因素不是资金，而是国家红会可能还没有建立起适合本国国内环境的运营模式,在重要的人道危机面前"失能"。国家红会发展不佳的最直接状态可能体现为资金缺乏、资金依赖和组织能力薄弱,但这些症状往往反映的是更深层次更广泛层面上的问题,如国家红会在国内环境中的身份、相关性和形象等问题。不少国家红会在很大程度上或完全依赖于运动伙伴提供的资金,没有机会实现自身组织能力的提升,当运动资金减少时,它们自身的偿付能力也会面临重大风险。此外,经济上的依赖有时也会导致精神上的依赖,表现为国家红会对自己的定位完全取决于有多少可用资金和资金提供方的意愿。

因此,清楚认知国家红会的内外部特征和环境,充分了解国家红会发展的完整概念框架和方法,对实现国家红会的发展是至关重要的。

(二)国家红会的特征

1. 多样化

每个国家红会都有不同的制度环境,每个国家的文化、价值观和规范也是多样的。例如,志愿服务的发展,在一些国家更依赖于社区对自助互助文化的高度认同,而在一些国家则更依赖于高度运转的管理制度。

不同国家和地区的易受损性也是不同的,国家红会所提供的服务应该有针对性地为当地的需求服务,才有可能获得本土的支持和资源。

国家红会对资源的需求也是多样化的,资金只是一种类型的资源,动员和激励志愿者、会员和领导者,赢得公众的支持和信任,赢得政府的支持和参与,获得和保持接近易受损群体的机会等,需要组织采取一致的、有计划的、协调的工作方式。

每个国家红会的治理模式和管理方式也各有不同。

2. 开放性

国家红会的运行模式是开放的,不断吸引来自社区和社会各方面的志愿者和会员,个体的流动也带来了经验和想法的交流,使国家红会始终和其周围环境存在高度的互动。这种开放性是一种优势,大量人群的参与,使得国家红会具备可信性和合法性,并且因为人们不同的技能、关系和地理分布,国家红会才能成为超出小型封闭组织的存在。因此,国家红会应具备迅速适应国内环境变化的能力。同时,这种开放性还反映在通过志愿者和会员对国家红会工作的参与，提升决策的透明度和参与性，确保每一位参与的人了解国家红会的原则和性质。

3. 国际性

国家红会在得到承认后成为国际红十字运动的一员，各国红会遵照章程和基本原则行事并相互协作，制定和通过运行的政策和流程，如应如何提供发展合作，如何与志愿者合作等。

红十字运动鼓励成员国家红会对其法律地位和章程进行回顾和修订，一般以十年为一个周期。国际联合会和红十字国际委员会成立了专门的章程联合委员会（Joint Statutes Commission），协助国家红会加强其法律地位，确保与基本原则的一致性。法律地位及其章程可以为国家红会长期发展提供机会和限制，在国家红会发展中是需要考虑的重要因素。

4. 原则性

国家红会的原则性（Integrity），在此是指"人或组织的行为与语言、道德等相一致"[1]，即"各国家红会与国际红十字组织应完全按照运动的基本原则，为追求各自宣布的目标、政策和标准而采取行动的意愿和能力的程度"[2]。国际联合会有专门的问责机制和专门的监察和仲裁委员会以保证国家红会的诚信与违反情况的处理。原则性可能涉及的问题类型包括：违反基本原则和不遵守《国际红十字与红新月运动章程》；对涉及政府控制、关键任命等国家红会事务的政治或行政干预，财政依赖和政治效忠；与国家红会章程有关的执行情况，以及章程如何反映基本原则的问题；与国家红会或国际联合会领导层的表现和财务管理问题；与使用资源和权利相关的个人廉政问题；国家红会或国际联合会在国内和国际开展活动方式有关的业务诚信问题，包括捐助者干预和对标志使用的违反；任何不遵守《国际联合会章程》第八条规定的国家红会职责行为。

---

[1] 中国红十字会总会编译. 国际红十字与红新月运动基本文件汇编［M］. 北京：中国红十字会总会，2008：167.

[2] 同上。

5. 多样性

虽然每个国家红会都宣布坚持七项基本原则和《国际红十字与红新月运动章程》，有共同的最低价值和标准，但每个国家红会所面临的国情不同，只能根据其运作的环境与可能，以各自的方式将七项基本原则和《国际红十字与红新月运动章程》所规定的精神付诸实践。因此，对于一个国家红会应该是什么样子，不可能有单一的模式，也不可能有单一的办法来解决国家红会的发展问题。

（三）国家红会发展框架

根据国家红会的属性和发展需要，国际联合会和其成员国家红会共同开发制定了《国家红会发展框架》，该框架提倡在运动内部强调每个国家红会应致力于发展多样的和可持续的国内资源作为支持其核心业务和服务的基础，而在考虑国家红会长远发展的前提下，把外部支持作为其补充资源，以确保其完整性和独立性不受任何国内或国际行动者的威胁。

1. 国家红会发展的前提

首先应该明确的是国家红会是在该国国内的组织，其生存和发展很大程度上取决于其是否能适应该国特定环境所提供的机会和限制。国家红会提供什么样的服务，以何种方式获得支持这些服务的资源，国家红会的自身结构和组织方式如何，以及内部和外部对国家红会的认知，他们之间存在着复杂的联系，这些关系是平衡的并且彼此同步发展。

向易受损群体提供服务是国家红会的关键驱动因素和核心。核心服务为国家红会的存在提供了理由，并使国家红会具有在国内的重要性和合法性，即使在资源贫乏的环境中也能够获得资源维持自身运营。国家红会发展就是指为提高国家红会服务的相关性、质量、覆盖面和可持续性所开展的工作。

开发获得可持续和多样化的国内支持，是实现国家红会核心业务和服务的基础。每个国家红会都有适应自己特定环境的发展模式。

国家红会发展的首要责任在领导层。领导层需要引导其组织更有效地履行其职能，并在处理日常事务的同时，着眼于识别和解决更深层次的组织发展问题，及时识别短期的或者可能给国家红会长期目标带来损害或者负担的资源，以及那些有助于长远发展的资源，对资源进行有效管理。

2. 国家红会发展的目标

国家红会发展目标的实现和维护：国家红会通过志愿者和工作人员持续不断地在全国范围内向易受损群体提供相关服务，有助于推动红十字与红新月运动的发展。

国家红会发展的目标并不是单纯的组织目标，而是直接影响其所提供的服务，任何时候都要从相关性、质量、覆盖度、可及性，以及可持续性几个方面加以考量。如果国家红会的服务能够从这几个方面加以实现，那么可以有力推动其从国内获得持续的资源。

3. 国家红会发展的关键因素

国家红会的发展可以同时发生在不同层级，并需要考虑一系列相互联系作用的因素。国家红会发展不仅仅是组织发展部门的责任，而且需要有领导层和治理层的领导，全机构范围内的执行，组织各方面的协调，以及各种外部因素的参与。图 4-1 中展示了国家红会发展中涉及的关键因素及其循环。

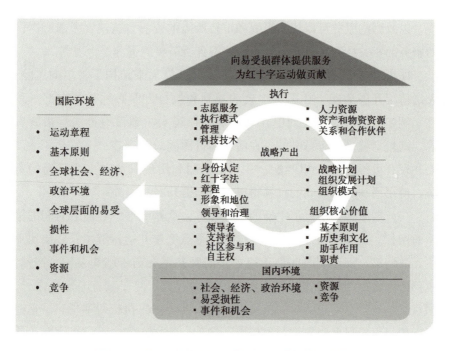

图 4-1 国家红会发展中涉及的关键因素及其循环

国家红会所提供的服务，是其在组织内部相互之间，以及在国内和国际环境下，一系列因素相互作用的产物。战略计划的制定和执行建立在国家红会的价值和内部机制的基础上，并受到国内外环境压力的影响。在国家红会提供人道主义服务时，这些服务又作用于国家红会，加强了它的核心特性，以及国内和国际环境中外部对国家红会的看法。

在这个循环中，如果国家红会的章程和红十字会法等基础文件已不能满足组织不断发展的需要，国家红会则有必要考虑修订其章程或提请国家修改红十字会法。如果法律基础设计得很好，则可以相对地保持稳定，战略规划和执行就会更有规律。

为易受损群体提供服务是国家红会得以存在的核心。因此，确定可持续的核心服务是国家红会需要做出的首要战略选择。服务应该侧重于一个或几个领域，考虑这些服务会使国家红会在与政府及其他行动者的关系中处于何种位置，不要试图对每一个潜在的易受损性需求都做出反应。

此外，在确定核心服务时，应分析哪些服务可以随着时间扩大规模，以及哪些服务可以切实吸引和维持所需的资源。这就要考虑所提供的服务的相关性和可见性，以及这些服务所需要的资源是否现实。

如果没有可持续的核心服务，国家红会就会面临结构不稳定的风险，无法持续开展活动。在国家红会的规划和执行方面必须具备内部一致性。例如，如果战略规划中计划的活动在现实中都没有办法筹措到资源，则规划就是没有意义的。在活动和资源间总是存在一个平衡，活动要和现有可筹措资源相匹配，并具备空间利用现有活动去撬动新的资源，使得活动随着时间的推移得以扩展和提升。

一旦国家红会形成了平衡的核心服务，这些服务就会随着时间的推移而增长。经验表明，起步时规模小、重点突出并能持续增长，要比那些无法持续、仅在短时间内迅速扩张的服务更有利于组织发展。当然，也要考虑将短期项目作为核心服务的有力补充。除了其核心服务之外，国家红会经常在特定的时间范围内根据捐助者意愿执行短期项目。这些短期项目可以帮助国家红会发展专业知识，建立新的关系，扩大其工作的规模和范围。但应注意的是，国家红会应考虑自身是否具备在这笔短期资金使用结束之后，仍有可以维持活动或者在需要扩大规模时即可扩大的能力，而且不能让短期项目破坏或抵触现有的核心服务。在接收外部援助时，无条件地执行项目不应成为国家红会的默认立场，对短期项目的执行与否应是一种战略选择，国家红会应在易受损群体的需要与国家红会长期发展之间权衡。不相关项目的不断循环，并不能取代作为国家红会身份和长期发展核心的可持续的国内服务。

4. 国家红会的核心能力建设

（1）强大的国家红会的特征

国际联合会"2020战略"中提出，在实现战略设定的目标时，建立强大的国家红会（Strong National Society）是其重要的基础。2011年领导委员会第23次会议上批准通过了建立强大的国家红会的框架文件，定义如下：强大的国家红会有能力通过以志愿者为基础的单位网络，根据需要在全国范围内为易受损群体提供相关服务。

强大的国家红会应具备以下条件：

① 有明确、重要而众所周知的使命。

② 长期运作几个众所周知的服务。

③ 拥有强大的民主参与的会员基础。

④ 拥有一所以服务社区为基础并提供资源的地方分支机构。

⑤ 具有有效的管理系统以吸引和保留来自社会所有领域的各种类型的志愿者。

⑥ 拥有强大的指挥部以协调区域分支机构，带头、指导、培训和支持地方工作。

⑦ 通过受管控的各种收入，覆盖其机构及服务的成本。

⑧ 动员有能力的人在自愿的基础上引导、带头和提供服务。

⑨ 吸引和保留有能力的管理人员和员工。

⑩ 全国范围的学习系统，强化引导和管理职能，以及员工和志愿者的知识和技能。

⑪ 对其会员、服务社区及捐赠者和合作伙伴负责。

⑫ 除了满足上述机构标准之外，国家红会还必须达到特定的运动标准。

⑬ 在"日内瓦四公约"基础上被国家政府承认,在国家立法上作为一个自主、志愿的援助协会,在人道领域充当政府的助手。始终保持符合《国际红十字与红新月运动章程》中规定的条件。

⑭ 行动始终符合我们的基本原则和价值,知道如何在自己的体系中正确、有效地发挥其辅助作用。

⑮ 积极参与国际联合会的事务,履行体制上的会员职责。

(2) 国家红会的核心能力评估

国家红会只有在具有最低要求的核心能力基础上,才能实现其成为强大国家红会的目标。这些核心能力包括存在能力、组织能力、联系和动员能力、执行能力、适应与成长能力五大方面。详见表4-2。

表 4-2 国家红会的五类核心能力、属性和卓越标准

核心能力	属性	卓越标准
存在能力	法律基础(包括适当的红十字法律、最新章程、自主进行领导、干预和组织、有效的宗旨、指导原则、强大的引导、相关政策、分支机构覆盖范围)和完整性,愿景和使命,价值和原则,政策体系	国家红会具有合法性,能够有效服务受益人群
组织能力	人力资源计划和管理(会员、志愿者和员工),支持者许可,内部沟通和决策制定,物资管理,基础设施(建筑物、通信、计算机)和物流管理,财务管理(预算制定、预算管理、支出控制、合规性和职责性、财务报告和报表),各项活动与服务的整体性,服务可持续性,运作计划,目标和绩效指标,系统和程序、业务连续性计划,知识管理,及时而充分的报告,安全和保障	国家红会有覆盖全国的组织体系,良好的组织结构和治理方式,能够持续、高效运转
联系和动员能力	与政府的关系,外部利益相关者,参与运动的倡议行动,有效的公共关系和形象建设,会员和志愿者招募,调动资源和产生收入,创办来源的多样性,提倡和宣传,积极游说	与政府、公众、媒体和合作伙伴、会员等利益相关方的关系,有计划地对人、财物的可持续的动员能力

续表

核心能力	属性	卓越标准
执行能力	成功指标的确定（定性和定量），受益人、员工、志愿者和相关合作伙伴的满意度，系统性评估，反馈和计划调整，有效性和相关性，效率，做准备程度和反应程度，核心业务如灾害管理、健康、社会包容、青年、教育、社会服务	及时、高效、高质、持续性地向服务对象提供服务的能力
适应与成长能力	计划、督导、评估报告的机制，与利益相关方的沟通，适应变化的环境，挑战和机遇，成功的复制和发扬，试点计划，伙伴关系发展和战略联盟，商业智能	与时俱进、发展、改革、创新，追求做得更多、做得更好、做得更深入的能力。

5. 国家红会发展的层级和方式

国家红会发展是各种因素和环境相互作用的整体结果，从国家红会发展的不同层级来看，可以区分为组成国家红会的"个人"（志愿者、会员、工作人员），以及个人形成的"组织"和"环境"，国家红会需要在这三个层面都具备相应的核心能力才能正常运转。在进行国家红会发展的规划时，关键是对不同层面的问题加以辨别，确定需要在个人、组织或环境哪个层面进行改进，或者需要在几个层面同时进行改进。例如，国家红会为了实现获得税收优惠地位的机会，就需要与政府（环境）进行协商。如果成功，可能会对组织的财务程序产生很大影响，那么还将需要对个人进行培训使其了解如何操作新系统。详见图4-2。

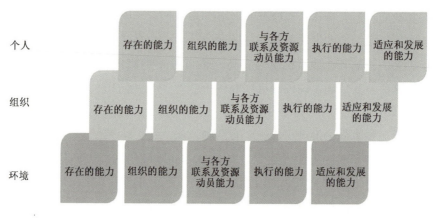

图4-2 国家红会在个人、组织、环境三方面应具备的核心能力

同样,作为组织的领导,始终需要处理组成该组织的个体的愿望和能力、思路、工作方法、克服困难的毅力和稳定心理等。而通过培训、技能传授、表彰激励、政策制度解释告知、思想教育、方法沟通等来努力提高各级人员的积极性,则是国家红会发展工作走向成功的关键。

另外,国家红会的发展需要与国内和国际的合作伙伴密切合作。在这方面,战略性的对内对外交流在国家红会的发展进程中起着至关重要的作用。

(1) 改善国家红会的外部运行环境

尽管内因是决定的因素,外因是变化的条件,但是应该高度关注外部环境对国家红会可持续性发展所具有的显著影响。外部环境所产生的机会和限制可能仅限于国家红会,也可能对同一环境中的其他组织也发挥作用。

在国家红会的发展框架内,将为影响和塑造国家红会的外部环境而进行的有计划的工作称为政策倡导。

在进行这种倡导时,各国红会可以利用它们与政府的助手关系,或者可以利用国家制定的关于红十字会方面的法律法规、运动的决议和协定(如红十字与红新月国际大会的决议和协定)等,向有关方展开工作,努力争取得到理解和支持,改善外部环境。

政策倡导可以由国家红会单独进行,也可以与具有相似目标的其他组织合作。国际联合会和红十字国际委员会的作用之一是支持各国红会同其政府沟通、合作,以改善其业务环境。国际大会等活动为其能够就共同的国家红会的发展问题与各国政府单独或集体进行战略性接触提供了机会。运动其他成员的参与支持,也可以增加集体在讨论中的分量,或能够借鉴其他国家的国际准则和例子。

(2) 做好国家红会的内部发展

开展国家红会发展工作主要有两种方法。

第一种方法称为能力建设(Capacity building),针对的是国家红会正在进行中或已存在的发展工作,目标是使正在进行的活动更有效运行、更广泛或更好地嵌入组织中。这种工作通常是针对进行类似活动的个人、群体与运行机制,可能包括通过培训培养技能、开发更好的工具、制定更加符合实际的运行机制及改善沟通方式和力度等。无论是在个人还是组织层面，能力建设都是管理者的主要责任，是一个持续不断的改进过程。

由于国家红会是复杂的、开放的组织，通过能力建设来改善已经存在的工作有时是不够的，必须研究和关注一些涉及大局、长远的根本性问题，努力去解决这些根本性问题。这些问题需要高层参与，往往涉及国家红会内部更深层次的问题，如国家红会的身份特性、长期战略方向、基本组织模式，以及组织不同部分之间的关系，或国家红会与其环境之间的关系等。

第二种方法称为组织发展（Organization development），针对的目标是实现本组织涉及大局的、根本性的、长远重要的问题的变化。组织发展涉及整个组织体系、机制、人员等。要认识到其不同职能和层级间是有机联系的整体，组织中一个部分的变化会影响其他部分的功能和绩效。

组织发展本质上是战略性的，是关于做出和实施将塑造组织中长期未来的选择。为此，必须考虑到国家红会内部的权力关系，认识到这种变化可能带来成功的改革者和需要调整者。治理层和高级管理人员有责任进行引导和监督。

能力建设和组织发展不是相互孤立的。仅通过能力建设所能实现的改进是有限的，如果没有组织发展，这些改进往往无法持续。相反，组织发展过程中，应该意识到对个体的能力建设，例如新技能和工具的培训也影响着组织发展的成败。因此，这两者之间的相互作用是任何国家红会发展进程的核心。

（3）国家红会发展工作在国际红十字运动体系内的区分

在认识国家红会的发展进程时，需要对什么情况下开展能力建设，什么情况下需要进行组织发展和变革有一定的区分。在分析国家红会的长期发展时，通常可以找出关键的转折点，这些转折点的出现意味着组织实现目标时的重大和持续的变化。在规划和领导国家红会发展时，国家红会领导人应能够阐明他们希望实现的转折点是什么，以及这对国家红会向易受损群体提供服务的持续性、质量和数量意味着什么。分析国家红会发展的需要和优先事项,从而了解什么样的国家红会发展工作可能带来能够引起长期可持续的变化。表 4-3 展示了国家红会不同的工作层级及其对应的变革类型,而图 4-3 展示了国家红会不同的发展方式在组织发展不同阶段的作用。

表 4-3 国家红会不同的工作层级及其对应的变革类型

工作层级	主要责任方	提供支持	变革类型	时间框架
个人	国家红会内的个体;所有层级的管理者	国家红会	能力建设;人力资源管理	短期
组织	国家红会的领导层	国际联合会可以在法律基础工作等方面提供支持;国际联合会和红十字国际委员会可以在国家红会身份认定和接纳上提供支持	能力建设;组织发展	中长期
环境	国家红会或运动	国际联合会、红十字国际委员会或其他兄弟国家红会	制度化干预	中长期

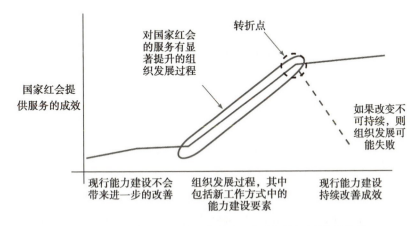

图 4-3 国家红会的不同发展方式在组织发展不同阶段的作用

一直以来,当外部向国家红会提供支持时,多数投入在短期的能力建设和项目执行中,但从国家红会的长期发展看,该类投入多数是不可持续的，国家红会有时即使获得大量的资金和技术支持，但其作为一个组织的成长和长期能力发展并不能从中获益，或者更糟糕的情况是：为了执行项目，国家红会会耗费其稀有资源来维持没有什么长期价值的东西。因此，在当下的合作与援助中，国际联合会强调和支持增强国家红会组织发展和持续性方面的投入。

6. 国家红会发展的一般步骤

虽然每个国家红会的发展过程不同，但是可以确定一些通用的步骤，它们不一定以线性的方式发生，但通常包括以下方面。

① 在具有决定作用的领导者之间达成一致，明确国家红会进行变革的必要性和需求，并为此做出准备。

② 分析组织本身及其所处的环境。例如，回顾组织的任务、愿景、使命和在其环境中与弱势群体需求相关的定位，以及国家红会和其他行动者在提供服务方面的空白和差距；回顾其内部的平衡和一致性；回顾国家红会伙伴关系的现实意义和质量，以及改善关系的机会。

③ 制定战略计划，确定变革的目标和步骤。确定需要改变的层级和类型，以及通过系统推动改变实现的关键驱动因素；定义成功的指标。

④ 执行和实施。在执行和实施中需要高度关注：确定在组织内及在组织所处社会环境中实现变革的机会和动力；对变革的目标和相关方沟通，创建组织内外的共享愿景；有效地利用来自内部和外部的有限的技术和财政资源。

⑤ 持续监控、评估和学习；如有需要，重新制定战略计划。

7. 国家红会有效发展工作的主要特征

① 改善了国家红会服务的相关性、质量、覆盖面或可持续性。

② 找到真正的问题所在，并提供真正的解决方案。

③ 能够深入分析国家红会及其环境，并在此基础上应对相应的机遇和制约。

④ 抓住国家红会内部和外部的环境机遇（特别是危机），利用其推动变革。

⑤ 将国家红会视为复杂的、相互关联的系统，超越眼前的症状来发现更深层次的组织问题。

⑥ 根据环境有效地计划、监控和调整。
⑦ 建立在整个组织的团队合作之上，而不是个人的努力之上。

8. 国家红会发展需要"领导资源"建设

国家红会发展所需要的主要资源除了外部世界外，主要体现在本身的领导力上，即能够阐明国家红会的未来愿景，并激励本组织内外的人朝这个方向前进的领导能力。领导层必须负责与国家红会的利益相关方就这一愿景进行辩论和谈判，以及承担开始重大变革的风险。没有全红会的团结支持，变革就不可能成功。领导层必须明确，领导力作为一种重要决定性资源，要形成它就必须注意培养与养成班子的良好作风，注意培养后继领导人才梯队，商请有关部门推荐优秀领导人才。

然而，仅仅有良好的愿望和远见是不够的。全面变革管理，组织发展和能力建设都需要技能。变革管理经验和技能应列入任何国家红会主要领导人的核心能力，特别是这个人需要拥有与内部和外部利益相关方有效沟通的能力。

任何形式的国家红会发展都需要两种类型的资源：一种用于支付带来实际变化过程的一次性投资，另一种用于将由此产生的变化维持到未来的资源。虽然一次性资金可以（但不是必须）从国家红会的外部获得，但维持变革的资源必须从国家红会及其可持续资源的基础上产生，否则，任何积极的改进都可能很快失去。

国家红会领导层面临的一个特别挑战是在长期发展需要和短期运行之间取得平衡。任何重大变化都需要领导层的关注，所以长期发展的变革，需要全层级的领导者给予足够的承诺，以及明确采取保障变革进行的措施，如通过停止一些不必要的活动，或者对变革过程的管理、现行活动的监管等给予额外的支持。

9. 重视外部伙伴在国家红会发展中的作用

除国际联合会、红十字国际委员会和国家红会等运动伙伴外，许多外部伙伴都有充分的理由为国家红会发展提供支持，如政府部门和其他的组织。国内的相关方可能对国家红会的发展进程具有最大的外部影响。国家红会领导层的责任之一是确定哪些伙伴可以帮助支持该组织正在经历的特定变化。选择伙伴的方式及其发挥的作用是促进、加速或阻碍国家红会发展的关键因素。

红十字运动成员和其他相关方可以为促进国家红会内部发展提供关键支持。这种支持既可以通过全球商定的政策和战略等机构工具，也可以通过同业间的对话、分享和鼓励。外部的支持可以为国家红会提供一面观察自身优势、劣势的镜子，特别是通过同行领导间的相互交流，可以有助于国家红会领导人分析其情况并做出选择。

需要注意的是，无论作为提供支持的一方还是接受支持的一方，都应该充分认识到这种支持的局限性和风险，即可能存在的权力和财政的不平等。外部支持的本意是支持该国红会发展，但在这种关系中，国家红会有可能会失去对工作的所有权，并最终失去其身份特性。发展的所有权必须掌握在国家红会及其领导层自己手里，支持必须本土化适应它所运作的环境，否则变革的合法性会被破坏，国家红会的原则性也会受到质疑。

（四）国际联合会支持国家红会发展的措施

1. 组织能力评估和认证程序

建设强大的国家红会是国际联合会实现"2020战略"三大战略目标的一个重要行动措施。为推动强大国家红会建设，国际联合会用一年时间研究完成了《国家红会组织能力评估与认证程序》。这是一个诊断式的评估工具，具有重要的参考作用。其基本内容是定义了强大国家红会的国际通用标准，以及评估和认证的方式。其基本目标是"让国家红会能够按照国际统一标准评估自身能力和绩效，以确定自我发展的最佳途径，并对达到高层次的国家红会给予承认。""组织能力评估与认证程序"以强大国家红会的核心能力为基础，每个能力定义为一组关键属性，每个属性转化为指标，将具体指标五个步骤的每一个步骤所给定的衡量和价值进行修正，以考虑国家红会的特定环境和运作背景造成的客观限制条件。该过程有两个主要阶段，即自我评估和同业评估，然后对评估通过的红会进行程序认证。国家红会参与评估，认证不是最终结果，而是通过评估在自身背景下分析具体领域，便于自我改进，并可因地制宜地设计和提供发展支持。根据规则，国家红会自我评估情况一般不予公开。

(1) 自我评估

国家红会选择有代表性的人员组成国家红会组织能力评估组,根据国际联合会提供的《国家红会组织能力评估与认证程序》,对国家红会组织能力现状进行自我评估。评估标准充分考虑了不同政治、经济、法律和安全背景下国家红会的情况,界定了强大国家红会的五个核心能力,即存在能力、组织能力、联系和动员能力、执行能力,以及适应与成长能力。五个核心能力被分解为89个能力特性,即可衡量的标准,每个标准又有A、B、C、D、E五个级别指标,A为最低级别,E为最高级别,做到全部量化。国家红会应首先组建评估组,完成自我评估,在国际联合会参与下召开研讨会,就评估情况进行汇总讨论,最终达成一致意见,形成评估结果提交国际联合会,国际联合会按照统一模板完成评估报告,反馈给国家红会。

如果国家红会自我评估结果低于C,说明其离强大国家红会的标准有一定差距,则应对评估中发现的优势和不足加以分析,确定解决问题的优先顺序,量身定做发展方案,修改调整战略计划,并得到国际联合会的技术支持。

(2) 同业评估

只有国家红会自我评估达到一定标准,并且愿意接受同业评估的国家红会才有可能进入同业评估阶段。同业评估由国际联合会组织相关国家红会组成评估组,主要评估国家红会在内部凝聚力、最优质量、最优规模、被选择时的相关性等四个维度上达到的水平。国家红会须在18个月之内找出确定所述实现水平的证据。这些证据可采用各种不同形式,包括文件、正式决议、方针、项目说明、培训课程、利益相关人采访,以及对分支机构或现行活动进行访问。评审小组对所有证据的相关性、充分性、适当性、及时性进行评估。同业评审的结果为发展中、实现、模范三个等级。

(3) 国际联合会认证

如果在同业评估最终评估结果中认定为"实现"或更高水平,秘书长将推荐国际联合会领导委员会对国家红会进行认证,该认证并非永久有效,其有效期为3—4年。如果国家红会一直符合并持续报告其日常绩效基准，可进行相对于首次认证较为宽松的再次认证。

2. 红十字与红新月学习和知识共享平台

红十字与红新月学习和知识共享网络旨在促进新思考、设定标准、建立核心业务领域相关的课程体系，为工作人员和志愿者提供有组织的专业学习机会。

国际联合会已经建立了在线学习平台（https://www.ifrc.org/learning-platform），该平台授予"红十字与红新月学习学分"，并发展成一个终身"学习通行证"，作为工作人员和志愿者更全面的人力资源发展及职业管理的一部分。

同时，国际联合会、国家红会通过与知名大学和其他学术中心协作，提供定制的人道主义及发展领域的职业培训和职业资格。通过汇编红十字与红新月长期积累的经验进行课程开发，对大量核心知识和实践加以提炼，并通过标准委员会认证用于红十字与红新月培训，为那些无法通过其他途径获得公认职业资格的人提供模块化方案、通信和在线学习。

3. 弥补数字鸿沟

强大的国家红会需要使用最新的、经济可行的技术，以有效管理内部业务流程和运作，持续关注增强、吸引及动员支持者和工作人员的能力，并以新颖的参与方式和受益人、捐助人进行沟通。此外，国家红会如果在内部，以及在外部与其他红会沟通良好，就有能力共享知识和经验，让所有成员在联合会及运动框架下更充分地发挥作用，深化"患难与共的精神"。

因此，国家红会内部和其他国家红会之间的数字鸿沟必须尽快减小。对必要数字连接和应用需求的评估一直在进行当中，以找出需要协助的国家红会及有能力共享信息和通信技术的国家红会。通过国家红会和其他机构的合作共享资源，包括一系列技术共享的应用、服务和学习，为每个国家红会制定适合自身的技术解决方案，包括可以使用基本的办公室效率应用，基本的总部与分会及外部的高质量互联网连接，宣传自身和自身能力的功能网站等。

4. 国际联合会数据库和报告系统

国际联合会数据库和报告系统（FDRS）是为全体国家红会建立的可更新、可访问的，低维护成本的，以系统性方式收集标准化数据的平台（https://data.ifrc.org/FDRS/）。每个国家红会都是其自身数据的所有者和维护者，并负责在升级的国际联合会网站上对自己的网页进行更新。通过委任授权人员输入数据，每个国家红会都对自己负责——这是实践中的国家红会能力增强的重要方面。

数据从两个来源获取。第一个是现有法规报告、评估与审核、项目与运行报告、领域和职能数据库及其他发行物。第二个是显示红会服务成果、规模和效果的七个关键代用指标。七个指标包括：

① 提供志愿服务的人数：在年度报告期间至少志愿服务4小时的人数。

② 领取工资的员工数量：在国家红会或秘书处工作最少3个月且领取工资的人数。

③ 献血人数：在报告期间至少献血1次的人数。

④ 地方单位数量：直接为社区服务的国家红会分支机构——可包括地方分会、区域与中间办事处、总部。

⑤ 总收入：在财政年度期间，国家红会接收的资金、物资、服务的财政价值。

⑥ 总支出：在财政年度期间，国家红会使用的资金、物资、服务的财政价值。

⑦ 覆盖人数：计算服务覆盖的、按服务地区分类的直接与间接受益人。

5. 资金支持平台

国家红会发展是国家红会作为组织机构存在的基础，但相对于项目和业务投入，对国家红会发展的资源投入往往是不足的。为了支持国家红会发展工作的开展，国际联合会提供了多种资金和技术支持工具以支持国家红会。

（1）国家红会能力建设基金（National Society Capacity Building Fund）

国家红会能力建设基金是由国际联合会于2000年建立的一种灵活的和易于获取的基金机制，可以快速处理和申请、决定赠款和发放资金，用于解决国家红会紧迫和有时间限制的需求。基金向所有国家红会开放，在任何时候都可以使用，重点支持四个具体发展的领域：诚信、透明和问责，财务可持续性，青年和志愿服务发展，系统开发和数字化转型。每项申请的拨款金额是有限的，但是一个国家红会可以提出的申请数量没有上限。这使得国家红会发展能够以结果为基础，分阶段进行。

（2）国家红会投资联盟（National Society Investment Alliance，NSIA）

国家红会投资联盟为国家红会的发展提供灵活的多年融资，支持国际红会的长期发展，加强其提供相关和有效人道主义服务的能力，投资以实现当地人道主义的影响力，支持他们更有效和可持续地实现他们的人道主义使命。

许多国家红会很强大，但其他国家离实现其潜力还有很长的路要走，需要进一步投资，以确保它们继续发展为可持续的、独立的人道主义组织，在其社区中得到承认和信任，并成为提供有效人道主义行动的可信任的伙伴。NSIA由红十字国际委员会和国际联合会共同创建和管理。NSIA的支持主要针对在人道主义风险增加的情况下工作的国家红会，有两种可用的资金形式：一种是加速器资金，最高可达100万瑞士法郎，支持国家红会3—5年的长期组织发展和可持续性计划。每年进行审查，分期交付。另一种是桥梁资金，每年不超过5万瑞士法郎，主要支持国家红会申请加速器资金或其他投资所开展的准备性工作。

三、国家红会的运营

（一）国家红会的治理和管理

国家红会在全国各地设有分支机构和基层组织，拥有一个强大的由工作人员、会员和志愿者组成的网络。通过有效治理和管理，会员、志愿者和工作人员能够切实参与相关决策过程。

治理是指组织机构通过制定关于人员、次序、程序和服务的决策而确认发展方向的方法；亦是实现责任性的机制和确保符合法律法规的行为。国家红会治理框架最基本的形式是由国家层面上的全体大会和理事会组成，部分红会也设立了其他治理层级和机构。

国家红会需要设立其治理框架，明确治理环境和利益相关方，确定向谁负责、负责什么、以什么方式问责等。治理层（理事会）与管理层、会长（主席）与首席执行官（常务副会长或秘书长）之间的关系至关重要。理事会和管理层之间的最佳的状态是保持强大而相辅相成的关系。需要遵循的原则之一是责任须与权力相匹配。理事会承担治理责任，那么就必须拥有影响红会行使其职责，委派高层管理人员并监督和评估其绩效的权力。与此同时，理事会也须授予管理层实际运行所需要的权力，使其能够行使管理红会日常运行的职责。同时双方需要确定各自的角色与定位，划定清晰的职权界限并予以严格遵守。

（二）国家红会的运营重点

1. 重视青年参与和对青年的投入

"青年参与"一词指的是由青年带领的行动和针对青年的培养。这个词清楚地阐明青年的参与具有一定的积极性，而且具有十分重要的意义，因此国际联合会在其青年政策中强调国家红会理应将青年的观点纳入治理、管理、计划和提供人道主义服务的工作中，引导青年的积极参与是转变整个红十字会机构文化的战略手段，不仅直接促进红会自身的运作能力，同时可以更加高效地履行人道主义精神。国际联合会青年政策还提出了青年在运动中体现了三种紧密联系且灵活的角色，即活动的是领导者、志愿者和红会工作所能影响的社区的成员，这三种也是青年参与红十字工作的途径，具有代际合作与同伴之间的平等合作、经验转移、领导力的更新等意义，推动着人道事业向前发展。同时，必须充分关注脆弱环境中青年的安全和保护，并考虑他们在年龄和性别方面的特殊需求。通过教育（培训、技能开发等）、增能赋权和创造青年参与的有利环境，增强他们的力量和信心，使青年积极参与和领导志愿活动和国家红会的管理和服务。让青年一代参与国家红会活动和决策的所有方面，不仅能确保技能和知识得到分享和延续，而且还能确保本组织始终对后代保持开放和内在的联系。

红十字青少年工作的重要载体是在大、中、小学及中等专科职业技术学校开展红十字校（院）建设，在大、中、小学建立红十字组织，积极推进红十字文化进学校，与学校的道德教育、健康教育、安全教育、校园文化活动等相结合，将帮助志愿无偿献血、造血干细胞捐献、志愿服务等实践性强的项目带入高校，切实提高红十字文化的普及率和红十字活动的参与率，大大加深大、中、小学校的教师、学生对国际人道主义精神、红十字运动的了解与参与。

2. 开展红十字服务进社区工作

当把国家红会设定成一个全国网络时，其工作就可以有效率地在多处同时开展，并使自己在规模和范围上得到成长。很多最佳实践证实，国家红会要以会员民主为基础，通过自下而上的、独立和自我管理的方式组织单位（分会或基层组织）来实现。

坚强和紧密团结的社区是国家红会提供有效服务的基础。人们自己是自身发展最重要的资源，而且他们的自身发展只能通过他们自己对这种发展的领导和拥有而得以维护。国家红会通过当地分会和基层组织从内部为社区服务，这些基层组织构成社区和民间团体的必要组成部分。因此，建设它们的能力非常重要。

随着时代的发展，人们的自我认同和归属已不再局限于他们生活或工作的地区，而发展为以共同兴趣组成跨地区的救助"团队"，以及通过网络来提供志愿服务、传递人道信息等。社区，包括因特网上的"虚拟社区"正在悄然地走近，这些现实社会的变化需要高度的关注和积极引导，需要红十字组织抓紧研究和探索，从积极的方面来影响这种非传统社区的发展方式。

3. 拓展与医疗卫生系统的协作

国际红十字运动的诞生源于以战地医疗救助为主体的人道救助不足，亨利·杜南的设想就是在和平时期建立一个能在武装冲突发生时具有救护伤病员能力的志愿服务组织，再通过国际公约保护战地救护的医护人员（包括志愿救护组织的人员）。1863年召开的国际会议通过的

《日内瓦国际会议决议和建议》①中的10条决议和3条建议都是围绕着建立医疗救护志愿者队伍与保障医疗救护人员的安全。亨利·杜南最为敬仰羡慕的也是克里米亚战争中俄国大公夫人带领的300名护士志愿者队伍和南丁格尔带领的60名护士，以及在索尔费里诺战地接触到的布雷西亚140名医护人员及医学生志愿者，他们成为武装冲突中最为重要的国际人道主义力量。这些案例和现实触发了亨利·杜南先生的人道主义情怀和创新思路，从而诞生了国际红十字运动。

即使是现代社会，局部武装冲突仍然持续不断，重大灾害频发，从国际红十字运动三大组成部分的基本职责和国际联合会"2030战略"明确提出的各项任务看，无论是武装冲突期间还是和平时期，人道救助、灾害紧急状态、灾后恢复重建、防灾减灾、急救技术培训、卫生健康、难民与流离失所者救助等都需要具有医学专业知识的志愿者队伍，医疗机构往往是红十字人道救助项目的最重要的载体。红十字运动的人道主义原则与医疗卫生人员、医疗卫生单位在人道行动中的作用具有十分紧密的联系。因此，国家红会开展红十字走进医疗卫生界，组织医护人员开展南丁格尔志愿服务建设，推进红十字医院、冠名医院建设等具有极其重要的意义。

4. 坚持志愿服务理念与行动

志愿服务是国际红十字运动的基本起源，也是国际红十字运动长期发展的精神柱石、良好社会形象的背书。无论是武装冲突时期，还是和平年代，志愿服务的精神和志愿服务的团队建设始终是国家红会组织的根本任务之一。志愿服务是武装冲突、重大灾害中红十字组织的精神所在、力量所在。志愿服务也是社区建设的基础与核心。

国家红会通过创建一个有利的、具有社会包容性的环境，努力提高志愿服务的质量、水平和能力，激励和保持志愿者的工作热情。国际联合会还倡导制定全社会进一步鼓励和重视志愿工作的法律政策、社会政策和经济政策。

---

① 中国红十字会总会编译. 国际红十字与红新月运动基本文件汇编［M］. 北京：中国红十字会总会，2008：1.

地方志愿者的活动和行为决定了服务的数量和质量,并因此决定着国家红会的能力。国家红会的"关键时刻"是志愿者和受益人互动的时刻。无论在什么地方,每当提供服务时,这个时刻都必须保持良好工作状态。地方分会领导的职责是组织和带头做好这一点。为了成功做到这一点,他们需要接受协作良好的总部的指导、支持和培训。

5. 推进人道外交与合作

人道外交旨在说服决策者和舆论领袖在行动中始终维护易受损群体的利益,在其决策和行动中考虑人道需求和影响,并充分尊重国家外交规定和《日内瓦公约》及其附加议定书,以及国际红十字运动的基本原则、章程、决议。

在地方、国家、区域和全球层面上,红十字组织的集体呼声容易引起人们对易受损群体援助和保护需求的关注,并敦促采取行动从造成受损群体苦难的根本原因上解决问题,通过对所产生的问题提供早期预警,防止或减少未来的脆弱点、冲突和危机。倡导及时采取措施和制定有效的、事关易受损群体利益的国家立法、发展计划和灾害管理战略,使易受损群体能够表达他们的需求,实现他们的权利,更多地享受改善的公共服务和扩大的社会保障。

国家红会具有政府人道助手的特殊地位,可以更好地开展人道外交工作。国家红会通过沟通对话、信任、合作、相互理解和尊重建立起同政府之间的伙伴关系,有助于在处理最敏感的人道问题时可以通过一种保密的、有益的和独立的方式提出来。同时人道助手地位帮助国家红会得以更好地接触到需要帮助者,并将声音和需求传达给相关方,引起人们关注,特别是引发人们对那些正在出现或者重新出现的人道问题产生的原因和潜在后果的重视,从而防止和减少易受损性。

红十字人道外交是一项涉及多方面事务的工作,特别需要强调易受损群体的需求和权利,涉及可能发生某种行为造成人道危机的范围大小、危机程度控制的人道后果。在谈判过程中既要充分反映国际人道法的规定和潜在、现实受损群体的呼声,也要充分关注国家利益与人道事业的统一性问题。国家红会需要建立人道外交的思维方式,熟悉和掌握相关法律法规,处理好与外交相关部门的关系,增强对外交往的能力,提高人道外交的技能，并将此纳入日常工作，才能有效实现其人道主义目标。

6. 建立公开透明的问责机制

国家红会需要营造一种透明问责文化，以透明方式向各利益攸关方负责。这些利益攸关方包括服务对象，捐方或者支持者，红会的工作人员、会员和志愿者，政府，以及与我们协作的外部合作伙伴。问责内容包括承诺设定清晰明确的标准，公开监督和汇报，透明化信息共享，受益人和志愿者切实参与项目，资源利用效率高且效果好，建立吸取教训与认真对待问题和投诉的制度等。

7. 组织多样化的资源动员

实现伙伴关系多样化，改善与更广泛的行动者的合作，发展创新的商业模式、金融技术和新的融资机制，才能更好地扩大红会行动的范围、加强红会行动的深度和保持其独立性，并确保从不同来源获得更多资源来解决易受损性。不断完善国家红会和国际联合会、红十字国际委员会范围内的资源动员方式，不断拓展向全社会、向国际社会获取更多资源的途径和方法，并通过现代、科学、安全得到充分保障的新的融资方式、机会，包括直接的融资及跨境融资等，满足人道工作的需要和提高成效。

8. 营造学习和创新氛围

国家红会重视学习型组织文化的建立，鼓励营造用于改革创新、包容失误，并从中学习总结的良好环境。同时，积极参与国际红十字组织开展的各项人道事务，与其他国家红会互学知识、交流技能、共享资源、共同履行人道义务。

9. 尊重多样性，维护完整性

国家红会应强调以尊重易受损群体为前提的多样性人道救助，强调不同文化间的相互尊重，强调非歧视的公平、公正的人道行为守则，坚持在制度、行为及提供和接受帮助过程中的正直诚实，承担运动内个人和集体应负的责任，维护国际红十字运动大家庭的多样性、完整性。

思考题：

1. 如何理解国家红会在国际红十字运动中的法律地位、权利、义务及职责？

2. 如何理解国家红会作为政府人道领域助手还需坚持七项基本原则？

3. 如何结合国情理解国际联合会关于国家红会核心能力的发展框架？

4. 试分析国家红会的资源来源及保持可持续发展的资源结构。

5. 试论述红十字志愿者和红十字青少年工作的重要意义。

参考资料：

1. 国际红十字与红新月运动章程[EB/OL]．[2022-07-05]．https：//www.redcross.org.cn/html/2019-01/56080.html？from=groupmessage．

2. 红十字国际委员会章程[EB/OL]．[2022-07-05]．https：//www.icrc.org/zh/doc/resources/documents/misc/icrc-statutes-080503.htm．

3. 中国红十字会．中华人民共和国红十字会法[EB/OL]．（2019-01-23）[2022-07-05]．https：//www.redcross.org.cn/html/2019-01/56081.html．

4. 国家红会发展框架（National Society Development Framework 2013）[EB/OL]．（2013-01-01）[2022-07-05]．https：//www.ifrc.org/document/national-society-development-framework．

5. 国家红会组织能力评估与认证（Organisational Capacity Assessment and Certification）[EB/OL]．[2022-07-05]．https：//data.ifrc.org/ocac/．

6. 国家红会发展契约（National Society Development Compact, discussed by General Assembly 2019）[EB/OL]．（2020-01-07）[2022-07-05]．https：//www.ifrc.org/document/national-society-development-compact．

7. 国际联合会志愿者政策（Volunteer policy, adopted by General Assembly 2022）[EB/OL]．（2022-07-08）[2022-11-05]．https：//www.ifrc.org/document/volunteering-policy．

8. 国际联合会青年政策（Youth Policy 2017, adopted by General Assembly 2017）[EB/OL]．(2018-04-01)[2022-07-05]．https://www.ifrc.org/document/youth-policy．

9. 红十字会与红新月会血液服务机构合作管理全球咨询小组（Global Advisory Panel on Corporate Governance and Red Crescent Societies）[EB/OL]．[2022-07-05]．https://globaladvisorypanel.org/．

10. 全球道路安全合作伙伴（GRSP）[EB/OL]．[2022-07-05]．https://www.grsproadsafety.org/．

第五章
国际红十字运动的组织与运行

◇ 学习目标：

1. 了解国际红十字运动的诞生与各组成部分。
2. 了解国际红十字运动各法定机构的作用、权利和义务。
3. 了解并掌握国际红十字运动的原则、运行方式、标志及合作。

国际红十字运动起源于1863年，历经160年的发展，成为人类发展史上历史最悠久、覆盖面最广、规模最大的世界性人道主义运动，运动各组成部分相互协调、合作，依照《日内瓦公约》《国际红十字与红新月运动章程》及七项基本原则开展国际人道工作。

第一节 国际红十字运动的组成部分

国际红十字运动由红十字国际委员会、红十字会与红新月会国际联合会、国家红十字会或红新月会三个部分组成。

各组成部分所涉及的职能、重点和事务有所不同，但均接受人道、公正、中立、独立、志愿服务、统一和普遍七项基本原则指导。《运动章程》规定了国际红十字运动的使命：防止并减轻无论发生在何处的人类疾苦；保护人的生命和健康；保障人类尊严，特别是在武装冲突和其他紧急情况下；为预防疾病、促进健康和社会福利而工作；鼓励志愿服务，鼓励对本运动成员随时做好准备提供帮助，鼓励对那些需要本运动保护和帮助的人持有普遍的同情感。运动成员除在《运动章程》范围内保持其独立外，任何时候都应该依照基本原则行事，为完成共同任务而开展各自的工作，并相互合作。

一、红十字国际委员会

红十字国际委员会创建于1863年，它是国际红十字运动的发起者。红十字国际委员会是受瑞士民法和国际法管辖的独立的人道团体，委员从瑞士公民中推选产生。红十字国际委员会依据《红十字国际委员会章程》和《运动章程》，以及公正、中立、独立的原则开展工作，其特有的人道使命是保护战争和国内武装暴力受难者的生命与尊严，并向他们提供援助，执行"日内瓦四公约"及其附加议定书和《塞维利亚协议》所赋予的职责。该组织负责指导和协调国际红十字运动在战争及武装冲突局势中开展的国际救援行动。红十字国际委员会还通过推广和加强人道法与普遍人道原则，努力防止苦难发生。关于国际委员会的详细内容请参阅本书第二章。

二、红十字会与红新月会国际联合会

红十字会与红新月会国际联合会是由各国红十字会与红新月会组成的一个会员组织，是一个独立的人道主义组织，其性质是非政府、非政治、非种族、非教派的。国际联合会根据《国际联合会章程》《运动章程》《塞维利亚协议》，以及国际红十字运动的七项基本原则开展工作，激励、推动、便利和促进其成员国红会所开展的各种人道活动，以改善最易受损人群的境况。国际联合会还负责指导和协调运动对自然灾害和技术灾害受害者、对难民的国际救援，以及在突发性卫生事件中开展的国际救援行动。国际联合会在国际领域担任其成员国红会的官方代表。国际联合会促进国家红会间的合作，努力加强各国红会的组织发展和能力建设，支持其开展有效备灾，实施卫生和社会项目，鼓励协调各国红会间的学习和联络，鼓励各国青少年友好交流和进行人道主义教育。关于国际联合会的详细内容请参阅本书第三章。

三、国家红十字会或红新月会

国家红十字会或红新月会几乎遍布世界每个国家，它们是国际红十字运动的基本单位，构成国际红十字运动的有生力量。国家红会依据自

身的章程和本国立法，以及《运动章程》《国际联合会章程》《塞维利亚协议》，从事符合本运动任务和基本原则的人道主义活动，是独立自主的全国性团体，是国际红十字运动的重要组成部分，担任各自政府的人道事务助手，支持政府为满足本国人民的需要而开展的人道主义工作，并在武装冲突及其他紧急情况下，组织救济"日内瓦四公约"和《运动章程》规定的武装冲突受难者、自然灾害及遭受其他灾害需要救助的受难者。国家红会主要开展的人道工作包括备灾救灾、卫生救护、社区服务、红十字青少年工作、传播国际人道法、传播人道价值，国际合作等，并根据各国的不同国情，开展各具特色的工作。截至2019年年底，世界上共有192个国家红十字会或红新月会。关于国家红会的其他信息请参阅本书第四章。

第二节　国际红十字运动的法定机构

国际红十字运动的法定机构将三个运动组成成员连接起来，协调相互的合作，这些法定机构包括红十字与红新月国际大会（以下简称国际大会）、国际红十字与红新月运动代表会议（以下简称代表会议）、红十字与红新月常设委员会（以下简称常设委员会）。

一、红十字与红新月国际大会

《运动章程》规定：国际大会是本运动的最高审议机构。国际大会由运动各组成部分的代表和《日内瓦公约》缔约国的代表共同参加。后者履行《日内瓦公约》赋予的职责，按照第二条全面支持运动的工作。与会代表一起对共同关心的人道问题及其他有关问题进行审查并做出决定（第八条）。

国际大会为各相关方就共同关心的人道问题进行对话提供了一个非政治平台，被公认为世界上最重要的、《日内瓦公约》各缔约国与运动各组成部分开展对话的人道论坛。

国际大会通常每四年召开一次，但必要时会有例外。第1届国际大会于1867年在巴黎召开。第33届国际大会于2019年12月9—12日在日内瓦召开。

国际大会的参会成员由以下代表团组成：获得认定的各国红会、红十字国际委员会、国际联合会、《日内瓦公约》缔约国代表团。每个代表团都拥有平等的权利，即一票表决权。

国际大会通过决议做出决定，但它的权威实质上是道义上的。在实际运行上，运动的有关组成部分在与国家政府打交道时，可以援引国际大会通过的决议，寻求支持和帮助，以使他们能够执行自己的任务。国际大会只能在《运动章程》的解释和修订、议事规则及成员间争议等方面做出有约束力的决定。

国际大会确保行动的统一和对基本原则的遵守，促进尊重和发展国际人道法和其他与运动有特别关系的条约。国际大会的所有决议都与基本原则的精神一脉相承。

国际大会须努力按照"全体一致的原则通过决议"。这在国际大会上一直是一项主导规则，但是，如果需要进行投票表决，则所需必要多数为与会表决者的 50%+1；如果对《运动章程》修订案进行表决，则需要与会表决者的 2/3 以上。

二、国际红十字与红新月运动代表会议

国际红十字与红新月运动代表会议是运动各个组织部分的代表集会讨论运动集体事务的机构。与国际大会不同，代表会议没有《日内瓦公约》缔约国政府代表参加。代表会议的成员为来自国家红会、红十字国际委员会和国际联合会的代表团。

代表会议就有关政策和运动各组成部分共同关心的问题发表意见，并在必要情况下做出决定。

代表会议每两年召开一次，遇当年有红十字会与红新月会国际联合会全体大会（每四年召开一次，原则上安排在同样四年一次的国际大会之前，参见本书第三章）的情形，则安排在国际大会开幕前集会。代表会议也可主动召开，或当 1/3 的国家红会或红十字国际委员会、国际联合会或常设委员会要求集会时召开。

当代表会议在国际大会开幕前集会时，它通过国际大会的暂定议程准备国际大会规程，提出国际大会各项职位（主席、副主席、秘书长、各委员会主席和副主席及全体会议会务报告人）的人选。

除有资格参加代表会议的成员外，正在接受认定的国家红会可以派出观察员参加会议。代表会议努力以一致同意的方式通过决议。

三、红十字与红新月常设委员会

在国际红十字运动诞生之后的半个多世纪里，国际大会的召集和组织工作一直是由运动的发起机构——红十字国际委员会负责。但是，国际大会与后来设立的代表会议都没有常设机构。因此，需要一个新的机构在两次会议之间负责筹备、组织大会，协调国际事务。这个新的机构就是红十字与红新月常设委员会。常设委员会是国际大会的理事机构，在国际大会休会期间工作，常设委员会的主要职能在《运动章程》第十八条中明确规定：为国际大会的召开做出安排（准备大会的项目和议程等），为大会做宣传，敦促贯彻国际大会的决议；在国际大会休会期间解决在《运动章程》和议事规则的解释和应用上出现的意见分歧；促进运动工作的和谐和各组成部分之间的协作；为召开代表会议做准备，包括筹备会议议程；最后，向在运动事业上做出显著成绩或杰出贡献的人颁发亨利·杜南奖章，向在实践运动格言"Per Humanitatem ad Pacem"（"以人道求和平"）中做出重大贡献的成员颁发和平奖。

常设委员会每年至少召开两次会议，其总部在日内瓦。常设委员会由9名委员组成：5名来自不同国家红会的成员，每名成员均由国际大会以个人身份选举产生，任职至下届国际大会闭幕或至下届常设委员会正式成立时为止；2名国际委员会的代表，其中1名为红十字国际委员会主席；2名国际联合会的代表，其中1名为国际联合会主席。常设委员会从委员中选举1名主席和1名副主席。

第三节 国际红十字运动的标志

一、国际红十字运动标志的形成发展

在红十字运动诞生前，一直有在战时使用特定标记和标志表示需要特别保护的区域或人员的做法。例如，在1862年以前，法国军队使用

一种红色旗子作为野战医院和医疗服务区的标志；1862年，美国军队使用一种带有大写"H"的黄色旗子作为野战医院的标志；直到1864年，军队一直使用这些旗子或其他类似旗子，主要用以告示野战医院所在地，便于救护各自的伤员。然而，红十字运动诞生后，红十字和红新月标志取代了这些标志，清晰地表现了一种思想：保护所有战争伤员、救护人员及相关设备设施，无论他们属于哪国军队。

亨利·杜南在《索尔费里诺回忆录》一书中提出，为确保对救援者和伤员的保护，需要一种对他们起识别作用的标志。红十字国际委员会"五人委员会"的主要工作之一是推动采取一种单一的具有显著特征的标志，用以表示对军队医疗人员、志愿工作者和武装冲突受害者的合法保护。这种标记或标志必须简单，敌友相同，并且从远处可以辨认。

1863年，白底红十字标志首先被确立为识别志愿救济团体（国家红会）中医务人员的标志。① 1864年，《日内瓦第一公约》将此标志规定为识别武装部队医务部门及其人员的特殊标志。② 这个标志符合上述要求，各方均可接受，易于辨认和识别。此前，不同的国家在战场上使用诸多不同的旗帜和标志来展示自己的医疗部门和人员，不利于识别需要保护的对象，容易引起混乱。采用此统一标志就是为了醒目、便于识别，易于复制。③ 但是，没有资料能够显示早期选择红十字的确切原因。④ 现均按照《国际联合会章程》第三十八条表述：是为了对瑞士表示敬意，采用白底红十字旗样。因为这正是由瑞士联邦国旗翻转而成。

尽管白底红十字没有任何宗教含义，但一些国家认为红十字标志有宗教含义而拒绝采用该标志。例如，在1876—1878年俄土战争期间，奥斯曼土耳其帝国宣布使用一种红新月标志代替红十字，但会尊重对方使

---

① Resolutions of the Geneva International Conference, Article 8. 该条规定所有国家的志愿救济团体的医疗人员都应佩戴统一的特殊标志，即红十字的白色臂章。Schindler, D., Toman, J. The Laws of Armed Conflicts [M]. The Hague: Martinus Nijhoff Publishers, 2004: 362.

② 《改善战地武装部队伤者病者境遇之日内瓦公约》，1864年8月22日通过，第七条；Schindler, D., Toman, J. The Laws of Armed Conflicts [M]. The Hague: Martinus Nijhoff Publishers, 2004: 367.

③ Pictet, J. Commentary on the Geneva Conventions I [M]. Geneva: ICRC, 1952: 297.

④ Bugnion, F. Towards a Comprehensive Solution to the Question of the Emblem. 4th ed [M]. Geneva: ICRC, 2006: 8.

用的红十字。波斯（今伊朗伊斯兰共和国）也选择了一种不同的标志——红狮日（红狮和太阳）。①

在1906年《日内瓦公约》修订大会上，奥斯曼土耳其帝国再次请求认可红新月标志，波斯和暹罗（今泰国）则分别要求使用红狮、太阳及红火焰作为特殊标志。与会国拒绝承认这三种标志，并重申白底红十字不具宗教含义。但三国就此做出保留，仍保留其使用红新月、红狮及太阳的权利。②

鉴于此，1929年《改善战地武装部队伤者病者境遇之日内瓦公约》最终接纳了红新月、红狮及太阳作为特殊标志，但只有在公约通过前就采用前述标志的国家才可以继续使用这些标志。③ 该规定被认为解决了两方面的问题。一方面，它承认了三个标志在同时使用的事实情况，并赋予其法律效力，满足了部分国家的关切；另一方面，它阻止了增加新的特殊标志的可能性。该做法为1949年"日内瓦四公约"所确认。与会代表也据此拒绝了其他新增标志的建议。④ 1980年，伊朗宣布使用红新月作为军队医疗服务的标志，从此红狮日标志就没有再使用过。

但上述解决方案在实践中也遇到了困难。首先，十字和新月有时被误认为具有宗教或政治含义，从而损害它们的保护作用。突出红十字与红新月的特殊地位，仍然很容易让人将其与两种主要宗教信仰联系起来。在使用不同标志的两个或者多个参战方的冲突中，这一理解可能会助长宗教冲突与仇恨，还可能使人们对红十字运动中立和公正的基本原则产生怀疑，使标志丧失它们本应享有的尊重，并可能破坏对佩戴标志者的保护。

其次，有些国家和国家红会曾经不愿使用红十字或红新月的标志，

---

① 1924—1980年，伊朗和伊朗国家红会一直使用红狮日标志。
② 《改善战地武装部队伤者病者境遇之日内瓦公约》，1906年7月6日通过，第十八条；Schindler, D., Toman, J. The Laws of Armed Conflicts [M]. The Hague: Martinus Nijhoff Publishers, 2004: 389, 394-395.
③ 《关于战俘待遇之日内瓦公约》，1929年7月27日通过，第十九条；Schindler, D., Toman, J. The Laws of Armed Conflicts [M]. The Hague: Martinus Nijhoff Publishers, 2004: 414.
④ Quéguiner, J. -F. Commentary on the Protocol additional to the Geneva Conventions of 12 August 1949, and relating to the Adoption of an Additional Distinctive Emblem (Protocol Ⅲ) [J]. IRRC, 2007 (89): 177.

希望使用他们自己认可的标志，存在标志不断增多的危险，运动因而也不能达致普遍性。有些国家一直都不认可"日内瓦四公约"承认的任何一种标志，从而无法加入国际红十字运动。根据《运动章程》，使用红十字或红新月直到2006年还是承认国家红会的一个必要条件，而不被承认的国家红会则无法参加国际红十字运动，使运动的普遍性大打折扣。例如，以色列就一直使用红大卫盾标志，并在1929年、1949年和1977年的外交大会上多次要求国际社会承认其标志，均未获成功。而厄立特里亚等国则力图使用红十字和红新月的双重标志。① 这些国家都因此无法加入国际红十字运动。

为了解决上述问题，加强对武装冲突受害者、军队医疗人员和人道工作者的保护，实现运动更大程度的普遍性，2005年，在通过了"日内瓦四公约"《第三议定书》的外交会议上，又一个具有显著特征的标志——白底红水晶获得认定。该标志由白底和一个棱角分明的红色方框组成。"红水晶"这个名字在《第三议定书》中并没有明确说明，而是在2006年6月的第29届国际大会上，随着大会第一决议案的通过而被国际社会认可的。

红水晶并非替代红十字或红新月，而是增加标志的选择余地，促进国际红十字运动的普遍性，同时加强标志的保护性能，制止标志不断增多的现象。选择使用红水晶作为识别标志的国家红会可以与任何获得认定的标志一起使用或以组合形式使用，也可以与其他有显著特征的标志一起使用，但这个有显著特征的标志必须在第三附加议定书通过前被有效使用过，并且为其他"日内瓦四公约"缔约国和红十字国际委员会所知。国家红会选择标志必须获得政府当局的同意。

至此，被"日内瓦四公约"及其附加议定书认可的标志为：白底红十字、白底红新月和白底红水晶标志。②

---

① Bugnion, F. Towards a Comprehensive Solution to the Question of the Emblem, 4th ed [M]. Geneva: ICRC, 2006: 18-21.

② 红狮和太阳的标志在法律上仍有效，但唯一使用该标志的国家——伊朗已经于1980年宣布放弃使用该标志，转而使用红新月标志。Melzer, N. International Humanitarian Law: A Comprehensive Introduction [M]. Geneva: ICRC, 2016: 151.

标志的使用和红十字、红新月与红水晶的指定都是有规则的，主要规则在《日内瓦第一公约》第三十八至四十四条及五十三至五十四条，《日内瓦第二公约》第四十一至四十五条，《日内瓦第四公约》第十八至二十二条；《第一议定书》第八、十八、三十八和八十五条及附件一，《第二议定书》第十二条，《第三议定书》第一至七条；《国家红会使用红十字或红新月标志规则（1991年）》（简称《1991年标志规则》）等文件中都有详尽、明确规定。《日内瓦公约》的签约国都很重视标志在本国的使用与管理，纷纷制定国内法律法规予以保障。中华人民共和国国务院、中华人民共和国中央军事委员会依据1993年10月31日颁布的《中华人民共和国红十字会法》，于1996年1月29日颁布了《中华人民共和国红十字标志使用办法》。

二、国际红十字运动标志的作用

国际红十字运动标志作为可视保护性标记，根据国际人道法为武装冲突受难者及为其提供人道援助者提供保护，同时还代表着国际红十字运动的中立、独立和公正。运动标志的使用有两种作用，包括保护性标记和标示性标记。

（一）保护性标记

保护性标记，是一种表示特殊保护的可视标记，依据国际人道法可为救援工作者和医疗人员提供保护，并有利于运输工具的通行。在这种情况下，为保证最大程度的可视性，该标志与标志佩戴者（人员或物体）相比要尽可能地大。标志上或白底上不能附加任何东西，如字或图。把标志在某些地方（如臂章上或屋顶上）展示出来一直被认为是起保护作用的用法。医务和宗教人员应佩戴具有特殊标志的臂章，医疗队和运输工具应悬挂特殊标志的旗帜或以其他方法展示特殊标志。保护性标志相比于受保护的物体应尺寸较大，使交战各方即便在较远的距离也能看到。如果不足以通过肉眼识别，交战各方可使用其他识别手段，例如特殊的光信号、无线电信号或电子识别手段等，如在1937年第二次淞沪会战时期，上海红十字国际委员会在上海"南市难民区"庇护所的屋顶上、旗帜上就采用了巨大的"红十字"作为保护性标志;① 1937年12月,拉贝在南京建立"国际红十字会南京分会"及"南京安全区国际委员会"时也在致日本当局信中明确使用了"白底红圈红十字"旗帜以示保护。②

特殊标志的初衷是为受国际人道法（主要是"日内瓦四公约"及其附加议定书）保护的人和物体提供可视性的标识,以向各方展示其受法律保护的地位。只有受公约和议定书保护的医疗队、医疗所及其人员和物体,才能保护性地使用特殊标志。此外,这种保护性使用始终受到交战方的监督。在有关国家达成协议的前提下,特殊标志的保护性使用还被获准用于依据1949年"日内瓦四公约"建立的医院和安全地带及处所,以及在联合国主导下行动的医务和宗教人员。确定有权使用这种标志作为保护性标记的人员或物体的一般原则如下：

1. 和平时期

红十字会与红新月会国际联合会、红十字国际委员会（该组织可以把它的组织徽标作为保护性标志使用,因为这种做法由来已久,早已为国际社会所接受）、国家武装部队的医疗服务和宗教人员、战时医疗职责已经确定的国家红会的单位和运输工具在政府同意下,可以在和平时期就把该标志作为保护性标记展示出来。

2. 发生武装冲突时

红十字会与红新月会国际联合会;红十字国际委员会;国家武装力量的医疗服务（人员和单位,如医院、运输工具等）和宗教人员;被所在国政府认定和准许协助军队医疗部门工作的国家红会的医疗单位、人员和运输工具,在专门执行这种任务并服从军事法律和规定时;被国家认定和准许使用该标志的民用医院（公立或私立）,以及在被占领土和军事行动地区从事这种民用医院运行和管理的人员;被占领土和正在发生战斗或可能发生战斗的地区上的所有民用医疗人员和宗教人员,如《第一议定书》中所规定,被有关当局认定和准许使用该标志的所有民用医疗单位和运输工具;其他得到认定和授权的志愿服务团体,但须符

---

① 苏智良. 饶家驹与战时平民保护[M]. 桂林：广西师范大学出版社,2015：96.
② 约翰·拉贝. 拉贝日记[M]. 本书翻译组,译. 2版. 南京：江苏人民出版社,2009：109,145,310.

合上述对国家红会所要求的相同条件，可以在发生武装冲突时把该标志作为保护性标记展示出来。

红十字国际委员会和国际联合会可以在任何时候（在和平时期和发生武装冲突时）和任何活动中使用该标志。例如，在受敌对行动影响的地区，红十字国际委员会出于保护的目的会在旗帜或外套上使用大号标志来表明人员身份，或者喷涂在车辆、船舶、飞机和建筑物上。此外，在实践中，红十字国际委员会可以出于保护目的而使用其自身标识而非白底红十字之特殊标志。①

（二）标示性标记

标示性标记，表示标志佩戴者（人员或物体）与国际红十字运动之间的关系，用以识别附属于各国红会的人员、装备和活动，以及符合红十字与红新月国际运动基本原则的行为。在这种情况下，该标志与标志佩带者（人员或物体）相比要小。这种标志用作标示性标记时可以附带其他信息，如国家红会的名字或首字母。必须避免该标志保护作用与标示作用之间出现混淆，特别是该标志用作身份标示时不得展示在臂章上或屋顶上。确定有权使用这种标志作标示性标记的人员或物体的一般原则如下：

1. 和平时期

国家红会、红十字国际委员会、国际联合会的人员及资产（包括办公场所）；被专门指定为伤病者提供免费治疗的由第三方运作的救护车和急救站。这是一种例外做法，其前提是该标志的使用符合所在国法律，并且所在国国家红会明确同意这种使用，并在国际性武装冲突爆发时立即停止。②

2. 发生武装冲突时

国家红会、红十字国际委员会、国际联合会及其人员和资产。红十

---

① Melzer, N. International Humanitarian Law: A Comprehensive Introduction [M]. Geneva: ICRC, 2016: 153.
② 《改善战地武装部队伤者病者境遇之日内瓦公约》，1949年8月12日订立，1950年10月21日生效，第四十四条第四款。Melzer, N. International Humanitarian Law: A Comprehensive Introduction [M]. Geneva: ICRC, 2016: 152-153.

字国际委员会和国际联合会可以在任何时候和任何活动中使用该标志（在和平时期和发生武装冲突时）。获准在交战区域协助交战国开展人道救助的中立国、经军事当局认定的其他救济团体和人员也可以使用该标志。

红十字国际委员会和国际联合会，可随时使用红十字标志。两个组织均可将红十字标志用作其标识的一部分。即使在武装冲突期间，其对标志的使用也大多是标明性的且仅仅用于识别附属于该有关组织的人员、建筑物、物资和活动。

需要注意的是，标志本身并不是保护的本质要素。虽然标志可以被用作保护性标记，但需要重申的是，给标志佩戴者（人员或物体）给予保护的并不是标志，而是国际人道法。即使标志佩戴者（人员或物体）不佩戴该标志，他们仍然有权获得保护，特别是获得免受攻击的保护。因此，未佩戴该标志的受保护人员，例如医务和宗教人员或者医疗队和运输工具没有或不能够展示特殊标志，不剥夺其受保护的地位。[①] 然而，要有效获得保护，就必须使敌方人员能够识认出受保护人员或单位。因此，标志只是起识别手段的作用，使敌方人员易于辨别或识别享有国际人道法给予的受保护权的人员或物体。

三、国际红十字运动标志的误用

鉴于特殊标志享有的较高信誉和保护价值，国际人道法规范如何使用标准，禁止任何对标志的不正当使用。但实践中，标志误用现象仍然存在。误用是指各种对标志使用规则的违反。标志的误用一般有三种主要类型：仿用、不当使用和冒用。

1. 仿用

仿用就是使用在形状或颜色上与运动标志相同或近似而可能与其产生混淆的标志。这常常是为伪装隶属关系或获取利益而故意为之。

2. 不当使用

不当使用就是任何与国际人道法有关规则不一致的使用，亦指未被

[①] Melzer, N. International Humanitarian Law: A Comprehensive Introduction [M]. Geneva: ICRC, 2016: 152.

授权的人员或机构（商业企业、药剂师、私人医生、非政府组织、普通个人等）使用标志，或为与运动基本原则不一致的目的而使用标志。不当使用通常是为获取商业利益而为。①

3. 冒用

冒用是指武装冲突期间使用该标志保护战斗员和军用装备，意图误导敌人。这是一种特别严重的误用形式。故意冒用特殊标志甚至可能被视为背信弃义的作战行为，从而构成战争罪。②

为保证标志得到普遍尊重和保护，"日内瓦四公约"各缔约国都有义务制定关于正确使用标志的国内法规，规范标志的使用，防止和惩处在和平时期和武装冲突时擅自使用标志的行为。③ 防止和制止误用标志不能只靠惩罚。为了给缔约国提供指南和支持，红十字国际委员会还出版了《标志使用示范法》。有关部门还必须向公众、各行各业和医疗团体宣传正确使用标志的知识。国家红会还要与政府合作，确保标志的正确使用。

第四节　国际红十字运动的基本原则

一、国际红十字运动基本原则的形成和发展

在索尔费里诺战场上，亨利·杜南主动组织、志愿投入战地救护，看到痛苦不堪的伤员受到志愿服务与不受歧视的公正关怀和照料。鉴于此，他提出创立国际伤兵救护组织的构想，并将救护组织的中立性作为重要原则。从那以后，随着国际红十字运动的不断发展，逐步形成了"人道、公正、中立、独立、志愿服务、统一和普遍"七项基本原则。

---

① 《改善战地武装部队伤者病者境遇之日内瓦公约》，1949 年 8 月 12 日订立，1950 年 10 月 21 日生效，第五十三条第一款。

② 《第一议定书》，1977 年 6 月 8 日订立，1978 年 12 月 7 日生效，第三十七条第一款第四项，第八十五条第三款第七项。

③ 《改善战地武装部队伤者病者境遇之日内瓦公约》，1949 年 8 月 12 日订立，1950 年 10 月 21 日生效，第五十四条；《改善海上武装部队伤者病者及遇船难者境遇之日内瓦公约》，1949 年 8 月 12 日订立，1950 年 10 月 21 日生效，第四十五条。

如今，运动的工作包括各种各样的活动，其中许多活动系以数十年的经验为基础，另外一些活动则是根据现场紧急情况的需要而临时确定，但所有活动都是牢固建立在某种人道价值观的基础之上的。

在运动早期，必要的思想统一一般是通过共同努力和普遍道德观念来保持的，没有任何书面形式的法律或协议。1875年，红十字国际委员会创始成员之一古斯塔夫·莫瓦尼埃提出了国家红会所需要的四项工作原则：预见，意为要在和平时期预先做好准备，以在发生武装冲突时提供援助；团结，是指国家红会要互相帮助，建立联系；集中，意指一个国家只应有一个国家红会，负责在该国领土上开展活动；共享，意思是不分国籍关怀所有伤者病者。

这些最初的工作原则后来成为国际红十字运动七项基本原则的基础。直到1921年，运动的基本原则——公正性，在政治、宗教和经济上的独立性，普遍性，以及成员的平等性才正式付诸书面，并写进修订的《红十字国际委员会章程》中。

第二次世界大战之后，红十字会联盟理事会第19次会议也确认了上述四项原则，并为这些原则的应用补充了十三项原则和规则。虽然这些原则在1952年于多伦多召开的第18届红十字国际大会上得到了批准，但它们直到1955年才成为各种系统条约的主题。后经二战期间曾经担任红十字国际委员会高级官员的让·皮克泰（1966年起又任红十字国际委员会总干事；1971—1979年担任该组织副主席）在对上述十七项原则进行深入研究的基础上，归纳、创新地提出了红十字运动七项基本原则，并于1965年的第20届红十字国际大会上获得一致通过。

1986年在日内瓦召开的第25届红十字国际大会把运动的七项基本原则写入《国际红十字与红新月运动章程》的序言，并重申了这些原则。章程强调了国家红会遵守基本原则和传播基本原则知识的责任，同时要求各国尊重运动各组成部分对基本原则的遵守。

二、七项基本原则的内涵

国际红十字运动的基本原则是人道、公正、中立、独立、志愿服务、统一和普遍。

(一) 人道原则

《运动章程》序言中规定了人道原则,"人道:国际红十字与红新月运动的本意是要不加歧视地救护战地伤员。在国际和国内两方面,努力防止和减轻人们的疾苦,不论这种疾苦发生在什么地方。本运动的宗旨是保护人的生命和健康;保障人类尊严;促进人与人之间的相互了解、友谊和合作,促进持久和平。"

人道原则是红十字所有工作的基础。人道原则指出了疾苦的普遍性,所有红十字的工作都是为了减轻人类的疾苦。"人道",就蕴含在各种文化中,早在红十字运动诞生之前,团结、同情和无私的情感就一直在应对人类苦难问题。运动关注人类共同的各种苦难,无论是在战争中还是在灾害中要聆听众多遭受各种苦难的人的倾诉,体恤他们的痛苦,倾听他们的呼唤,履行伸手相助的义务。在工作中履行防止、减轻、保护、确保尊重的职责。这些目标指导运动成员开展具体的人道行动。这正是运动的使命之所在。

运动诞生以来,无论在和平时期还是在冲突状态下,人类苦难不断出现新的类型,需求不断增加,运动的活动范围随之逐步扩展。虽然如此,但运动各个组成部分的目的并不是包揽一切。各国红会作为政府人道领域的助手而工作,它是在其他人或组织不能或不愿行动的情况下采取行动。试图在危机或意外局势中做出一种独特而无偏袒的贡献。

人道原则还包含保护这一重要概念。在和平时期,它可以指通过预防疾病、灾害和事故或减少疾病、灾害和事故的影响来保护生命、健康和尊严。在武装冲突中,"保护"指保护受害者,确保他们的生命在这种情况下尽可能处于正常状态。这方面根据情况可以指红十字国际委员会采取具体行动援助受国际人道法保护者,确保他们不会饿死,不会受到虐待,不会被攻击,或不会简单地"失踪",等等。"保护"还与防止和减轻人类苦难密切相关。这为运动打开了一个全新的视野,促使大家不断重新思考人道活动的含义和范围。例如,一场灾难发生后,即时救援可能对确保受影响者的生存举足轻重,但对防止未来灾难或减小未来灾难对人们的不利影响作用甚微。正是由于这个原因,人道原则不但要求在紧急情况下提供帮助,而且提供机会以采取行动防止未来灾难,如组织社区更好地备灾、重建基础设施、在发展过程中提供帮助等。

此外，人道原则还以促进和平为目的。运动一直在与防止武装冲突中经常普遍存在的残忍和其他形式的虐待有关的领域积极活动着，致力于国际人道法的发展、扩展和传播。国际红十字与红新月运动倡导民族和国家间团结协作，促进和解的和平精神。

人道原则尽管在《运动章程》序言中排在第一，但是，七项基本原则还必须作为一个整体来理解。

（二）公正原则

《运动章程》序言中规定了公正原则，"公正：本运动不因国籍、种族、宗教信仰、阶级和政治见解而有所歧视，仅根据需要，努力减轻人们的疾苦，优先救济困难最紧迫的人。"

公正原则是运动思想的本质所在。它贯穿于基本原则形成过程的每一个阶段，是《日内瓦公约》的内在特性。公正是非歧视的前提条件。这种非歧视一开始就体现在《日内瓦公约》中，此后内容不断扩展。虽然最初的1864年《日内瓦第一公约》提到因伤病不能再战斗的士兵要不分国籍集中照顾，但该公约只禁止国籍歧视。1949年的《日内瓦公约》经过了1906年和1929年两次修订，规定禁止进行基于"性别、种族、国籍、宗教、政见或任何其他类似标准"的有害区分。最后修订文字表示禁止任何形式的歧视，前面所列出的只是几个例子。这种禁止也反映在1977年的附加议定书中。

非歧视作为国际人道法的原则之一，是一个至关重要的指导运动工作的规则，它要求不考虑人道之外的因素而援助受难者。

从理论上说，非歧视就是拒绝因人所属范畴不同而对其实行有害区分。在实际工作中，运动的各个组成部分在提供物质援助或实施医疗救助时必须严格避免任何形式的歧视。例如，某国家红十字会或红新月会管理的一家医院为许多伤员提供救治，其中包括敌方伤员。如果为使医院能治疗更多的同胞而拒绝接收敌方伤员，就是违背公正原则的。同样，在国内冲突中，如果国家红会只为冲突的一方提供食物援助而拒绝向另一方施援，也是违背公正原则的。

非歧视还意味着所有需要帮助者均须得到帮助，但是，不考虑他们的受难程度或需求紧迫性而以相同方式对待每个人也是不公正的。对运动的工作来说，这意味着一切援助都必须根据实际需求进行，援助顺序必须与援助拟缓解困难的紧迫性相一致。

实际上，救助必须与需求相一致这项规则执行起来不太容易。例如，有时国家红会为本国之外的其他国家的受难者筹集援助资金比较困难，因为每个人都是根据个人喜好提供捐助，而国民都有自我中心性，常常希望改善本国受难者的境况先于其他国家的人。尽管如此，运动尽其所能遵循公正原则，把需求紧迫性作为确定工作优先顺序的唯一标准。

公正还包括排除个人偏向。非歧视意指摒弃受援者之间的客观差异，而从实质上说，公正还需要排除主观区分。为解释这一点，要考虑以下情况：一个国家红会如果拒绝为某特定族群提供援助服务，就是违背非歧视规则。某国家红会的工作人员如果在履行职责过程中厚此薄彼，为亲朋好友提供优于其他人的待遇，就是违背公正原则。公正原则要求努力克服各种歧视，排除有意个人因素或无意个人因素的影响，只根据事实做决定，以毫无偏向地行动。

因此，公正意味着对问题的客观审查和人道工作的不受个人影响性。所以，虽然国家红会的志愿者在感情上支持冲突中的某一方或同情受灾群众中的某特定群体是自然而符合人性的，但他们在提供援助时必须排除这种感情影响，救助所有受难者，对冲突各方不做有害区分。

公正原则似乎是一种要达到的理想和一种难得固有的内在特质，它要求人们克服个人本能。公正原则要求红十字会和红新月会的所有成员不断努力克服个人偏向和好恶，实施纯粹的公正行动——向同为灾难受害者且处境更困难的敌对者提供比处境稍好的朋友更多的帮助，或向伤势更严重的犯罪者提供比伤势较轻的无辜者更多的关怀。

对于国家红会来说，公正、非歧视还有一层含义，即国家红会必须依法对所有愿意成为国家红会会员者开放，必须允许社会各界、政治或宗教团体、个人等在遵守七项基本原则的前提下按照相关程序和规定参与红十字志愿人道服务。《中华人民共和国红十字会法》第一章总则第三条明确，中华人民共和国公民，可以自愿参加中国红十字会。国家鼓励自然人、法人及其他组织参加红十字志愿服务。①

（三）中立原则

《运动章程》序言中规定了中立原则，"中立：为了继续得到所有人的信任，本运动在冲突双方之间不采取立场，任何时候也不参与带有政治、种族、宗教或意识形态的争论。"

中立原则的最终目的是行动。常常正是由于具有中立性，红十字国际委员会的代表才获准进入监狱探访政治犯，也正是由于具有中立性，带有运动标志的救援车辆才获准进入冲突地区。中立还可以使国家红会的志愿者在国内动乱中免受攻击。在中立原则的表述中包含两个方面的内容，军事中立和意识形态中立。

首先，关于军事中立。在冲突局势中，中立就是不以可助长冲突任一方战争行为的方式行事。因此，在国际性武装冲突中，与正规军事或民用医疗服务人员一起工作的国家红会志愿者不能以任何方式支持或阻碍军事行动。这种中立是与敌方医疗单位和人员应获得的尊重相对应的。

违反中立原则的行为将造成严重的后果。例如，派医疗分队把一个军事目标围起来，使其不会成为攻击目标；除《日内瓦第一公约》第二十二条所规定的三种情况（医疗所或医疗队之人员配有武器，且因自卫或保护伤者、病者而使用武器；医疗所或医疗队因无武装勤务员，而由警卫或哨兵或护送卫士保卫；医疗所或医疗队发现有由伤者、病者身上所解除之小型武器及弹药而尚未缴送主管机关者）外，还有在医院藏匿武器、用救护车运送健康的战斗员、使用带有红十字或红新月标志的飞机执行侦查任务等，均属于违反中立原则的行为。

这些行为有三个共同后果：一是严重削弱国际人道法确定的保护体系；二是使带有红十字或红新月标志的人员或物体背离人道目的；三是助长不信任，从而给战地医疗机构的救护人员、志愿救护者、伤者病者的生命及医疗救护设备设施等带来危险。

---

① 王汝鹏，丁巍.中华人民共和国红十字会法释义[M].北京：中国法制出版社，2017：165.

其次，关于意识形态中立。《运动章程》序言明确指出，"中立：为了继续得到所有人的信任，本运动在冲突双方之间不采取立场，任何时候也不参与带有政治、种族、宗教或意识形态的争论"，运动各组成部分都必须在这种思想状态和态度的指导下开展工作。红十字或红新月运动的每个成员在履行职责过程中都要审慎，中立原则不是要求志愿者思想中立而放弃个人观点，而是要求他们在履行人道主义职责时，在行为和行动上保持中立。

中立对于红十字国际委员会来说具有特定的含义。红十字国际委员会为履行《日内瓦公约》缔约国赋予它的职责，发挥作为中立中间人应有的人道主动性，就必须保持独立。为此，该组织采取一种特殊的结构，使其能够抵抗政治、经济和其他压力，维护其在为它的活动提供支持的各国政府和公众心目中的信誉。

在一些非常极端化的争斗中，不采取立场可能被视为是一种敌对行为。因此，运动的中立性和公正性必须向冲突的所有参与者讲清楚。

在和平时期尚会遇到各种困难，在发生武装冲突时更是各方疑心重重，坚持中立原则会更加困难。尽管存在各种困难或问题，但仍然要始终如一地坚持中立原则。只有这样，国际红十字与红新月运动才能继续获得广泛信任。

红十字国际委员会一般很少放弃审慎政策。只有当发现违反国际人道法的现象屡次发生且秘密抗议无效时，该组织才进行公开谴责。这种谴责有时是采取呼吁的形式，即向肩负遵守和确保遵守国际人道法职责的《日内瓦公约》缔约国发出谴责（呼吁）。然而，这种做法是一种例外。

（四）独立原则

《运动章程》序言中规定了独立原则，"独立：本运动是独立的。虽然各国红会是本国政府的人道工作助手并受本国法律的制约，但必须始终保持独立，以便任何时候都能按本运动的原则行事。"

这项原则明确，红十字或红新月组织必须抵抗任何使其背离人道、公正和中立要求的干预——无论是政治干预、意识形态干预还是经济干预。例如，如果某机构向国家红十字会或红新月会提供捐助时，提出条件要求按照政治、民族或宗教标准把这笔捐助用于某特定人群，而将需求可能更紧急的其他群体排除在外，那么国家红十字会或红新月会就需要慎重处理这种捐助。

运动还必须表现出在与媒体和舆论关系上的独立性。在媒体影响越来越大，各人道、慈善救助组织竞争日益激烈的今天，运动的曝光度和应急行动的速度确实会对运动的形象、信誉，甚至资金支持产生非常大的影响。但是，运动各方要妥善处理舆论与坚持运动底线的关系，善于化解各种压力，回应社会关切，遵循久经实践考验的原则和惯例。例如，受灾程度和灾民需求不可能仅根据报纸的报道量来测定，而必须根据正确的评估来确定。如果国家红会主要是在舆论压力下实施援助行动，从而忽视自己的行动标准，那么它所提供的援助就有可能是完全失当的，甚至是有害的。盲目进行人道援助竞争还可能导致公众的批评，他们可能责备国际红十字运动缺乏责任感和工作的一致性。

独立原则还要求对国家红十字会或红新月会的特殊性质做出诠释。虽然国家红会被本国政府正式承认为政府人道事务助手，但它必须享有可使其在任何时候都能按照运动基本原则行事的独立性。

国家红十字会或红新月会是政府人道事务助手，应该在任何情况下始终坚持《日内瓦公约》和《运动章程》规定的人道、公正和中立的原则，依《运动章程》的规定实行自主的决策。自主决策程度多大不能一概而论，这在一定程度上取决于该国的政治、经济和社会条件。例如，某国发生内战时，该国的国家红会不能让人感觉是政府的工具，不然就会失去各方的信任，进而失去履行职责的能力。这种要求在和平时期有所不同，和平时期国家红会的自主决策主要是活动的领域和类型。

自主决策还意味着国家红会应使活动多样化，以免某些职责移交后或活动中止后无所事事（工作项目过度依赖）。国家红会应避免其运行经费过度依赖单一来源，在国家财政支持收入之外，国家红会应注意经费来源的多样性，不仅要努力争取从经常性的来源获取经费，也要拓展社会资源，增加其他资金来源，避免过度依赖国家财政收入而在财政形势严峻和政策变化时影响国家红会人道职责的履行和长期稳定发展。

国家红会应认识到它自身的发展与遵守基本原则是有密切关系的。

如果国家红会的管理结构和财务结构发展不充分，其工作的快速反应机制、坚持七项基本原则、独立自主地开展工作就可能难以落实。

（五）志愿服务原则

《运动章程》序言中规定了志愿服务原则，"志愿服务：本运动是个志愿救济运动，绝不期望以任何形式得到利益。"

国际红十字运动建立在无私的志愿服务基础上。无论服务的提供是无偿的，还是获得了某种形式的感谢甚至与提供服务有所对应的报酬，重要因素在于提供这种服务的出发点不是受经济利益驱动，而是为对人道事业的热爱和奉献所激励。志愿服务的本质是给他人的志愿无偿服务，这是运动第一项基本原则——人道给人的最直接印象。

正是由于有许许多多志愿者的帮助，运动才能够履行人道原则提出的任务：防止并减轻人们的疾苦，不论这种疾苦发生在什么地方。但是，有人可能怀疑志愿者（志愿服务）的作用，特别是在那些公众卫生和健康主要或完全由政府提供的国家，或是那些比较慷慨并拥有大量训练有素、能力合格的领薪人员的国家。在这种情况下，红十字组织没有志愿者不行吗？答案是"不行"。第一，无论公共卫生人员多么称职和忠于职守，总会有一些苦难会被政府忽视，只有熟悉当地情况的志愿者才能发现问题。第二，红十字或红新月志愿者不代表政府公共机构，这对一些可能存在对政府不信任（或害怕）的人群（如吸毒的艾滋病患者等）来说，可能会获得他们的信任进而向志愿者寻求帮助。第三，国家红会如果认识不到志愿者与志愿服务的价值，就会有产生官僚主义的危险，人道主义工作的动力、激情和积极性的重要源泉就会枯竭。

志愿服务之所以而且必须一直是运动的支柱之一，还源于运动的其他基本原则。国家红会倡导并大力开展不求回报的志愿服务，这种性质使其可以更好地免受许多压力。在其他国家，尤其是在一个发生内战或内乱的国家，国家红会的独立性尤其重要，因为这时候国家会分成不同的敌对派别，为了能够接触所有受害者（无论其所属派别是什么），该国红会必须赢得各方对其开展人道救助工作的信任。只有当国家红会恪守基本原则并获得来自不同政治党派、宗教组织和社会团体的志愿者的支持时，这种信任和信赖才能建立起来。

志愿者的价值体现是多方面的，一方面，可以为公共服务所忽视的环节或者薄弱的环节提供支持和补充；另一方面，志愿服务的形式最大程度节省了政府或者国家红会的支出成本。此外，志愿者的知识和技能奉献还能创造更高的社会与经济价值。

志愿者工作面临各种挑战。一是国家或者国家红会对志愿者在冲突和危机中的重要作用意识和准备不足。在发生武装冲突时，红十字与红新月志愿者可以担任正规军事医疗部门或民用医疗机构的助手，在《日内瓦公约》的保护下，在战地疏散伤员、照顾伤病者、提供家庭联系信息、殓收尸体。在其他危机和灾害发生时也是如此。经验表明，有远见的国家红会平时把紧急救援物资准备好，为志愿者提供各种人道救助培训（包括急救培训），并建立起各种必要的联系，一旦发生暴力冲突或重大危机与灾害，这些国家红会就能在救援工作中发挥非常重要的作用。二是其他各人道机构、协会、文化组织和团体对志愿者（人才、人力资源、社会联系面）的竞争，而且这种竞争在许多国家正变得越来越激烈。三是如何激发与维护志愿者积极性的问题。志愿者的积极性对国家红会尤为重要，国家红会应高度注意、采取措施激发志愿者内在的人道热情，并根据志愿者的能力为他们安排任务，让他们及时获知志愿服务的人道成效，肯定他们的贡献，让他们及时获得社会成就感。同时，要从一开始就让他们明白自己的权利与义务，为他们提供满意的工作条件。有些国家红会将工作条件在志愿服务工作协议中做出明确规定，也有的国家为志愿者提供适当的事故保险，让志愿者能够从分配给他们的任务中获得幸福感或满足感。

（六）统一原则

《运动章程》序言中规定，"统一：任何一个国家只能有一个红十字会或红新月会。它必须向所有的人开放，必须在全国范围内开展人道主义工作。"

统一原则表述中提到的三个方面是与国家红会获得国际红十字运动承认所必须满足的三个条件相呼应的。这三个条件是：国家红会必须是该国唯一的红十字会或红新月会，在吸收志愿工作者和专职工作人员时不得考虑种族、性别、阶级、宗教和政治见解，该会活动必须遍及本国领土。

签署加入《日内瓦公约》、承认《运动章程》的国家，在昭示国家承认该国国家红会的相关法律法规中通常明确规定：该国家红会是唯一以红十字名义在该国领土上从事人道活动的国家红会。国家红会的这种唯一性也是该国家红会获得红十字国际委员会承认的最基本条件之一。一个统一的中央机构可以保证统一按照七项基本原则行事，保证资源的统一协调和对行动重点的评估，更有利于统一协调对外关系、多边救援等事务。

一个国家红会必须在全国范围内开展工作，这也是它获得红十字国际组织承认必须达到的一项要求。原则上，国家红会的行动能力应该使其既能执行章程中所规定的各项任务，又能使其活动覆盖该国全部领土，特别是通过建立按照中央指导方针开展活动的地方分会，使运动覆盖全国。

（七）普遍原则

《运动章程》序言中规定，"普遍：国际红十字与红新月运动是世界性的。在运动中，所有红会享有同等地位，负有同样责任和义务，相互支援。"

对国际红十字运动来说，普遍性既是一种现实（国家红会存在于世界上绝大多数国家），也是一种要求（有些国家尚未成立国家红会，有些国家红会还没有或还未能被认定为运动的正式成员）。红十字会与红新月会国际联合会和红十字国际委员会通过国际性工作，为世界各国（各地）的身处危难者提供服务，展现了红十字与红新月运动的普遍性。

国际红十字运动是为应对无论发生在何处的战争、灾害的恐怖、痛苦和人类可能遭遇的种种灾难而诞生的。针对苦难的普遍性，其应对方法也必须是人道行动的普遍性。《运动章程》第四条第八项明确：国家红会"在吸收志愿工作者和专职工作人员时，不得考虑种族、性别、阶级、宗教和政治见解"。国家红会的力量必须来源于背景广泛的工作人员和志愿者，这也是国家红会获得承认的条件之一。国家红会只有从所有民族群体、社会团体或其他组织吸收人员，拥有背景广泛的人员，才能获得普遍信任。这种普遍信任是必需的，没有这种信任就不可能接触到所有身处危难者,也就不可能有效履行使命。

普遍性的另一个方面是《日内瓦公约》及其附加议定书、《运动章程》几乎得到了世界上所有国家的参加与认同,国际人道法与《运动章程》在应用上具有普遍性,超越了国家特征和意识形态差异。以疏解人类苦难为天职的国际红十字运动,无论其哪个组成部分遇到困难,它都不能漠不关心。因此,普遍原则要求本运动的三个组成部分要有集体责任感。运动也在这方面表现出自己的特性、独立和团结。

普遍原则表明,运动的每个组成部分都要为其他部分负责,三者一损俱损,一荣俱荣。国际红十字运动的整体性和对运动理想、目标的坚持需要运动每个组成部分的意志、勇气和警惕。

(八) 七项基本原则之间的关系

七项基本原则是有机统一的整体。人道是红十字运动的基础和目标,是一切活动的出发点和落脚点。为实现人道的目标,衍生了公正、中立和独立三个行动性原则,以保证运动能够达到其最终目标。为实现以上几个原则,需要红十字机构作为、组织协调、运作,以及有人员去实践这些原则,因此有了志愿服务、统一和普遍等组织性原则。其中志愿服务是人道行为及其象征,统一和普遍构成了红十字运动在国内和国际范围内通行的基础。基本原则是运动各组成部分的共同标准,是运动的基石,对基本原则的尊重和执行,以及对基本原则含义的传播是每个运动成员的职责。

第五节 国际红十字运动的协调与合作

一、国际红十字运动合作的目的

国际红十字运动由多个部分组成,有两个国际组织(红十字国际委员会和国际联合会)和192个国家红会。为有序运作、各司其职、形成合力、完成使命,《运动章程》与《塞维利亚协议》及其补充措施做了详细的规范与阐述。

基于以下原因,运动内部的协作和与运动外部合作伙伴的协作越来越重要：

第一，国家红会响应号召应对能力。需要国际支持救灾的自然灾害日益增多，各类局部武装冲突不断，国际合作能显著提高它们的灾难应对能力。

第二，武装冲突国际应对工作的协作需要特有的能力，以确保接触到受难者和最大程度地降低运动各组成部分的工作人员和志愿者所遇到的危险，国际协作能更好地完成使命并同时提升各红会组织协作救援能力。

第三，日益发展壮大的其他非政府组织拥有可观的资源和从事国际合作的行动能力。应对重大灾害和武装冲突中的人道救助，需要更多、更广泛的资源和更高的效率，这就需要开展协作，以达到最有效地援助受难者，最大程度地减少不必要的竞争造成的重复、浪费、低效率和不良影响。

二、《塞维利亚协议》及其补充措施

《塞维利亚协议》是运动的国际活动协作框架，它建基于运动基本原则、《运动章程》、"日内瓦四公约"及其附加议定书。该协议在1997年塞维利亚代表会议上获得一致通过，而其补充措施于2005年获得通过。《塞维利亚协议》着重规定国际委员会和国际联合会的角色，补充措施着重规定东道国国家红会的角色。

《塞维利亚协议》只针对运动各组成部分合作开展的国际活动，不涉及《运动章程》和"日内瓦四公约"及其附加议定书委托运动各组成部分各自单独开展的活动。《塞维利亚协议》界定了运动各组成部分在为有效应对人道需求开展国际合作时的角色和职责。补充措施包括从《塞维利亚协议》的实施中获得的经验教训，并强调了国家红会在各自国家开展活动中的角色。

《塞维利亚协议》首先是一个合作协议，而不只是分工协议。该协议以协作精神为基础，在这种精神下，运动的每一个成员都尊重其他成员作为全球人道事业合作伙伴的贡献。《塞维利亚协议》通过对运动每个成员具体技能领域和互补能力的确定，为各成员执行任务提供了清晰的指南。它有助于保持形势变化情况下活动的连续性，旨在促进运动各组成部分之间更强的认同感、团结意识、相互信任及共同责任感。

《塞维利亚协议》的目标：促进对运动资源的有效利用，并在维护脆弱人群和受难者利益的救援行动和发展活动中尽可能迅速地调动资源；促进运动各组成部分之间更紧密的合作，加强国家红会的发展，增进国家红会间的合作，使国家红会能够有效地参与运动的国际活动。进一步壮大国际红十字运动，加强运动各组成部分之间职能上的合作。

三、主导作用和主导机构

为了以最有效、快捷的方法向需要帮助者提供人道援助，并尽其所能地开展有效协作以完成共同使命，《塞维利亚协议》引入了两个组织概念，即主导作用和主导机构。

（一）主导作用

"日内瓦四公约"和《运动章程》规定了各组成部分的具体职能范围，赋予了各组成部分在自己职能范围内的主导作用，从而有助于运动的整体加强。拥有主导作用是一项固定职责，肩负这项职责就是要鼓舞、指导和激发运动的其他组成部分为完成运动的使命贡献力量。主导作用的概念意味着其他合作伙伴在完成使命中也享有权利和承担责任。主导作用职责只赋予红十字国际委员会和国际联合会。

在武装冲突情况下，日内瓦公约明确规定了红十字国际委员会的相关主导作用。

在非武装冲突状况下的运动建设领域，分别明确了国际联合会与红十字国际委员会的主导作用范围。国际联合会的主导作用包括：支持发展活动；协调对国家红会的国际发展支持。红十字国际委员会的主导作用包括：维护和传播基本原则；推广、发展和传播国际人道法。

（二）主导机构

主导机构概念是管理国际救援活动的一种组织工具。在特定情况下，运动的某个组成部分会被赋予主导机构的职能。这个概念主要运用于各种紧急情况，在这些紧急情况下，需要实施快速、协调和有效的救援以应对受难者的大量人道需求，而救援行动是在对这些需求和有关国家红会满足这些需求的能力的评估基础上进行的。在国际救援活动中，主导机构的任命是一项临时职责，是因情制宜的。根据某项灾难的具体特点和东道国国家红会的能力，该东道国国家红会、国际联合会或红十字国际委员会都可能承担主导机构的职责。

《塞维利亚协议》确定了运动开展国际救援行动时需要主导机构的三种具体情形。

第一种，国际性武装冲突和非国际性武装冲突，国内动乱及其直接后果（就对冲突受难者的保护和援助而言），"武装冲突局势"涵盖冲突各方的所有地盘。"冲突的直接后果"适用于以下情形：和平尚未全面恢复而受影响者仍需援助；和平已经基本恢复，受影响者需要后冲突援助，但不需要红十字国际委员会作为一个中立和独立的机构介入；受影响者逃往其他国家（特别是大规模的难民迁移），即使该国不是冲突参与方，也没有国内武装冲突状况。①

第二种，自然灾害或技术灾害及其他和平时期所出现的紧急情况和灾害，救灾所需资源超出了当事国国家红会的资源，因而要求采用红十字国际大会通过的《红十字与红新月救灾原则与条例》，得到国际救援。

在发生自然灾害或技术灾害的同时发生武装冲突。

在不再需要红十字国际委员会介入的局势中，如发生自然灾害或技术灾害、出现难民和后冲突时期人道救助需要，由东道国国家红会或国际联合会承担主导机构的职责。

根据《塞维利亚协议》补充措施，一个国家红十字会或红新月会只要具备所需要的运作能力，也可以承担在其国家领土内协调救援行动所必需的主导机构的职能。国家红会所需要的运作能力是指：该国家红会的组织结构和管理结构符合既定标准；该国家红会具有管理运动国际救援行动的能力。这种能力具体表现在：获得所有主要参与者的接受，并能够接触他们；覆盖该国领土；具有行动管理和后勤保障能力；能够为前来参加国际救援的国家红会提供安全保障；运动内外的工作关系正常。

---

① 中国红十字会总会编译. 国际红十字与红新月运动基本文件汇编［M］. 北京：中国红十字会总会，2008：180-181.

在具备上述运作能力的基础上，该国家红会在国际联合会的同意下可以担任主导机构；如果该国家红会达不到上述要求，则由国际联合会担任主导机构。

第三种，在国际性武装冲突、非国际性武装冲突和国内动乱局势中，以及自然灾害或技术灾害与武装冲突同时发生时，由红十字国际委员会承担主导机构的职责，除非当事国国家红会具备所需要的运作能力且红十字国际委员会同意其担任主导机构。

根据《塞维利亚协议》补充措施，在武装冲突环境中协调国际救援行动的主导机构需要具备以下额外能力：

第一，与对救援行动所在地的冲突具有影响作用的国家参与者和非国家参与者保持关系和联系。

第二，为在运动协作行动方式内运作的运动所有组成部分管理和维护一个安全框架。

第三，确保遵守与红十字、红新月标志的保护性使用有关的现行规则。

第四，与相关国家红会磋商制定关于救援行动进展的公开声明。

第五，对与冲突的国家参与方和非国家参与方有关的国际救援行动承担最终责任。

（三）主导机构的一般职责

第一，根据接触受影响者的情况及对其需求的公正评估，确定国际救援行动的总体目标。

第二，为实施这些目标制定策略和指导方针。

第三，确保救援活动中的所有行动都得到有效协调。

第四，建立红十字和红新月会合作伙伴间的密切磋商机制。

第五，协调国际红十字和红新月救援行动与其他组织（政府组织或非政府组织）的人道活动。

第六，担当国际救援行动发言人，阐述红十字和红新月会合作伙伴对公共利益的响应。

第七，与红十字和红新月各组成部分及参与人道工作的外部合作伙伴建立良好的协作和合作关系。

综合行动一般是指以下两种情形：一是自然灾害和国内冲突同时在一个国家发生；二是在对自然灾害或技术灾害进行应对的重要国际救援行动中爆发冲突。

特别是在大型或综合行动中，良好的协作和合作关系是十分必要的，这种合作和协调在应对波及多个国家甚至大洲的大范围灾害时至关重要，如2004年12月影响到东南亚、南亚和亚洲等地12个国家的海啸灾难。

在红十字与红新月运动救援行动规划中，应鼓励运动的所有组成部分，如邻国的国家红会、其他参与国际工作的国家红会、红十字国际委员会和国际联合会，以密切合作的精神参与到行动中来，有效地利用资源。合作可以是双边的——涉及两个红十字或红新月合作伙伴，也可以是多边的——涉及多个红十字或红新月合作伙伴，但必须在同一个框架内协调进行。

如前所述，在运动的国际救援行动中，东道国国家红会可以承担主导机构的职责。但是，如果红十字国际委员会或国际联合会担任主导机构，东道国国家红会就要充当主导机构的首要合作伙伴，同时根据《运动章程》，在该国领土范围内继续承担自己的职责任务，就行动的各个方面向主导机构提供咨询。这种磋商应协调得当，涵盖以下方面的内容：① 分析这个方面的政治环境、社会经济环境和人道环境，因为国家红会在这些方面提供帮助显然具有得天独厚的条件。② 评估和识别人道需求。③ 界定国际救援行动的总体目标，确定工作重点。④ 为运动所有组成部分建立和维护一个安全框架。⑤ 为运动的应对行动制定一个与总体目标一致和与可用资源相适应的运行战略。⑥ 针对运动应对行动的重点开发一个行动计划，该行动计划还应尽可能兼顾国家红会自己的战略计划和自己的长期活动。⑦ 明确问题解决机制，用以解决行动过程中可能出现的问题。⑧ 在国际救援行动中维护管理与当局的关系（因为在许多情况下国家红会比较容易接近当局）。⑨ 为各个组成部分的项目和活动确定进入和退出策略，包括从"紧急"状态向"非紧急"状态过渡过程中的计划或准备。确保项目的连续性，并最大程度地维护长期活动的可持续性。

而运动其他组成部分的参与程序由主导机构与东道国国家红会根据具体步骤共同确定。运动其他组成部分（其他国家红会）有义务全力支持既定协作机制，并接受和遵守既定规则和程序。

四、加强国际协作的其他措施

订立谅解备忘录——当运动各个组成部分一起在某个国家工作时，需要按国家确定各自的任务和职责，以提供连贯的工作方法和对不同任务和职责的清楚理解。

直接在一线层面上解决问题——在行动所在国担任主导机构的组织负责保证所有引起行动管理人员关注的问题要么在行动所在国得到充分解决，要么在各自合作伙伴组织的总部得到充分解决。

必须向所有负责行动的管理人员提供具体培训。

制定与实施和平时期国家和地区应急计划，以及"正常"和"非紧急"情况下的协调机制。

思考题：

1. 如何理解国际红十字运动三大组成部分的区别与联系？
2. 如何理解国际红十字运动中的主导作用和主导机构？
3. 试分析防止滥用红十字标志的意义和重点。
4. 试论述国家红会坚持七项基本原则的意义和难点。

参考资料：

1. 国家红会发展框架（National Society Development Framework 2013）[EB/OL]．（2013-01-01）[2022-07-05]．https：∥www.ifrc.org/document/national-society-development-framework．

2. 国家红会组织能力评估与认证（Organisational Capacity Assessment and Certification）[EB/OL]．[2022-07-05]．https：∥data.ifrc.org/ocac/．

3. 国家红会发展契约（National Society Development Compact, discussed by General Assembly 2019）[EB/OL]．（2020-01-07）[2022-07-05]．https：∥www.ifrc.org/document/national-society-development-compact．

4. 国际联合会志愿者政策（Volunteering policy, adopted by General Assembly 2022）[EB/OL]. (2022-07-08)[2022-011-05]. https://www.ifrc.org/document/volunteering-policy.

5. 国际联合会青年政策（Youth Policy 2017, adopted by General Assembly 2017）[EB/OL]. (2018-04-01)[2022-07-05]. https://www.ifrc.org/document/youth-policy.

第六章
国际人道法

◇ 学习目标：

1. 了解国际人道法的渊源、基本框架。
2. 了解国际人道法的基本内容。
3. 理解并掌握国际人道法的主要概念、核心条款及原则。

国际人道法是国际红十字运动的基础，历经一百多年的发展，1949年"日内瓦四公约"及其附加议定书构成国际人道法的基本体系，成为国际红十字运动起源、发展、法律保障的重要基础。国际人道法的实施和传播具有重要的意义。

第一节 国际人道法概述

一、国际人道法的概念

国际人道法是限制武装冲突所造成的人道后果的国际法规则的总称，其主要内容是保护没有或不再直接参与敌对行动的人员，如平民、伤兵、战俘等，并限制冲突方的作战手段和方法，如禁止使用生化武器和背信弃义的作战方式等。[①] 作为古老的国际法规则，国际人道法力争在武装冲突中平衡两个对立的目标，即在顾及冲突方作战需要的

---

① Melzer, N. International Humanitarian Law: A Comprehensive Introduction [M]. Geneva: ICRC, 2016: 16-17.

同时，还需考虑保护武装冲突的受难者，以减轻武装冲突所带来的人道苦难。①

在国际法层面，国际人道法属于"战时法"，它只规范各方在武装冲突中的行为，而不过问冲突本身的正当性，即国际人道法不对冲突方是否有权使用武力做出法律评价。规范使用武力的法律在国际法上被称为"诉诸武力的法律"。该部分法律主要见于《联合国宪章》第二条第四款、第四十二条和第五十一条。据此，除自卫或者联合国安理会授权使用武力外，国家不得在国际关系中使用武力。违反诉诸武力的法律的行为可能构成"侵略罪"。②违反国际人道法的行为则可能构成"战争罪"。在国际法层面，无论冲突的性质、起源和目的如何，各方都应当遵守战时法，但遵守后者不能使侵略或其他非法使用武力的行为合法化。从国际人道法的角度而言，一国的士兵或平民并不因为其国家非法使用了武力，而丧失了国际人道法对他们的保护。冲突双方的人员都需要并且也应该获得同样的保护。③

国际人道法也被称为"战争法"或"武装冲突法"。传统意义的战争是指国家之间的武力对抗。④ 在战争可以作为国家实施外交政策的工具的年代，国家往往通过宣战来表达"交战意图"，引发战争状态，导致战争法的适用。因此，传统意义上的战争法只规范国家之间的武装冲突，内容不仅包括人道法规则，还包括规范交战国外交、经济和条约关系的规则及中立法等内容。⑤ 二战后，尤其是《联合国宪章》通过后，战争不再是解决国际争端的选项，国家之间的武装对抗也大大减少，且

---

① Crawford, E., Pert, A. International Humanitarian Law [M]. Cambridge: Cambridge University Press, 2015: 88.

② Shaw, M. N. International Law. 8th ed [M]. Cambridge: Cambridge University Press, 2017: 854-855. 关于侵略罪的具体内容，参见《国际刑事法院罗马规约》，1998年7月17日通过，2002年7月1日生效，第八条。

③ Sassòli, M., Bouvier, A. A., Quintin, A. How Does Law Protect in War? (Vol I). 3rd ed [M]. Geneva: ICRC, 2011: 115.

④ Solis, G. D. The Law of Armed Conflict: International Humanitarian Law in War. 2nd ed [M]. Cambridge: Cambridge University Press, 2016: 22.

⑤ Melzer, N. International Humanitarian Law: A Comprehensive Introduction [M]. Geneva: ICRC, 2016: 56.

几无"宣战"的事例。"战争"遂演变成描述性的政治词汇，失去了其法律意义，并逐渐被"武装冲突"所取代。"武装冲突"被认为是事实概念，需要根据实际情况做出判断，即只要国家事实上进行了武力对抗，即可认定它们之间发生了武装冲突，而不管各方是否宣战或承认发生了武装冲突。① 从逻辑上看，传统法律意义上的"战争"都是"武装冲突"，但并非所有的"武装冲突"都是"战争"，因为后者既包括国际性武装冲突（战争），也包括非国际性武装冲突。1949年"日内瓦四公约"将"武装冲突"作为其调整对象，就是要确保其规定在"敌对行动实际爆发之际"即能予以适用，遑论是否宣战或各方是否承认存在战争状态。②

"国际人道法"概念的产生与1949年"日内瓦四公约"的两个附加议定书谈判有关，当时谈判会议的名称为"确认和发展适用于武装冲突的国际人道法外交大会"。该概念的产生，尤其是议定书关于被保护人基本权利的规定，体现了人权法对武装冲突法的影响。③

在国际人道法的著述中，有学者根据规则的起源，将规范作战手段和方式等敌对行动的规则称为"海牙法"，而将保护伤病员、战俘等受难者的规则称为"日内瓦法"，因为前者主要源自1899年和1907年的海牙会议及其通过的法规，而后者则主要是指在日内瓦外交会议通过的公约。④⑤ 随着1949年"日内瓦四公约"的两个附加议定书的通过，尤其是《第一议定书》吸收了诸多海牙法体系的作战手段和方法的规定，国际法院认为，海牙法和日内瓦法已经紧密联系和融合而成为现在人们

---

① 有学者认为，尽管"宣战"的做法已经过时，但"交战意图"仍是国际性武装冲突隐含的前提条件。缺乏交战意图的错误、意外使用武力的情况，不应构成武装冲突。但"交战意图"也需通过事实情况予以认定，而非冲突各方的主观意愿。见 Melzer, N. International Humanitarian Law: A Comprehensive Introduction [M]. Geneva: ICRC, 2016: 57.

② ICRC. Report on the Work of the Conference of Government Experts for the Study of the Conventions for the Protection of War Victims [R]. Geneva: ICRC, 1947: 8.

③ O'Connell, M. E. Historical development and legal basis [M] // Fleck, D. The Handbook of International Humanitarian Law. 3rd ed. Oxford: Oxford University Press, 2013: 11-13.

④ Solis, G. D. The Law of Armed Conflict: International Humanitarian Law in War. 2nd ed [M]. Cambridge: Cambridge University Press, 2016: 24.

⑤ Dinstein, Y. The Conduct of Hostilities Under the Law of International Armed Conflict 2nd ed [M]. Cambridge: Cambridge University Press, 2010: 14-15.

所述的"国际人道法"。尽管不具备法律意义，上述分类作为学术概念反映了国际人道法的主要内容。本章即采用海牙法和日内瓦法的叙事结构。

二、国际人道法的渊源

法律的渊源是指法律规则产生的方式或程序。[1] 国际人道法作为国际法的部门法，其渊源与国际法渊源相同，条约、习惯法和一般法律原则被认为是国际法的渊源[2]，因此，它们也是国际人道法的渊源。

（一）国际人道法条约

条约是指两个以上国家根据国际法缔结的书面协定[3]，是国际人道法的主要渊源。与其他渊源相比，条约的优势是内容较为清晰、确定，但缺点是条约只能约束缔约国，因此其适用范围窄于习惯法和一般法律原则。国际人道法条约主要有：

《一九四九年八月十二日改善战地武装部队伤者病者境遇之日内瓦公约》（《日内瓦第一公约》）、《一九四九年八月十二日改善海上武装部队伤者病者及遇船难者境遇之日内瓦公约》（《日内瓦第二公约》）、《一九四九年八月十二日关于战俘待遇之日内瓦公约》（《日内瓦第三公约》）、《一九四九年八月十二日关于战时保护平民之日内瓦公约》（《日内瓦第四公约》），以下统称1949年"日内瓦四公约"；

《一九四九年八月十二日日内瓦四公约关于保护国际性武装冲突受难者的附加议定书》（《第一议定书》）、《一九四九年八月十二日日内瓦四公约关于保护非国际性武装冲突受难者的附加议定书》（《第二议定书》）、《一九四九年八月十二日日内瓦四公约关于采纳一个新增特殊标志的附加议定书》（《第三议定书》）；

1925年《禁止在战争中使用窒息性、毒性或其他气体及细菌作战方法的议定书》；

1954年《关于发生武装冲突情况下保护文化财产的公约》及其

---

[1] Shaw, M. N. International Law. 8th ed [M]. Cambridge: Cambridge University Press, 2017: 52.
[2] 《国际法院规约》，1945月26日订立，1945年10月24日生效，第三十八条第一款.
[3] 《维也纳条约法公约》，1969年5月23日订立，1980年1月27日生效，第二条.

1954年和1999年的两个议定书；

1971年《禁止细菌（生物）及毒素武器的发展、生产及储存以及销毁这类武器的公约》（简称《生物武器公约》）；

1976年《禁止为军事或任何其他敌对目的使用改变环境的技术的公约》；

1980年《禁止或限制使用某些可被认为具有过分伤害力或滥杀滥伤作用的常规武器公约》及其1980年的《第一号议定书》《第二号议定书》《第三号议定书》、1995年的《第四号议定书》及2003年的《第五号议定书》；

1992年《关于禁止发展、生产、储存和使用化学武器及销毁此种武器的公约》（简称《化学武器公约》）；

1997年《关于禁止使用、储存、生产和转让杀伤人员地雷及销毁此种地雷的公约》（简称《禁雷公约》）；

2000年《〈儿童权利公约〉关于儿童卷入武装冲突问题的任择议定书》；

2006年《保护所有人免遭强迫失踪国际公约》；

2008年《集束弹药公约》；

1998年《国际刑事法院罗马规约》（第八条）。

（二）习惯国际人道法

国际习惯法是指被接受为法律的国家实践。国际习惯法产生于国家在国际交往中认为有法律约束力的通行做法，往往是条约法的基础。与条约相比，习惯法的优势是它适用范围广，可以约束所有的冲突方，并且可以随着国家实践的变化而不断发展，做到与时俱进。其弊端是，由于国际社会没有权威的立法机构对其进行确认，对于某项具体规则是否是习惯法，以及该习惯规则的具体内容，容易产生争议。

为了促进国际人道法的发展和传播，尤其是澄清习惯国际人道法规则，1995年第26届红十字与红新月国际大会授权红十字国际委员会撰写习惯国际人道法规则的报告。2005年，红十字国际委员会发表了《习惯国际人道法研究》。该报告分两卷，第一卷列举了一百六十一条习惯国际人道法规则，并解释了这些规则成为习惯法的理由；第二卷则收集了第一卷所列规则赖以成立的国家实践,如国家法律、声明和军事手册等。报告指出,其编纂的一百六十一条规则中的一百四十三条既适用于国际性武装冲突,也适用于非国际性武装冲突,只有十三条规则仅仅适用于国际性武装冲突,如有关占领和战俘的规则,只有两条规则仅适用于非国际性武装冲突,如大赦、报复等;报告还指出了有待进一步澄清的问题,如"直接卷入武装冲突"等。[1]

红十字国际委员会的报告不是立法文件,没有法律约束力,但被普遍认为是对习惯国际人道法的权威性阐述,得到了国家和国际审判机构的承认与援引。

(三)一般法律原则

一般法律原则是指为所有国家法律所公认的基本原则,如不溯及既往原则、自卫权等。与习惯法相似,一般法律原则的具体内容也难以确定。但国际法院数次根据"最基本的人道考量"原则,引申出具体的法律义务。前南斯拉夫国际刑事法庭更是明确将该原则定性为一般法律原则,作为条约适用和解释的基础。

三、国际人道法的核心原则

国际人道法核心原则是指贯穿人道法立法、执行和实施各阶段的原则、规则或理念。没有条约或立法机构正式制定或颁布国际人道法核心原则。学界和实务界比较公认的国际人道法的核心原则如下。

(一)平等原则

国际人道法平等地约束所有冲突方,无论其为国家还是非政府武装团体。冲突方在一切情况下都应遵守人道法。这首先意味着,无论冲突方使用武力的动机如何,无论其使用武力本身是否符合国际法或国内法的规定,其在使用武力过程中的行为都必须符合人道法的要求。其次,这也意味着即便敌方违反了人道法,另一方仍必须遵守人道法。

---

[1] Henckaerts, J.-M. Study on customary international humanitarian law: A contribution to the understanding and respect for the rule of law in armed conflict [J]. IRRC, 2005 (87): 175-212. 习惯国际人道法规则的具体内容,参见ICRC. Customary IHL Database [EB/OL]. (2016-08)[2022-06-22]. http://www.icrc.org/customary-ihl/eng/docs/home.

（二）平衡军事必要和人道需求的原则

军事必要是指合法的、为取得战争胜利所必需的作战手段或方法。① 国际人道法建立在军事必要和人道需求互相平衡和妥协的基础之上。一方面，它承认冲突方为制胜敌人，可以杀伤人员、损害物体，或采取较平时更为严厉的安全措施。另一方面，它从人道的角度，对作战手段和方法实施必要的限制，以减轻冲突带来的灾难，如禁止直接攻击平民等。② 这项原则属于国际人道法的立法原则，国际人道法规则一经确立，就不得再以"军事必要"为借口来违反此规则，除非规则本身有"军事必要"例外的规定，如禁止攻击没有直接卷入武装冲突的平民的规则没有例外条款，在任何情况下都不得违反，而禁止攻击文化财产的规则，往往允许在有"绝对军事必要"时可以对文化财产实施攻击。③

（三）区分原则

区分原则被认为是国际人道法的核心原则之一。它要求冲突方无论何时都必须区分平民和战斗员，以及民用物体和军事目标，军事行动只能直接针对战斗员和军事目标。

（四）比例原则

尽管攻击行动不能直接针对平民和民用物体，但冲突中平民的伤亡和民用物体的损害往往难以避免。此种伤亡和损害在国际人道法上被定义为"附带性损害"。附带性损害虽不可避免，但冲突方有义务将其控制在合理的范围之内，这就产生了比例原则。比例原则要求军事行动所可能造成的附带性损害，不得大大超出其可能带来的具体和直接的军事利益。

（五）预防原则

预防原则要求冲突方采取措施尽量避免或减少附带性损害。如在实施攻击时，冲突方应查明目标的性质，选择合适的攻击手段和方式，取

---

① Solis, G. D. The Law of Armed Conflict: International Humanitarian Law in War. 2nd ed [M]. Cambridge: Cambridge University Press, 2016: 276-277.

② Melzer, N. International Humanitarian Law: A Comprehensive Introduction [M]. Geneva: ICRC, 2016: 17-18.

③ Kalshoven, F., Zegveld, L. Constraints on the Waging of War. 4th ed [M]. Cambridge: Cambridge University Press, 2011: 32.

消可能带来过分附带性损害的攻击等。而为预防攻击对平民的影响，冲突方应尽可能将平民和民用物体迁离军事目标所在地，避免将军事目标设置在人口稠密的地区等。

（六）禁止不必要痛苦的原则

该项原则旨在保护战斗员。它禁止"使用属于引起过分伤害和不必要的痛苦的性质的武器、投射体和物质及作战方法"。所谓"不必要的痛苦"是指那些不能提升军事利益的痛苦，或比达成合法军事目的而不可避免的损害更为严重的损害。①

（七）人道待遇原则

人道待遇原则，即必须给予所有落入敌手的人以人道待遇，尊重其作为人的价值，并不得歧视。该原则在"日内瓦四公约"中有详尽的规定。②

四、国际人道法与人权法

如前所述，国际人道法是限制冲突方敌对行为和保护武装冲突受难者的规则的总称。而国际人权法则保护个人免受国家滥用或任意行使权力的危害。二者在内容上既有着显著的差异，也有许多共同之处。

适用范围：国际人道法的适用范围取决于人、事和地域与武装冲突的联系，而人权法适用的前提则取决于有关个人与特定国家的关系，即该人是否处于此国家的"管辖"或控制之下。例如，在国际性武装冲突中，国际人道法不仅适用于交战国的领土，还适用于它们的武装部队发生冲突的任何地方，包括第三国领土、国际空域、公海乃至网络。而人权法适用范围往往限于一国控制的领土（包括被占领土）。③

主体的范围：人权法只保护个人的权利，并为个人创设了实现权利的申诉机制，而国际人道法除保护武装冲突受难者个人外，还保护民用物体、文化财产、环境，以及被占领领土的政治秩序等，但却没有为受

---

① Solis, G. D. The Law of Armed Conflict: International Humanitarian Law in War. 2nd ed [M]. Cambridge: Cambridge University Press, 2016: 290-291.

② "日内瓦四公约"共同第三条，习惯国际人道法规则第八十七和八十八条。

③ Melzer, N. International Humanitarian Law: A Comprehensive Introduction [M]. Geneva: ICRC, 2016: 28.

难者创设申诉程序。人权法的义务主体是国家，而国际人道法的约束对象除国家及其武装部队外，还包括非政府武装团体乃至个人。①

可克减性：可克减性是人权法的概念，它是指在社会处于战争或紧急状态时，国家可以在情势所需的范围内限制行使部分权利。例如，在武装冲突或自然灾害中，政府可以合法限制行动自由、集会和示威等，以保护受影响地区的居民并方便政府采取措施恢复公共安全、法律和秩序等。但一些核心的人权，如禁止酷刑和正当司法程序等，即便在紧急情况下也不能克减。② 国际人道法是专门针对武装冲突这一紧急状态制定的法律，因此，国际人道法的规则原则上不得克减。例如，不得基于军事必要、自卫或危难等而违反禁止攻击平民居民的规定。③

相互关系：除了上述基本差异外，国际人道法和人权法有着诸多相同和互补之处。首先，它们都以保护人的核心权利和人的生命和尊严为共同目标。国际人道法关于人道待遇中基本权利的保护与人权法一致，如国际人道法和人权法都禁止酷刑或不人道和有辱人格的待遇，都为被控犯罪的人提供公正审判。

在某些具体问题领域，国际人道法和人权法的相互关系可能会较为复杂。例如，人权法禁止"任意"剥夺人的生命，而且此规定不能克减，而国际人道法不为战斗员和参战的平民提供此种保护，二者显然存在冲突。在这种情况下，规则的冲突通过"特别法优于普通法"的原则予以解决，即针对特定情况制定的规则（特别法）优于与其冲突的一般性的规则（普通法）。根据此原则，国际法院指出，在武装冲突的情况下，任意剥夺生命的判断标准是国际人道法，而非人权法。

最后，尽管国际人道法和人权法在武装冲突时均可适用，但有些问题仍只能受其中一个法律体系管辖。例如，在武装冲突地区实施与冲突无关的犯罪，如普通抢劫、诈骗等，犯罪嫌疑人享有的正当司法程序保

---

① Melzer, N. International Humanitarian Law：A Comprehensive Introduction [M]. Geneva：ICRC, 2016：28.
② Shaw, M. N. International Law. 8th ed [M]. Cambridge：Cambridge University Press, 2017：216-217.
③ Melzer, N. International Humanitarian Law：A Comprehensive Introduction [M]. Geneva：ICRC, 2016：28.

证，只能由人权法来规范。另一方面，在冲突方控制区域以外实施的作战行为，则只能由国际人道法来调整。①

第二节　海牙法

一、历史发展

规制作战手段和方式的海牙法体系发轫于《利伯法典》和《圣彼得堡宣言》。《利伯法典》颁布于 1863 年，是美国内战中规范联邦军队的军事条令。该法典共一百五十七条，详尽地规定了陆战行为的方方面面，包括作战手段、军事必要、战俘、平民等。《利伯法典》虽然只是适用于内战的法律，但反应了当时战争法的规则和习惯，开启了国际社会编纂战争法的征程，影响了后续海牙公约的产生与发展。②③④

1868 年《圣彼得堡宣言》是另一项意义深远的战争法文书。它是国际社会首次针对特定武器（轻于 400 克的爆炸性弹药）制定的公约。此类弹药在功能上并不比普通子弹更为有效，但其爆炸性却能给士兵带来不必要的痛苦和过分的伤害，因此被认为有违人道，而予以禁止。禁止过分伤害和不必要痛苦的原则据此得以确立。此外，宣言还确定战争的合法目的不是杀戮，只是削弱敌人的军事力量，并要求国际社会针对将来可能出现的武器制定规则，平衡军事必要和人道要求。⑤⑥

1899 年，沙俄政府邀请 29 个国家在海牙召开第一届国际和平会议。

---

① Melzer, N. International Humanitarian Law: A Comprehensive Introduction [M]. Geneva: ICRC, 2016: 30.

② Schindler, D., Toman, J. The Laws of Armed Conflicts [M]. The Hague: Martinus Nijhoff Publishers, 2004: 3-20.

③ Solis, G. D. The Law of Armed Conflict: International Humanitarian Law in War. 2nd ed [M]. Cambridge: Cambridge University Press, 2016: 43-50.

④ Kalshoven, F., Zegveld, L. Constraints on the Waging of War. 4th ed [M]. Cambridge: Cambridge University Press, 2011: 8.

⑤ Schindler, D., Toman, J. The Laws of Armed Conflicts [M]. The Hague: Martinus Nijhoff Publishers, 2004: 91.

⑥ Kalshoven, F., Zegveld, L. Constraints on the Waging of War. 4th ed [M]. Cambridge: Cambridge University Press, 2011: 9-10.

会议初衷是讨论为避免战争而设立国际仲裁和召开定期会议。但事与愿违，追求和平的理想未能实现。与会各国便退而求其次，针对可能出现的战争，制定了一系列的法律和规章。其中最为重要的是《陆战法规与惯例公约》（1899年《海牙第一公约》）及其附件《陆战法规与惯例章程》。① 公约正文共五条，确定了公约的适用范围（缔约国之间的战争）、公约在武装部队中的执行等。公约附件共六十条，全面规制了陆战行为，如交战地位、战俘待遇、作战手段和方法的限制、保护平民、文化财产及占领等。尤为重要的是，缔约国将"马尔顿条款"写进了公约的序言。该条款规定，即便在本章程没有规定的情况下，居民和战斗员仍然享有源自习惯、人道法则和公众良心的国际法原则的保护。"马尔顿条款"昭示，即便法无明文，武装部队也不能为所欲为。

此外，会议还通过了禁止使用达姆弹的宣言、禁止从气球上投掷炸弹的宣言和禁止使用窒息和有毒气体的宣言。达姆弹是进入身体后膨胀或变扁的子弹，具有极大的杀伤力，并给伤员造成巨大的痛苦。后两则宣言开启了规制空战和生化武器的先河。这些宣言的通过，被认为是《圣彼得堡宣言》精神的实现。②

1907年，第二届国际和平会议在海牙举行。但为人类谋永久和平的理想仍未能实现。在陆战法规编纂方面，会议对1899年《陆战法规与惯例公约》做了些许修改，强化了对不设防的城镇进行轰炸的限制。另一方面，会议发展了有关海战的法规，通过了《关于战争开始时敌国商船地位公约》《关于商船改装为军舰公约》《关于战时海军轰炸公约》《关于敷设自动触发水雷公约》《关于海战时限制行使捕获权的公约》《关于中立国在海战中的权利义务公约》和《关于建立国际捕获法院公约》。与陆战法规不同，《关于战时海军轰炸公约》允许海军轰炸不设防城镇中的军事目标。这一新规则也为空战法所遵循。③

---

① Schindler, D., Toman, J. The Laws of Armed Conflicts [M]. The Hague：Martinus Nijhoff Publishers, 2004：55-87.

② Schindler, D., Toman, J. The Laws of Armed Conflicts [M]. The Hague：Martinus Nijhoff Publishers, 2004：95-97, 99-101, 309-312.

③ Schindler, D., Toman, J. The Laws of Armed Conflicts [M]. The Hague：Martinus Nijhoff Publishers, 2004：45-49, 309-314.

二战后，纽伦堡和远东军事审判庭认为，1907年的海牙《陆战法规与惯例公约》（1907年《海牙第一公约》）在1939年之前便已经成为国际习惯法。①② 此后，联合国承担了议定限制武器条约的主要任务。

二、主要内容

（一）战斗员

海牙《陆战法规与惯例公约》将战斗员称为交战人员（第一、二条）。该类人员除正规武装部队成员外，还包括民兵和志愿部队，但后者必须符合下列条件：有为其部下负责的统帅；有可从远处识别的确定的特殊标志；公开携带武器；遵守战争法规及惯例。公约还将义勇军作为交战人员来对待。所谓义勇军，是指未被占领地的居民，在敌人迫近时，未来得及组织成正规武装部队而自发拿起武装抵抗侵略的人，但他们须公开携带武装并遵守战争法规和惯例。民兵、志愿部队和义勇军，反映的是欧洲19世纪后半叶的实践，并被"日内瓦四公约"纳入了被保护人的范围。二战中，引起国际社会关注的是在占领地从事抵抗人员的地位问题，他们能否像上述人员一样获得交战方地位，从而被俘后可以享有战俘待遇。该问题最后在《关于战俘待遇之日内瓦公约》（《日内瓦第三公约》）中得到解决，即抵抗运动成员可以获得战俘地位。③

（二）作战手段和方法

海牙《陆战法规与惯例公约》确立了限制作战手段的基本原则，即交战人员选择伤害敌人的手段不是无限制的（第二十二条）、禁止使用将引起不必要痛苦的武器、投射体或其他物质（第二十三条第五款）。如前所述，第一届海牙和平会议还通过了禁止使用达姆弹、毒气的宣言，海牙《陆战法规与惯例公约》第二十三条第一款规定禁止使用毒物或有毒的武器。该条款此后相继发展为1925年《禁用窒息性、毒性或其他气体及细菌作战方法的议定书》、1971年《生物武器公约》和1992

---

① International Military Tribunal (Nuremberg). Judgment and Sentences [J]. AJIL, 1946 (47): 248-249.

② Kalshoven, F., Zegveld, L. Constraints on the Waging of War. 4th ed [M]. Cambridge: Cambridge University Press, 2011: 40.

③ Kalshoven, F., Zegveld, L. Constraints on the Waging of War. 4th ed [M]. Cambridge: Cambridge University Press, 2011: 34.

年《化学武器公约》。

在作战方法方面，海牙《陆战法规与惯例公约》禁止以背信弃义的方式杀伤敌人（第二十三条第二款）、禁止杀伤投降的敌人（第二十三条第三款）、禁止不纳降（第二十三条第四款）、禁止攻击不设防的城镇（第二十五条）、攻击前预警（第二十六条）和保护文化财产（第二十七条）等。上述规定基本都为"日内瓦四公约"《第一议定书》所吸收。

第三节 日内瓦法

一、历史发展

日内瓦法源于1864年《日内瓦公约》，并分别于1906年和1929年予以修订。1864年《日内瓦公约》共10条，主要内容有：确立了不加区别照顾伤病军人的原则；战地医院和医务人员中立并受保护的原则；确立白底红十字为保护性标志等。[1]

1906年《日内瓦公约》33条，细化了保护伤病员及医务人员的规定，增加了处理死者遗体及传递信息的规定。尤为重要的是，公约首次承认了各国志愿救助团体（国家红会）参与战地救护的地位。[2]

1929年《日内瓦公约》在内容和体系上与1906年公约基本一致，增加了关于保护医疗飞机和在和平时期使用特殊标志的规定。此外，公约还接纳了红新月、红狮和太阳作为特殊标志。[3]

1868年10月，瑞士政府召集外交会议，希望将1864年《日内瓦公约》的基本原则适用于海战，通过了1868年10月20日《关于战争中

---

[1] Schindler, D., Toman, J. The Laws of Armed Conflicts [M]. The Hague: Martinus Nijhoff Publishers, 2004: 365-368.

[2] Schindler, D., Toman, J. The Laws of Armed Conflicts [M]. The Hague: Martinus Nijhoff Publishers, 2004: 385-396.

[3] Schindler, D., Toman, J. The Laws of Armed Conflicts [M]. The Hague: Martinus Nijhoff Publishers, 2004: 409-420.

伤者境遇的附加条款》，但该条约由于未能获得参会国家的批准而未生效。① 因此，1899 年的海牙和平会议通过了《关于 1864 年 8 月 22 日日内瓦公约的原则适用于海战的公约》（1899 年 7 月 29 日《海牙第三公约》）。该公约共十四条，主要是将保护陆战伤病员的规则适用于海战中的伤病员及遇船难者，同时还要求对医疗船予以尊重和保护。② 1907 年第二次海牙国际和平会议再次对《海牙第三公约》进行修订，通过了《关于日内瓦公约的原则适用于海战的公约（1907 年 10 月 18 日）海牙第十公约》，保留了 1899 年《海牙第三公约》的大部分条款，并在 1906 年《日内瓦公约》的基础上，增加了十四条，主要涉及特殊标志在医疗船上的使用、中立商船和战舰对遇难者的处置、搜寻海战遇难者、交流有关信息及指挥官和缔约国履行条约义务的责任等。③

关于保护战俘的日内瓦公约源于 1899 年第一次海牙国际和平会议通过的《陆战法规与惯例公约》。该公约附件第二章共十七条，规定了战俘的地位、待遇、释放和遣返等问题。1907 年第二次海牙国际和平会议通过《海牙第二公约》修正案，形成了《陆战法律与惯例公约》（1907 年《海牙第四公约》）及其附件《陆战法律和惯例规章》。新通过的《海牙第四公约》与《海牙第二公约》在内容上大同小异。④

上述公约关于战俘的规定在第一次世界大战期间暴露了缺陷，有些条款的规定需要进一步明确。为此，1921 年在日内瓦召开的第 10 届红十字国际大会呼吁国际社会通过有关战俘待遇的专门公约。红十字国际委员会据此起草了公约草案。1929 年 7 月，瑞士政府召集外交会议，通过了《关于战俘待遇的公约》。该公约共九十七条，并含有一个附件，详细规定了被俘、在押、战俘营的建立与管理，以及战俘的衣、食和宗

---

① Schindler, D., Toman, J. The Laws of Armed Conflicts [M]. The Hague: Martinus Nijhoff Publishers, 2004: 369.

② Schindler, D., Toman, J. The Laws of Armed Conflicts [M]. The Hague: Martinus Nijhoff Publishers, 2004: 373-378.

③ Schindler, D., Toman, J. The Laws of Armed Conflicts [M]. The Hague: Martinus Nijhoff Publishers, 2004: 397-404.

④ Schindler, D., Toman, J. The Laws of Armed Conflicts [M]. The Hague: Martinus Nijhoff Publishers, 2004: 55-87.

教信仰、劳动、对外联络、转移和遣返等问题。与以往关于战俘的规则相比，1929 年《关于战俘待遇的公约》的最大突破是规定禁止对战俘实施报复和集体惩罚、允许战俘指定代言人保护其利益和通过保护国维护战俘利益等。①

随着 1949 年 8 月 12 日"日内瓦四公约"的通过，并为各国所普遍接受，上述各公约分别为《一九四九年八月十二日改善战地武装部队伤者病者境遇之日内瓦公约》（《日内瓦第一公约》）、《一九四九年八月十二日改善海上武装部队伤者病者及遇船难者境遇之日内瓦公约》（《日内瓦第二公约》）、《一九四九年八月十二日关于战俘待遇之日内瓦公约》（《日内瓦第三公约》）所取代。②

1949 年前通过的《日内瓦公约》主要是为了保护战斗员，如战地伤病员、遇船难者和战俘等。1899 年和 1907 年通过的海牙《陆战法规与惯例公约》中有少数条款保护平民和被占领土居民的规定，如禁止抢劫，禁止对被占领土的居民实施集体惩罚，禁止攻击不设防的城镇、村庄等。在一战期间，面对空战给平民所带来的灾难、敌国和被占领土平民待遇问题，海牙公约的上述规定尤显不足。

鉴于此，在 20 世纪 20 年代召开的第 10 届至第 13 届国际大会开始针对战时平民保护制定补充规则。1929 年召开的外交会议除修订了 1906 年《日内瓦公约》和制定了《关于战俘待遇的公约》外，还建议国际社会开展研究，以便制定保护敌国和被占领土平民的公约。1934 年在东京举行的第 15 届红十字与红新月国际大会通过了红十字国际委员会起草的保护平民的公约草案（"东京草案"），并准备提交计划于 1940 年召开的外交大会讨论。由于二战的爆发，外交大会未能如期召开。二战中平民所遭受的苦难再次显示了缔结公约保护平民的必要性。

因此，1949 年在日内瓦召开的外交大会通过的《一九四九年八月十二日关于战时保护平民之日内瓦公约》（《日内瓦第四公约》）弥补了上述不足。公约第二部分规定了对平民一般性的保护，涉及受伤、生病

---

① Schindler, D., Toman, J. The Laws of Armed Conflicts [M]. The Hague: Martinus Nijhoff Publishers, 2004: 421-444.

② 迄今为止，"日内瓦四公约"有 196 个缔约国。

的平民和中立地带等，以保护平民免受冲突的影响。该部分的规定适用于冲突方的所有平民。第三部分是公约的主干，详细规定了"受保护人"的地位及待遇。但《日内瓦第四公约》及其他三个公约均不涉及限制作战手段和方法的问题。后者仍然由海牙《陆战法规与惯例公约》、"日内瓦四公约"及其附加议定书和国际习惯法规制。因此，"日内瓦四公约"并未取代1899年和1907年海牙公约，而是对上述公约附件第二编和第三编的补充。①

此外，"日内瓦四公约"三个附加议定书补充发展了1949年"日内瓦四公约"。1977年两个附加议定书的通过是国际人道法发展史上具有里程碑意义的事件。首先，《第一议定书》制定了保护平民免受敌对行动影响的条款，该部分规则自20世纪20年代后即处于停滞状态。其次，它确认并发展了《海牙陆战法规与惯例》关于敌对行动的规则和原则。最后，《第二议定书》补充了"日内瓦四公约"共同第三条的内容，丰富和完善了非国际性武装冲突的规则。② 2005年《第三议定书》则在标志的具体使用方面有所创新。"日内瓦四公约"和三个附加议定书的主要内容，详见下文。

二、"日内瓦四公约"的主要内容

（一）战争、武装冲突、占领

"日内瓦四公约"大约有二十余条内容相同或相近的条款，这些条款被称为"共同条款"。其中共同第二条和共同第三条规定了各公约的适用范围，是理解国际人道法其他问题的基础。③

共同第二条第一款将公约适用范围从"经过宣战的战争"扩展到"武装冲突"，不仅扩大了公约的范围，而且为公约的适用确立了客观标准。根据传统的战争法，只要国家通过公开声明表达交战意思——宣战，国家即处于战争状态，战争法的有关规定才能适用于冲突各方。

---

① Schindler, D., Toman, J. The Laws of Armed Conflicts [M]. The Hague: Martinus Nijhoff Publishers, 2004: 575.
② Schindler, D., Toman, J. The Laws of Armed Conflicts [M]. The Hague: Martinus Nijhoff Publishers, 2004: 8.
③ Solis, G. D. The Law of Armed Conflict: International Humanitarian Law in War. 2nd ed [M]. Cambridge: Cambridge University Press, 2016: 91.

"经过宣战的战争"作为战争法适用的条件，注重的是国家单方面的意思表示，使法律的适用完全取决于国家的主观意愿，为某些国家逃避战争法责任提供了借口。尽管1907年《海牙第三公约》规定未经宣战，不得开始敌对行动，但此后的历史经验表明，诸多国家间的兵戎相见，几乎具备了"战争"所有的实质特征，但由于没有经过"宣战"程序，海牙公约无法适用。① 二战后，由于《联合国宪章》确立了禁止在国际关系中使用武力的原则，以及国际审判确立了破坏和平罪和侵略罪，更是鲜有国家再度宣战，但国家之间使用武力的对抗也并未消失。因此，如果将"经过宣战的战争"作为公约适用的唯一条件，将极大限制公约效力的发挥。鉴此，国际社会在谈判"日内瓦四公约"时，将"武装冲突"纳入公约的适用范围，目的是将公约的适用建立在对国家关系事实的判断之上，而非冲突各方的主观臆断，为公约的适用确立了客观标准。

令人遗憾的是，"日内瓦四公约"也未对"武装冲突"做出定义。但此概念在此后的国家实践、司法判例和学术著作中得到了讨论和发展，并达成了共识，即共同第二条所述的武装冲突是指国家之间诉诸武力的对抗，不论此对抗的原因和激烈程度如何。②③ 前南斯拉夫国际刑事审判庭在塔迪奇（Tadić）案中指出：武装冲突就是指国家之间使用武力对抗的情形。上述定义得到了国家和其他国际机构的认可，被认为是国际人道法中"武装冲突"中的权威解释。

此外，共同第二条第二款还要求公约适用于缔约国领土被占领的情形。占领系指领土处于敌军的事实控制和管理之下。从逻辑上看，共同第二条第一款暗含了通过战争或武装冲突占领他国领土的情形。本款强调的是，即便占领没有遭遇武力抵抗，公约仍应适用。在二战期间，纳

---

① 关于未经宣战的武装冲突的事例，见 Sassòli, M., Bouvier, A. A., Quintin, A. How Does Law Protect in War? (Vol I). 3rd ed [M]. Geneva：ICRC, 2011：161. 所列举的事项中包括了发生在中国的外国部队和义和团的冲突。

② How is the term "Armed Conflict" defined in international humanitarian law? [EB/OL]. (2008-03-17)[2023-02-06]. https://www.icrc.org/en/doc/assets/files/other/opinion-paper-armed-conflict.pdf.

③ Pictet, J. Commentary on the Fourth Geneva Convention [M]. Geneva：ICRC, 1958：20-21.

粹德国在未遭遇任何抵抗的情况下占领了丹麦。战后的军事法庭也确认德国对波西米亚和摩拉维亚的有效控制，尽管未遭遇抵抗，仍构成占领。① 因此，共同第一条第二款只是强调了已经为国际实践所认可了的战争法适用的情形，它和第一款相互补充，确保公约适用于所有情形下的占领。

共同第二条第三款处理的是当部分冲突方并非公约缔约国，公约如何使用的问题，即在冲突的缔约国之间，公约仍发生效力；但在缔约国与非缔约国之间，公约不发生效力，除非该非缔约国自愿接受公约的约束。在"日内瓦四公约"已经被各国普遍接受的情况下，该款的现实意义已经不大，除非将来再诞生新的国家。

最后，需要明确的是，共同第二条所述的战争、武装冲突和占领均发生在国家之间，也被统称为"国际性武装冲突"。

（二）非国际性武装冲突

共同第三条是"日内瓦四公约"中唯一适用于非国际性武装冲突的条款，被誉为"公约中的公约"。② 该款现已被认为是最基本的人道义务，适用于所有的武装冲突。

共同第三条适用于发生在缔约国境内的政府与非政府武装团体或者非政府武装团体之间的武装冲突。为了区分非国际性武装冲突与诸如内

---

① International Military Tribunal（Nuremberg）. Judgment and Sentences［J］. AJIL, 1946(47): 220-222.

② 全文如下：

在一缔约国之领土内发生非国际性之武装冲突之场合，冲突之各方最低限度应遵守下列规定：

（一）不实际参加战事之人员，包括放下武器之武装部队人员及因病、伤、拘留，或其他原因而失去战斗力之人员在内，在一切情况下应予以人道待遇，不得基于种族、肤色、宗教或信仰、性别、出身或财力或其他类似标准而有所歧视。因此，对于上述人员，不论何时何地，不得有下列行为：（甲）对生命与人身施以暴力，特别如各种谋杀、残伤肢体、虐待及酷刑；（乙）作为人质；（丙）损害个人尊严，特别如侮辱与降低身份的待遇；（丁）未经具有文明人类所认为必需之司法保障的正规组织之法庭之宣判，而遽行判罪及执行死刑。

（二）伤者、病者应予收集与照顾。公正的人道团体，如红十字国际委员会，得向冲突之各方提供服务。冲突之各方应进而努力，以特别协定之方式，使本公约之其他规定得全部或部分发生效力。

上述规定之适用不影响冲突各方之法律地位。

部动乱、紧张局势和暴力犯罪等情形,内部暴力局势必须符合下列条件才能构成非国际性武装冲突:一是各方的暴力冲突必须达到一定程度的激烈程度,如暴力冲突是集体性的、有组织的,而非个人、零星的暴力对抗,而且政府被迫动用军队实施镇压等;二是参与冲突的非国家武装必须具备一定的组织性,如这些武装力量具备一定的指挥体系,从而使其能够持续地开展军事行动。

在内容上,该条要求冲突各方对没有参加战事的人员,包括从一开始就没有参加战斗的居民,以及放下武器和失去战斗力的武装部队人员,给予人道待遇,并不得歧视。在任何情况下,都不得对上述人员实施暴力、挟持和损害其尊严的行为,并须保障他们获得公正审判的权利。这些规定与人权法的相关内容近似,所不同的是,它们不仅约束参与冲突的政府,而且约束非政府武装,而人权法的义务主体往往是政府。① 在人道救助方面,本条只简要地规定各方照顾伤病员的义务,并赋予了红十字委员会等人道组织向冲突各方提供服务的权力。本条还鼓励冲突方通过缔结特别协定的方式,将"日内瓦四公约"其他适用于国际性武装冲突的条款,适用于它们之间的冲突,以更好地保护受到冲突影响的人。

(三)被保护的人

"日内瓦四公约"的核心是保护那些在武装冲突中落入敌手的人员。具体而言,"日内瓦四公约"中的前三个公约保护的是落入敌手的武装部队成员,即战斗员。这些人员包括:

第一,冲突方武装部队成员,包括未经敌国政府承认的国家武装部队成员。

第二,冲突方的民兵及志愿部队人员,包括在其本国领土内外活动的有组织抵抗运动人员,即使该国领土已被占领。但上述人员须满足下列条件:有为其部下负责的统帅;有可从远处识别的确定的特殊标志;公开携带武器;遵守战争法规及惯例。

---

① 参见前述国际人道法与人权法的区别,以及 Kalshoven, F., Zegveld, L. Constraints on the Waging of War. 4th ed [M]. Cambridge:Cambridge University Press, 2011:68.

第三，义勇军成员，即未被占领地的居民，在敌人迫近时，未来得及组织成正规武装部队自发拿起武装抵抗侵略军队的人，但他们也须公开携带武装并遵守战争法规和惯例。

第四，伴随武装部队而实际并非其成员之人，如军用机上之文职工作人员、战地记者、供货商人、劳动队工人或武装部队福利工作人员。

第五，冲突方商船队之船员和民航飞机上的工作人员。

上述第一至第三类人员属于严格意义上的战斗员，后两类人员属于平民，但由于其与战争或武装部队关系紧密，敌方可以将其羁押，但必须给予其战俘地位。

《日内瓦第四公约》保护的是平民，即在冲突和占领的情况下，交战国控制下的敌国国民。因此，中立国家的国民、盟国的国民，以及在交战国仍有外交代表的该交战国控制的其他交战方国民不属于受该公约保护的人。①

（四）伤者、病者、遇船难者

冲突方应搜寻和收集伤病员，并对其予以治疗和照顾，只有出于医学原因，才能对部分人员优先诊治；禁止危害伤病员的生命和身体，特别是对其实施谋杀、酷刑、生物实验，也不得故意不给予其治疗和照顾，以及使其遭受传染病的危险。

冲突方应登记伤病员和死者的身份信息，并将该信息移交本国战俘情报局，后者则应通过保护国或战俘中央事务所，将有关信息转递给伤病员所属国。

冲突方还应搜寻和辨别死者，收集他们的遗嘱和其他具有实质价值和情感价值的物品，并确保死者得到荣誉的安葬，除非出于宗教或公共卫生的原因，不得焚化尸体。冲突方在战事伊始，即应建立坟墓登记处，以登记、管理和标记墓葬，以便事后辨认，并将尸体或骨灰转运回死者所属国。

遇船难者指因任何原因遭遇船难的被保护人，包括飞机被迫降落海

---

① 《一九四九年八月十二日关于战时保护平民之日内瓦公约》（《日内瓦第四公约》），1949年8月12日订立，1950年10月21日生效，第四条。但该公约第二部分的规定适用于冲突方的全部人民。

面或被迫自飞机上跳海者。交战国军舰有权要求移交医院船、商船或其他商船上的敌国伤病员和遇船难者,只要后者的健康状况适合移交,但该军舰必须配备必要的医疗设备。

冲突方居民可以自发收集和照顾伤病员,不得因此受到惩罚。与此同时,冲突方的居民也应尊重伤病员,不得对他们实施暴行。

(五) 医疗部门和医疗工具

冲突方应当尊重和保护医疗部门及其设备和人员,不得对其实施攻击,但医疗部门和人员也不得从事有害于敌方的行为,否则,在经适当警告后,将丧失受保护的地位。冲突方还可以建立医院地带和处所,以保护伤病员和医疗人员,但此类安排须冲突方通过协议予以认可。

专门从事寻觅、收集、运送、医治伤者、病者及预防疾病之医务人员,专门从事管理医疗队和医疗所之职员及随军牧师,应受尊重与保护。武装部队中专门受训以便在需要时协助医疗部门的辅助人员,在执行医疗任务时,也应受到尊重和保护。医务人员在被俘后,不是战俘,只有在战俘的健康、精神及人数有需要时,冲突方才能留置医务人员。医疗辅助人员在执行任务被俘后,是战俘,但冲突方可以令其继续承担医务工作。

运输伤病员和医疗设备的医疗运输队应当受到尊重和保护。但其落入敌手时,其将受战争法约束,即成为敌方的战利品。医务飞机必须在冲突方约定的高度、时间及航线飞行,否则将丧失受保护的地位。除非敌方同意,医务飞机不得在敌方控制的领土上空飞行。医务飞机应当服从冲突方的降落命令,以便接受检查。当医务飞机非自愿降落于敌方控制的领土时,机内的伤病员和飞行员将成为战俘。而医务飞机本身也将成为战利品。① 学者认为,公约关于医务飞机的规定过于严格,以致在冲突中无法使用。② 经事先通知并在符合中立国规定的条件的情况下,医务飞机可以飞越中立国领空或在其领土内降落。

军用医院船是指国家为专门救助、医治和运送伤病员及遇船难者而

---

① ICRC. Commentary on the First Geneva Convention [M]. Geneva: ICRC, 2016: 2478.
② Kalshoven, F., Zegveld, L. Constraints on the Waging of War. 4th ed [M]. Cambridge: Cambridge University Press, 2011: 50.

特别建造或装备的船只，该类船只在投入使用十日前须通知冲突各方。国家红会或私人可将自己拥有的医院船（民用医院船）交付国家使用。冲突方不得对上述医院船实施攻击或拿捕，并予以尊重和保护。冲突方应尽可能保护军舰上的伤病治疗室。医院船不得用于军事目的，也不得妨碍军事行动。不得拿捕承担医疗运输而被租用的船只，也不得截留其所运载的医疗设备。为便于识别，医院船外表应为白色，在其船身两侧及平面，应展示一个或多个尽可能大的特殊标志。

（六）国家红会的责任和地位

国家红会的人员可以承担救助伤病员的任务，但必须接受军事法规的约束，即该部分人员应当接受军队医疗部门的领导，并享有与军队医疗人员同等的地位和待遇。中立国家的红会在征得本国政府和冲突方政府同意的情况下，可以派出医疗人员援助该冲突方，并将该事项通知该冲突方的敌方。此类医疗援助人员被俘后，俘获方不得对其实施拘留，并应允许其回国；如无法回国，则在可能的情况下，应允许其回到他们提供援助的冲突方领土。

（七）战俘

武装部队成员自其被俘之时起即成为战俘，俘获国即对其承担责任，而非俘获战俘的个人或部队。必须给予战俘人道待遇，禁止任何导致战俘死亡和伤害的不法行为，不得对战俘施暴、威吓和侮辱，并应使其免受公众好奇心的烦扰。应当尊重战俘的人身及人格尊严，战俘的民事能力应不受影响。俘获国应照顾战俘的生活和健康。不得歧视战俘。

严禁通过酷刑或其他胁迫方式迫使战俘提供情报。在接受讯问时，战俘只须透露其姓名、等级、出生日期、军、团番号。除武器装备和军事文件外，战俘可以保留其自用物品、个人防护物品、具有情感价值的物品。战俘在被俘后应尽快以人道的方式撤离战地。

战俘可以被拘禁。拘禁场所只能设置于陆地，且符合卫生标准。战俘营可以标以 PW 或 PG 字母，战俘营的地理位置应告知有关国家。

战俘的居住条件应与拘留国部队相同。拘留国应当保障战俘有维持其健康所必需的食物和衣物。战俘营可以设小卖部，方便战俘购买日常用品。小卖部的利润只能用于战俘的利益。拘留国应保证战俘享有必要的医疗和卫生照顾，并充分保证战俘的宗教信仰、文化和体育活动的自由。可以根据战俘的年龄、性别和健康状况，要求战俘从事劳动，但须参照拘留国劳动法保障基本的劳动条件和薪酬。应当允许战俘与外界，尤其是其家人通信和联络，并寄送和接收包裹，但拘留国可以施加数量之限制。军官战俘可以作为代表，或在没有军官的情况下，战俘可以选举代表和拘留国、保护国等进行交涉。遇有战俘死亡，拘留国应将其遗嘱送保护国，对遗体检查后，予以火化或者埋葬，并予以登记。

《日内瓦第三公约》及其附件和有关特别协议，应当以战俘本国文字予以张贴，以供战俘阅读。战俘在拘禁期间受拘留国部队的法规和命令约束。国际人道法不禁止战俘脱逃。因此，只能对脱逃未遂的战俘实施纪律处分，除非其在逃脱的过程中实施了针对他人人身的暴力行为。一旦战俘逃回本国或盟国的武装部队，或登上本国或盟国的船只，或逃离了拘留国或其盟国控制的领土，脱逃即为完成，此后即便再度被俘，也不能处罚其此前的脱逃行为。对战俘进行审判应确保其享有正当司法程序的保障。

为便利有关战俘的情报在各方的传递，冲突方应当设立国家战俘情报局，以便将有关战俘被俘、伤病、死亡、释放、遣返或逃脱等情况通过保护国或中央事务所通知有关国家。战俘情报中央事务所是建立在中立国的机构，负责收集有关战俘的情报，并将此情报转递战俘来源国。

冲突方可以直接遣返重伤或重病之战俘，或者将部分伤病员交由中立国收容，但遣返不得违背战俘的意愿。被遣返的战俘不得再服役。

实际的敌对行动一经结束，所有战俘就应立即予以释放或遣返，除非针对有关战俘的刑事诉讼尚未完结，或其尚未服刑完毕。

（八）平民

为加强保护平民，公约规定了两类受保护的特殊地带：医院与安全地带及处所，以及中立化地带。医院与安全地带及处所用于保护伤病平民、老年人、15岁以下的儿童、孕妇、7岁以下儿童的母亲。冲突方须在战争开始或过程中，缔结协议对上述地带予以确认。中立化地带则用于保护伤、病战斗员或非战斗员，以及不参加敌对行动的平民和在该地带内居住但不从事军事工作的平民。中立化地带的设立也需要冲突方以协议的方式予以确认。在实践中，医院与安全地带往往需要占用较大的面积，且需远离战区，所以迄今尚未出现设置该类地带的事例。在红十字国际委员会的斡旋下，冲突方曾在战区设立过中立地带。① 二战时期，日本侵略军攻打上海，中国红十字会上海国际委员会在上海南市老城厢设立了不设防区域，并以"南市难民区"（安全区）形式从1937年底持续至1941初，保护了近40万难民。随后，南京、汉口、武昌先后都进行了尝试。②③

禁止以被保护的平民作为"人盾"而使某地免受攻击，禁止对被保护平民实施集体惩罚、威吓、掠夺和报复，以及将其作为人质。

除非有碍国家利益，应允许冲突方境内的外国人在战事开始时或过程中随时离境。被保护人可以就冲突方拒绝其离境提出申诉。

未离境的被保护的外国平民仍享有一系列的基本权利：接收救济物品、享受医疗、宗教信仰自由和迁出危险区域等。冲突方应保障被保护人的工作机会，否则应负担被保护人本人及其赡养人的基本生活。可以强迫被保护人工作，但如被保护人是敌国公民，则只能强迫其从事与军事行动无直接关系，为保证食、住、衣、行及健康所必需的工作。

出于安全需要，冲突方可以拘禁被保护人或将其安置于指定的居所。被保护人出于安全的考虑，可以请求拘禁。被保护人可以请求冲突方当局对上述措施进行定期审议。

保护被占领土上被保护人的权利是公约的重点。公约首先禁止因占领而剥夺被保护人享有的利益。除非出于安全或迫切军事必要，不得迁徙或驱逐被保护人。占领国可以强迫已满18岁的被保护人工作，但其只能从事与占领军、公用事业或居民食、住、衣、行及健康所必需的工作，不得强迫被保护人在其武装部队或武装部队的辅助部队工作。占领国应对儿童予以特别照顾，并保证居民的食物和医疗物资的供应及公共卫生和保健服务。占领国只有在紧急场合，才能征用民用医院。占领国

---

① Kalshoven, F., Zegveld, L. Constraints on the Waging of War. 4th ed［M］. Cambridge: Cambridge University Press, 2011: 59.
② 阮玛霞. 饶家驹安全区［M］. 白华山, 译. 南京：江苏人民出版社, 2011.
③ 约翰·拉贝. 拉贝日记［M］. 本书翻译组, 译. 2版. 南京：江苏人民出版社, 2009.

须便利居民获得救济物资,在遵守占领国出于安全而采取限制措施的前提下,国家红会和红十字国际组织可以提供人道救济。

占领国有义务保障占领地公共秩序与安全。占领地原有的刑法将继续有效,除非执行该刑法对占领国构成威胁或妨碍其执行公约;占领地的司法系统仍应持续运转。与此同时,占领国可以为了执行公约、维持秩序、保护有关人员和财产,制定相应规定。占领国制定的刑事法律应当公布,且无溯及力。触犯占领国制定的刑法的犯罪应当由占领地的非政治性的军事法庭审判,一审应当在占领地进行。刑事审判应当符合刑法基本原则,尤其是罪刑相适应的原则,并考虑到被告非占领国国民的事实。除非被告实施了针对人身的暴力犯罪或危害公共安全的犯罪,且严重损害占领军及行政机构的财产和设备,否则应只对被告处以拘禁或监禁。死刑只能适用于间谍罪、严重破坏军事设备或故意犯罪致人死亡的案件,前提是被占领土在被占领之前的法律也对此规定了死刑。禁止对不满18周岁的人适用死刑。

占领国出于安全考虑,可以拘禁被保护人或将其安置于指定居所。如被保护人在占领地从事间谍、破坏或其他危害占领国安全的活动,其在被拘禁后可能丧失与外界通信的权利。需要强调的是,对被保护人的拘禁必须根据其个人情况予以确定,而不能作为对被保护人的集体惩罚措施。

三、1977年"日内瓦四公约"附加议定书的主要内容

(一)历史背景

二战后,随着联合国的成立,人们对世界和平信心大增。1949年,联合国国际法委员会拒绝讨论有关战争法的问题。因为他们认为作为联合国的机构,讨论战争法的问题,表明委员会对联合国维持国际和平与安全的机制缺乏信心。

另一方面,在红十字国际委员会的推动下,"日内瓦四公约"得以通过。在联合国人权宣言及条约的影响下,战争法也出现了以人权为导向的趋势。"日内瓦四公约"开始重视被保护人的权利,而不仅仅给交战方施加义务。

但是,海牙《陆战法规与惯例公约》等未能做到与时俱进,仍缺乏

保护平民免受作战手段和方法的影响的规定。认识到这一缺陷，红十字国际委员会于1956起草了《限制战时平民所受危险的规则》，获得了红十字与红新月国际大会的支持，但政府反应平淡，遂不了了之。

20世纪60年代起，民族解放运动风起云涌，战争再次成为联合国无法回避的问题。自1968年起，联合国大会定期通过决议，要求将民族解放战争作为国际性武装冲突来对待。1968年在德黑兰召开的联合国人权大会通过了"武装冲突中尊重人权"的决议，要求联合国制定新的国际公约确保平民、战俘和战斗员获得更好的保护，并禁止或限制某些作战手段和方法。1969年，红十字与红新月国际大会再次要求红十字国际委员会拟定公约草案。后者于1971年和1972年召集了两次政府专家会议，拟定了两个"日内瓦四公约"的附加议定书。随后，瑞士政府分别在1974年和1977年召集外交大会讨论委员会提交的条约草案，并于1977年6月8日以协商一致的方式通过了附加议定书。

（二）"日内瓦四公约"《第一议定书》的主要内容

1. 适用范围

《一九四九年八月十二日日内瓦四公约关于保护国际性武装冲突受难者的附加议定书》（《第一议定书》）适用于"日内瓦四公约"共同第二条规定的情形，即经过宣战的战争、武装冲突和占领，也即国际性武装冲突。为顺应殖民地争取独立的历史潮流，议定书还将反抗殖民统治、外国占领和种族主义政权的"民族解放战争"作为国际性武装冲突，纳入了议定书的适用范围。但是，为使公约和议定书能够发挥效力，从事民族解放战争的一方必须向议定书保存国发表声明，表示接受公约和议定书的约束。

2. 关于战斗员和战俘地位

"日内瓦四公约"主要围绕国家的正规部队来界定战斗员，除了要求他们具有组织、守法的条件外，还要求公开携带武器和佩戴标识。

议定书对此做了突破。首先，议定书将武装部队定义为：冲突方有"一个为其部下的行为向该方负责的司令部统率下的有组织的武装部队、团体和单位……该武装部队应受内部纪律制度的约束，该制度除其他外应强制遵守适用于武装冲突的国际法规则"（第四十三条第一款）。据此，武装部队的构成条件得到简化，只须具备组织性和纪律性即可。其次，议定书进一步规定，上述武装部队的所有成员（除医务人员和随军宗教人员外），均为战斗员，有权直接参加敌对行动，被俘后均有战俘地位（第四十三条第二款，第四十四条第一、二款）。最后，考虑某些冲突的特殊性而使战斗员无法与平民相区别，但这些人仍能够保留其战斗员身份，只要他们在交火期间和在从事其所参加的发动攻击前的部署时为敌人所看得见的期间，公开携带武器（第四十四条第三款）。

议定书关于"民族解放战争"和战斗员的规定，顺应了20世纪殖民地争取独立的潮流。西方国家则认为它们模糊了正规军和非正规军的概念，是在为游击队、叛乱分子甚至恐怖分子"正名"。① 但实践中，议定书生效后，尚未出现有关援引"民族解放战争"条款的案例。②

需要注意的是，武装部队成员如果从事间谍行为，将丧失战俘地位。间谍行为是指通过虚假行为或秘密方式收集情报的行为。此外，外国雇佣兵不具备战斗员地位，不享有战俘待遇，但议定书为雇佣兵设定了非常严格的条件。③ 由于间谍和雇佣兵不享有战俘地位，冲突方可以依据其国内法对上述人员进行处罚，即便其行为没有违反国际人道法。

3. 作战手段和方法（第三十五至四十二条）

该部分吸收了海牙《陆战法规与惯例公约》关于作战手段和方法的内容，并发展了一些新规则。

首先，第三十五条确立规则作战手段和方法的基本原则：① 冲突各方选择作战方法和手段的权利，不是无限制的；② 禁止使用属于引起过

---

① Solis, G. D. The Law of Armed Conflict: International Humanitarian Law in War. 2nd ed [M]. Cambridge: Cambridge University Press, 2016: 134-138.

② Kalshoven, F., Zegveld, L., Constraints on the Waging of War. 4th ed [M]. Cambridge: Cambridge University Press, 2011: 85

③ 《第一议定书》，1977年6月8日订立，1978年12月7日生效，第四十七条第二款规定，外国雇佣兵是具有下列情况的任何人：（一）在当地或外国特别征募以便在武装冲突中作战；（二）事实上直接参加敌对行动；（三）主要以获得私利的愿望为参加敌对行动的动机，并在事实上冲突一方允诺给予远超过对该方武装部队内具有类似等级和职责的战斗员所允诺或付给的物质报偿；（四）既不是冲突一方的国民，又不是冲突一方所控制的领土的居民；（五）不是冲突一方武装部队的人员；而且（六）不是非冲突一方的国家所派遣作为其武装部队人员执行官方职务的人。

分伤害和不必要痛苦的性质的武器、投射体和物质及作战方法；③禁止使用旨在或可能对自然环境引起广泛、长期而严重损害的作战方法或手段。上述前两项原则早为海牙《陆战法规与惯例公约》所确立。第三项保护环境的原则创新之举，吸取了越战中美军大量使用落叶剂的教训，但案文却大大限制了损害环境的作战手段和方法的范围，要求它们必须能够给自然环境带来广泛、长期和严重的损害。从谈判情况看，此处的损害是指长达十年以上的对生态环境的大规模破坏，以至于有学者认为只有核武器才能满足上述条件。

其次，议定书还规定了缔约国在研究、发展、取得或采用新的武器、作战手段或方法之前，须根据现行的国际法规则进行审查，以判定其合法性。该规定可视为《圣彼得堡宣言》对新武器规则的具体体现，不少国家为此制定了有关新武器法律审查的规章和制度。①

再次，议定书还细化了海牙《陆战法规与惯例公约》有关禁止背信弃义作战方式的规定。背信弃义作战方式是指通过假装自身享有法律上受保护的地位，并利用此种地位实施的害敌行为，如假装休战、投降，伤病，平民，联合国或中立国家的人员而杀死、伤害或俘获敌人。但使用伪装、假目标、假行动和假情报等不违反冲突法的战争诈术是不禁止的（第三十七条）。与海牙《陆战法规与惯例公约》一样，议定书禁止下令不纳降，禁止攻击战俘、投降者、伤病员等失去战斗力的人。议定书还禁止攻击从遇难飞机上跳伞降落的任何人，其在落入敌人控制的领土的地面后，除显然表现其从事敌对行为外，应先给其投降机会，然后才能实施攻击，但空运部队除外。

最后，议定书对国籍和公认的特殊标志实施特殊保护。议定书禁止不当使用或滥用红十字、联合国等国际公认的保护标志、记号或信号；禁止使用中立国家或其他非冲突方国家的旗帜、军用标志、徽章或制服；禁止在从事攻击时，或为了掩护、便利、保护或阻碍军事行动，而使用敌方的旗帜或军用标志、徽章或制服。但是，关于使用非冲突方和

---

① Kalshoven, F., Zegveld, L. Constraints on the Waging of War. 4th ed [M]. Cambridge: Cambridge University Press, 2011: 93.

敌方标识的规定不适用于间谍或在进行海上武装冲突中使用旗帜的规定。在海战中,惯例是在正式开火前,战舰可以不悬挂本国国旗。①

4. 保护平民

(1) 保护平民免受敌对行动的影响

该部分内容构成保护平民的核心规定,也弥补了此前海牙公约和日内瓦公约体系对在敌对行动中保护平民的不足。

(2) 基本原则

公约确立了区分原则,即冲突各方无论何时均应区分平民居民和战斗员、民用物体和军事目标。禁止直接攻击平民,军事行动只能以军事目标为对象。

执行区分原则前提是明晰平民和战斗员、民用物体和军事目标的概念。根据第五十条,不属于武装部队的人员即为平民,而平民居民包括所有作为平民的人。根据第五十二条,军事目标则是指由于其性质、位置、目的或用途对军事行动有实际贡献,而且在当时情况下其全部或部分毁坏、缴获或失去效用提供明确的军事利益的物体。凡不属于军事目标的物体即为民用物体。

在现实中,平民往往生活在混杂着武装部队和军事目标的城市或区域。即便如此,平民仍保留其受保护的平民地位,仍不能对其实施直接攻击。只有在平民直接参加敌对行动时,平民才丧失免受攻击的保护。但公约没有对"直接参加敌对行动"做出解释,2009年,红十字国际委员会出版了《国际人道法中直接参加敌对行动定义的解释性指南》。根据该指南,直接参加敌对行动的构成要素有:行为人的行为破坏了对方的军事行动或军事能力,或者杀、伤或破坏了免受攻击的人员或物体;行为人的行为和损害后果有直接的因果关系;行为人的目的是协助冲突一方对抗另一方。② 较为容易判断的直接参加敌对行动的例子,如直接向敌方战斗员、军事目标实施攻击等。直接参加敌对行动的平民在

---

① Kalshoven, F., Zegveld, L. Constraints on the Waging of War. 4th ed [M]. Cambridge: Cambridge University Press, 2011: 96.

② Melzer, N. Interpretive Guidance on the Nation of Direct Participation in Hostilities [M]. Geneva: ICRC, 2009: 46-64.

被俘后，没有战俘地位，俘获方可以根据本国的法律对其实施处罚。

判断某物体是否构成军事目标的核心标准则是，该物体是否对敌方的军事行动有实质的贡献，而摧毁或使其失去效能能否给攻击方带来明确的军事利益。显而易见，军事装备和设施如坦克、军营等均为军事目标，学校、宗教和礼拜场所等往往是民用物体。如对通常用于民用目的的物体是否被用于军事目的有疑问时，应当首先推定其没有被用于军事目的而加以保护。对于交通要道、桥梁、铁路和海港等具有"战略"意义，或既可为军用又可为民用的"军民两用"物体，是否构成军事目标，则需要根据对其采取军事行动时的具体情况予以判断，如其在当时被敌方用于军事目的，且对其实施攻击又能给己方带来军事利益，这些物体就构成军事目标。[1]

针对二战中普遍存在的地毯式轰炸，即无区别地打击军事目标和平民或民用物体的作战方式给平民所带来的伤亡和痛苦，议定书禁止不分皂白的攻击。根据第五十一条第四款和第五款的规定，不分皂白的攻击是：不以特定军事目标为对象的攻击；使用不能以特定军事目标为对象的作战方法或手段；或使用其效果不能按照本议定书的要求加以限制的作战方法或手段；而因此，在上述每个情形下，都是属于无区别的打击军事目标和平民或民用物体的性质的。

第五款规定：除其他外，下列各类攻击，也应视为不分皂白的攻击：使用任何将平民或民用物体集中的城镇、乡村或其他地区内许多分散而独立的军事目标视为单一的军事目标的方法或手段进行轰击的攻击；和可能附带使平民生命受损失、平民受伤害、平民物体受损害，或三种情形均有而且与预期的具体和直接军事利益相比损害过分的攻击。

其中，第五十一条第五款第二项的规定又被称为"比例原则"。

此外，议定书禁止对平民实施报复行为，即不得以敌方攻击己方平民为由而对敌方平民实施攻击。议定书还禁止将平民作为"人盾"，即不得以平民保护军事目标不受攻击或掩护军事行动。

---

[1] Kalshoven, F., Zegveld, L. Constraints on the Waging of War. 4th ed [M]. Cambridge: Cambridge University Press, 2011: 105.

(3) 预防措施

为强化对平民和民用物体的保护，也是为了更好地实施区分原则，议定书规定了为冲突方采取预防措施的义务。

议定书要求冲突方在进行军事行动时，应经常注意不损害平民居民、平民和民用物体。在计划实施攻击时，攻击方应当查明将予以攻击的目标是军事目标，在选择攻击手段和方法时，应尽可能避免或减少平民或民用物体的附带损害，如果攻击将可能造成平民或民用物体过分的附带损害，则应决定不发起攻击。在实施攻击的过程中，如果发现将予以攻击的目标不是军事目标或是受特殊保护的，或者发现附带损害可能过分，则应停止或取消攻击。如果情况允许，攻击方应就可能影响平民居民的攻击发出有效的事先警告。如果存在数个具有同等价值的军事目标，攻击方应该选择攻击那些对平民和民用物体所带来的附带损害最小的军事目标。

攻击方的军事能力，即其获取军事情报的能力、可以选择的作战手段和方法的范围、指挥官的专业水准等。[1]

对于可能遭受攻击的一方而言，则应尽量将其控制下的平民或民用物体迁离军事目标附近的区域；也应避免将军事目标设置在人口稠密的地区或其邻近区域；还应采取其他必要措施，保护在其控制下的平民居民、平民个人和民用物体不受军事行动所造成的危害。此规定可以视为"区分原则"和禁止人盾规定的衍生义务。[2]

(4) 受特殊保护的物体

为了保护平民，议定书还保护与平民精神和物质生活息息相关的物体。首先是文物和礼拜场所。议定书禁止针对历史纪念物、艺术品或礼拜场所实施敌对行动，同时也禁止利用上述物体来支持军事行动，也不能针对上述物体实施报复行为。上述物体往往是一个民族、种族或社团的精神象征，是构成其身份认同的要素，对其实施破坏，不具备任何军

---

[1] Kalshoven, F., Zegveld, L. Constraints on the Waging of War. 4th ed [M]. Cambridge: Cambridge University Press, 2011: 113-116.

[2] Kalshoven, F., Zegveld, L. Constraints on the Waging of War. 4th ed [M]. Cambridge: Cambridge University Press, 2011: 117.

事利益，但却是精神上的"灭种"行为。为此，国际社会还专门缔结了《关于发生武装冲突时保护文化财产的海牙公约》。

其次，议定书还禁止对平民生存所不可缺少的物体，如粮食、农业区、农作物、供水工程等，实施攻击、破坏或报复行为。但对上述保护有两个例外，一方面如上述物体仅作为军队的给养或用以直接支持军事行动时，则可对其实施攻击或破坏；另一方面，冲突方为保卫其国家领土免遭入侵，则可实施"焦土政策"，即可对其控制下的上述物体实施破坏，从而阻碍敌军入侵或从其本国获得给养。"焦土政策"是19世纪战争法确立的一项作战方式，曾被荷兰长期实施。①

议定书还保护含有危险力量的设施，如堤坝、核电站等。即便这类设施是军事目标，如果对其实施攻击可能对平民造成严重损失，则应禁止此攻击。如果这些设施安置地或其附近有军事目标，对这些军事目标实施攻击，可能使这些设施释放危险力量或物质，从而使平民遭受严重损失，也不能对这些军事目标发起攻击。为了便于保护上述设施，议定书还为其创设了特殊记号，即三个平行的同轴鲜橙色圆形，每个圆形之间的距离为一个半径。

但上述保护也有例外。如果含有危险力量的设施或其位置上或附近的军事目标为军事行动提供经常性的、重要的或直接的支持，而且对其实施攻击是阻止其支持军事行动的唯一方法，则可对这些设施和军事目标实施攻击。即便如此，冲突方仍应采取可行的预防措施，避免这些攻击释放危险力量而伤及平民。

冲突方可以为保护上述设施而在其附近布置军事装备或部队，冲突方不能对这些军事目标实施攻击，前提是这些军事力量只用于保护这些危险设施。

（5）受特殊保护的地方和地带

为了尽可能广泛地保护平民居民，议定书规定了两类受特殊保护的地方和地带。

---

① Kalshoven, F., Zegveld, L. Constraints on the Waging of War. 4th ed [M]. Cambridge: Cambridge University Press, 2011: 111.

首先是不设防地方。禁止攻击不设防的地方是海牙《陆战法规与惯例公约》确立的原则。但在实践对如何认定不设防的地方存在争议。为此，议定书规定不设防的地带应当符合下列条件：

① 所有战斗员及机动武器和机动军事设备必须已经撤出；
② 固定军事装置或设施应不用于敌对目的；
③ 当局或居民均不应从事任何敌对行为；
④ 不应从事支持军事行动的任何活动。

在不设防的地方可以保留为了维持法律和秩序的唯一目的而留下的警察部队。冲突方可以单方面宣布某地区为不设防地方，并将此通知对方。冲突各方也可通过协议确定某地区为不设防地方。不设防地方可以被敌方自由占领。

其次是非军事化地带。非军事化地带只能通过协议在平时或敌对行动开始后确定。设立非军事化地带的条件与不设防地方基本相同，只是在军事活动的关系上，非军事化地带禁止任何与"军事努力"有关的活动，而不设防地方只禁止支持"军事行动"的活动。前者较后者限制的范围宽泛，如生产军需品可能不属于支持军事行动，但可能与军事努力有关。冲突方不得将其军事行动的范围扩张到非军事化地带，如果战斗逼近非军事化地带，冲突方不得为军事目的使用该地带。

最后，应当注意的是，上述不设防地方和非军事化地带不是当代武装冲突中各方设立的"安全区"，如联合国在前南斯拉夫境内为保护穆斯林居民设立的安全区等，后者是通过军事手段设立和保护的区域。①

（6）受保护的民防力量

民防力量在二战中发挥了保护平民的重要作用，但其法律地位直到1977年才被确立和承认。

根据议定书的规定，民防力量是指为保护平民免受危害，或协助其克服敌对行动影响并为其提供生存条件，而执行人道任务的组织和个人。民防力量的具体任务包括：发出警报、疏散、管理避难所、管理灯

---

① Kalshoven, F., Zegveld, L. Constraints on the Waging of War. 4th ed [M]. Cambridge: Cambridge University Press, 2011: 121.

火管制措施、救助、医疗服务（包括急救和宗教援助）、救火、查明和标明危险地区、清除污染和类似保护措施、提供紧急的住宿和用品、在灾区内恢复和维持秩序、紧急修复不可缺少的公用事业、紧急处理死者、协助保护生存所必需的物体、为执行上述任务而计划和组织的补充活动。民防组织则是冲突方组织或核准实施上述人道任务的机构和其他单位，其组织成员则为民防人员。民防物资则是民防组织用于执行民防任务的设备、用品和运输工具。

民防组织、人员和物资应当受到尊重和保护，除非有迫切的军事必要而须加以禁止外，他们有权执行其民防任务。占领当局应当为民防组织执行其任务提供便利，不得为妨碍其任务改变其组织或人员，不得强迫或诱使其实施有害平民的活动，不得要求其优先照顾占领方本国国民，不得为损害平民利益而征用民防物资。武装部队人员或单位可以被派至参与民防工作，也受到同样的尊重和保护，但在其从事民防工作期间，他们不得执行任何军事职责，不得参与敌对行动，他们在被俘后仍享有战俘地位。

为便于识别民防组织和人员，议定书设立了民防特殊标记，即橙色底的蓝色等边三角形。该特殊标记可用于标明民用避难所、民防组织、民防人员、建筑物和物资。

民防力量如果从事对敌人有害的行为，将失去保护其所受到的保护。冲突方在采取行动前，应当对其发出警告。但民防力量在军事当局指导或控制下执行民防任务，或者与军事人员合作执行任务，或者其任务有利于受难的战斗员，或者其为了维持秩序或自卫的目的而持有轻武器，不得视为害敌行为。民防任务是较为危险的任务，其组织和人员也较易遭受军事行动所带来的附带损害。[1] 从战争法的角度，民防组织和民防人员只是平民和民用物体，因此，他或它们并不享有比平民或民用物体更为特殊的受保护的地位，除了可以展示特殊的标志外。

---

[1] Kalshoven, F., Zegveld, L. Constraints on the Waging of War. 4th ed [M]. Cambridge: Cambridge University Press, 2011: 123.

5. 细化并明确对平民的救济（第六十八至七十一条）

《日内瓦第四公约》对被占领土平民的保护做出了详尽的规定，本部分只要求占领国在确保平民的食物和医疗用品外，再确保平民获得其生存所必需的衣服、被褥、住宿所和其他用品，以及宗教礼拜所必需物体。

较为重要的是，《第一议定书》第七十条弥补了《日内瓦第四公约》关于非被占领土平民获得人道救济的不足。该条在谈判中受到了不少阻碍，部分国家认为其国内居民的福祉属于内政，随意允许外界对本国平民实施救济，有损国家主权；另一部分国家则认为此救济会使战争法所允许的封锁失去军事意义。最后达成的妥协案文规定，在冲突方平民无法充分获得生存所需物品时，应当可以对其进行公正的、不歧视的人道救济，但冲突方可以设定一定的约束条件。此人道救济不得被视为不友好的行为，也不得被视为对武装冲突的干涉。因此，任何国家和组织均可据此提供公正和不歧视的人道援助，冲突方则应准许和便利人道救济物资、设备和人员的通行，即便人道救济的对象为敌方平民。鉴于此，我们可以得出结论，国家有义务接受人道援助，封锁也不能构成阻碍人道援助的理由。①

6. 细化并强调冲突方控制下的人的待遇（第七十二至七十八条）

公约要求冲突一方将在敌对行动开始前即已在冲突他方获得无国籍或难民法律地位的人，作为《日内瓦第四公约》意义上的被保护人对待。这意味着，这些人员所在地被占领后，即便这些人员来自占领方，也应该享有保护人的地位。公约还要求冲突方应采取措施便利由于武装冲突而离散的家庭得以重聚，并鼓励人道组织从事此项工作。

公约还为在冲突方权力控制下，且不享有各公约和议定书所规定更优惠待遇的人，如"游击战士"和"雇佣兵"，提供了基本的权利保证。② 其具体内容与保护人的生命、尊严、正当程序的人权条款一致，

---

① Kalshoven, F., Zegveld, L. Constraints on the Waging of War. 4th ed [M]. Cambridge: Cambridge University Press, 2011: 136-137.

② Kalshoven, F., Zegveld, L. Constraints on the Waging of War. 4th ed [M]. Cambridge: Cambridge University Press, 2011: 139.

如尊重人的生命和尊严、逮捕、审判的正当程序要求等。

考虑到妇女和儿童在武装冲突中的脆弱性，议定书规定了对他们的特别保护措施。议定书要求冲突方尽可能避免对孕妇或抚育儿童的母亲宣判死刑，如果宣判，则不应执行死刑。冲突方应当向儿童提供其年龄所需的照顾和援助，应采取一切措施避免 15 岁以下的儿童直接参加敌对行动或入伍，不得对 18 岁以下的儿童执行死刑。除基于儿童健康、医疗或安全原因外，不得将儿童撤往国外。如确需撤离，则应为每位儿童建立档案，登记其详细信息，并交至红十字国际委员会中央查访局。

议定书还特别明确了在战地开展工作的新闻记者的平民地位，确认其应当享有平民所享有的各项保护（第七十九条）。但应将普通的平民新闻记者与战地记者区分开来，后者是冲突方当局指派跟随武装部队从事战事报道的人员，其在被俘后可以享有战俘地位。

7. 进一步明确公约定义的保护范围

议定书对伤病者和遇船难者的定义不再区分军人和平民。对于伤病者，议定书设定的判断标准为需要医疗救助或照顾。因此，遭受肉体或精神创伤的人员，甚至孕妇和体弱者均被纳入了保护的对象范围。而对于遇船难者，不仅包括在海上遇难者，也包括其他水域，如湖、河等。只要上述人员不从事敌对行为，他们即享有受保护的地位。对于这些人员，冲突方必须予以尊重和保护，给予其人道待遇，不得歧视。该部分内容补充和发展了"日内瓦四公约"。

公约还保护所有落入敌方控制下的人员。冲突方不得危害其身心健康，不得伤残其肢体，进行医疗或科学实验，非法摘取或移植器官，强迫献血。他们可以拒绝任何外科手术。

8. 拓展保护医疗机构、人员范围和工作内容

议定书关于医疗队的定义也不再区分军用或民用，在搜寻、收集、运输、诊断或治疗外，还纳入了预防疾病的内容，扩大了受保护的医疗机构的范围。医务人员则是指冲突方、中立方或国际人道组织派遣专门从事上述医务工作或管理医疗队、管理或操作医务运输工具的人员，包括军事和平民医务人员、各国红会或其他救助团体的医务人员。宗教人员则是指依附于冲突方武装部队、医疗队和医务运输工具、民防组织，

或中立方、国际人道组织医疗队的专门从事宗教工作的人员。

冲突方无论何时均应尊重和保护医疗队，不应将其作为攻击对象。冲突方也不得利用医疗队掩护军事目标，并尽可能不要将医疗队设置在危险地带。对平民医疗队的保护，只有在其实施害敌行为，且不听警告时，方能停止。但医疗队员为自卫或保护伤病员而配备轻武器，医疗队由警卫、哨卫或护送卫士守护，医疗队有取自伤病员的轻武器，战斗员因医疗原因滞留医疗队的情形，不得被视为害敌行为。占领方只有出于伤病战斗员或战俘的医疗需求，且在保证受影响的平民或伤病员的医疗需求得到满足时，才能征用平民医疗队或物资。平民医务和宗教人员应受到尊重和保护。冲突方应向其提供援助或协助，以便其能在战区或占领区开展工作。在接受冲突方监督和遵守其安全措施的前提下，他们应有权去往需要其服务的任何地方。

9. 细化医务运输保护要素和内容

医务运输是指承载伤病员、遇船难者、医务或宗教人员、医疗设备或用品的水、陆、空运输。医务运输工具则是指冲突方控制下的专门用于医务运输的任何军用或民用、常设性或临时性的运输工具。其中医务运输工具又可细分为医务车辆（陆路）、医务船艇（水路）和医务飞机（空中）。

医务车辆往往是医疗队的一部分，其享受医疗队的保护。医院船、救护艇及其他医务船艇主要受《日内瓦第二公约》的规制。对于医务飞机，议定书根据空战实践则制定了较为详细的规则。

首先，禁止冲突方利用医务飞机谋求对敌方的军事优势，或者使军事目标免受攻击。其次，不得利用医务飞机收集或传输情报数据，或者执行医务运输以外的任务。医务飞机原则上不得携带任何武器，但来自其运载的伤者、病者和遇船难者的轻武器或用于自卫，保护伤者、病者和遇船难者的轻武器除外。

医务飞机的飞行可以区分为三种情况。

① 医务飞机在己方或友方控制区域飞行，或者在敌方未实际控制区域飞行时，安全性问题不大，冲突各方应对其予以尊重和保护。但为安全起见，控制该飞行的一方可以将此飞行通知敌方，而在飞机进入敌方

对空武器的射程时，则应通知敌方。

②医务飞机在敌我先头部队接触地带或控制权未明确的地带上空飞行，则只有在冲突各方事先达成协议的情况下，其飞行才能得到充分保护。但即便没有协议，如果其医务飞机的身份被识别出，仍受保护。只有在事先取得敌方同意的前提下，医务飞机才能在敌方控制的区域飞行。

③如果由于航行错误或紧急状态而在没有取得敌方同意或违反了敌方同意条件的情况下飞越敌方控制区域，医务飞机应尽力使其能被敌方识别，并将情况通知敌方。敌方在识别后，可以指令其降落或采取保障其自身安全的其他措施。而在对其实施攻击前，冲突方应给予该飞机遵从其命令的时间。对于在敌方控制区或实际控制权未确立的区域飞行的医务飞机，敌方可以命令其降落接受检查。如果经检查发现该飞机不符合议定书规定的医务飞机的条件或限制，或者其飞行违反了协议或许可，可以对飞机予以拿捕（指迫降、羁押）。如果没有违反规定和协议及许可，应准许其立即继续飞行。

除与敌方达成协议外，医务飞机在飞越接触地带或敌方控制区域时，不得搜寻伤者、病者或遇船难者。

10. 强调平民、救济团体的救助行为（第十七条）

平民应当尊重伤者、病者和遇船难者，不得对其实施任何暴力行为，即便这些人员来自敌方。冲突方应准许平民和救济团体，如国家红会，主动搜寻和照顾伤者、病者和遇船难者。不得对实施上述人道行为的人实施惩罚。冲突方也可以呼吁平民和救助团体搜寻和照顾伤者、病者和遇船难者，并对响应其呼吁的平民和救助团体提供保护和必要便利。

11. 需要保护的其他事项

考虑到冲突可能导致大量人员失踪或死亡的情况，为了满足其家属知情权，议定书规定冲突各方在情况许可时，或最迟从实际战斗结束时开始，根据对方提供的情报，搜寻失踪人员。为便于搜寻，冲突各方应当记录因敌对行动而被剥夺自由的人或者在拘留期间死亡的人员的信息。失踪人员的信息应当在冲突方之间直接或通过国家红会、红十字国际委员会中央查访局转递。议定书还鼓励冲突方成立工作组,以便搜寻、辨别死者。此类工作组在执行任务期间,应受到尊重和保护。对死者遗体的处理则与公约规定的基本相同。

(三)"日内瓦四公约"《第二议定书》的主要内容

《一九四九年八月十二日日内瓦四公约关于保护非国际性武装冲突受难者的附加议定书》(《第二议定书》)是对"日内瓦四公约"共同第三条的发展和补充。但与《第一议定书》一〇二条的丰富内容比起来,《第二议定书》只有二十八条,显得有点单薄。这是缔约国担心主权受到外来干涉,而不愿意国际社会过多规制其国内发生的武装冲突的结果。为此,议定书第三条还特别规定,本议定书的任何规定均不应援引以损害国家主权或干涉国家的内政和外交。

为了弥补条约规定的不足,议定书序言重申了马尔顿条款,即"回顾到在现行法律所未包括的情形下,人仍受人道原则和公众良心要求的保护"。

1. 适用范围

议定书只适用于非常特殊的非国际性武装冲突,它只适用于发生在缔约方境内的、该方武装部队和控制部分领土并能实施持久而协调的军事行动并执行本议定书的持不同政见的武装部队或其他有组织的武装集团之间的一切武装冲突。因此,议定书不适用于发生在非政府武装集团的之间的武装冲突,也不适用于发生在政府军和不能满足领土控制和统率条件的非政府武装团体的冲突,此类冲突仍然受"日内瓦四公约"共同第三条规制。同时,议定书也不适用于非武装冲突的内部动乱和紧张局势,如暴动、孤立而不时发生的暴力行为和其他类似性质的行为。

2. 受保护的人

议定书保护所有受其规制的武装冲突影响的人,而不得对这些人以任何理由进行歧视。应予注意的是,与《第一议定书》不同的是,本议定书对受保护的人没有做"战斗员"和"平民"的区分。

3. 人道待遇

对一切未直接参加或已停止参加敌对行动的人,都应尊重其人身、荣誉和信仰。在任何时候,这些人员都享有人道待遇,并不受歧视。

议定书列举了禁止针对上述人员所实施的行为，许多内容重复了共同第三条的规定，但增加了禁止"体罚""恐怖主义行为""侵犯人身尊严""奴役"等，并禁止以从事任何上述行为相威胁。

议定书关于保护自由受限制的人的规定，与适用于国际性武装冲突的"日内瓦四公约"和《第一议定书》比起来，内容简单至极，只阐述了与保护这些人的最基本的待遇，如他们有权获得医疗、食物、卫生保健，可以接受救济，有宗教信仰的自由，通信自由等，其居留地应远离战场等。

关于正当程序的规定，吸收了人权条约的规定。与《第一议定书》的相关规定基本一致。

议定书要求政府在敌对行动结束后，对参与冲突的人尽可能给予赦免。该规定旨在促进国内和解，但赦免不适用于犯有战争罪的人员。

4. 伤者、病者和遇船难者（第七至十二条）

本部分的内容重申了共同第三条关于尊重和保护伤者、病者和遇船难者的规定，并应给予他们人道待遇。对医务人员、医疗职责、医疗队和医疗运输工具保护的核心内容与《第一议定书》一致。

5. 平民居民（第十三至十八条）

该部分简化了《第一议定书》保护平民的内容，但核心规定一致，如禁止攻击平民，除非其直接参加敌对行动；禁止攻击、破坏对平民居民生存所不可缺少的物体；不得攻击可能使平民居民遭受严重损失的含有危险力量的工程和装置；禁止将文物和礼拜场所用作军事目标或对其实施敌对行动；除安全或军事必要外，不得迁移平民居民；平民居民和救济团体可以实施人道援助，也可接受人道援助。

（四）"日内瓦四公约"《第三议定书》的主要内容

《一九四九年八月十二日日内瓦四公约关于采纳一个新增特殊标志的附加议定书》（《第三议定书》）序言强调了其目的是补充公约和其他两个议定书关于标志使用的规定，并加强它们的保护作用及普遍性。尤为重要的是，序言还强调了特殊标志不应带有宗教、人种、种族、地区或政治的意义。

在实质内容上，《第三议定书》只是给缔约国使用一个新标志提供了可能性,不涉及人道法的实质内容,而且这个新标志不影响现存标志的使用。①

但在标志的具体使用方面,议定书仍有一些创新。第一,议定书赋予所有的特殊标志以同等的法律地位。如前所述,"日内瓦四公约"规定了红十字标志优先使用原则。只有当缔约国在成为公约缔约方前已经使用了红新月、红狮和太阳标志时,才能继续使用这些标志,否则只能使用红十字标志。但在实践中,国家却将三个标志同等对待。② 因此,《第三议定书》与时俱进,明确规定"各特殊标志具有平等地位"。第二,为了加强保护,缔约各方武装力量的医疗服务及宗教人员在不损害现有标志的情况下,可以临时使用第二条第一款所指的任何特殊标志。《日内瓦公约》对缔约国能否出于特殊情况而临时使用其经常使用的特殊标志以外的其他标志,没有做出明确规定,《第三议定书》的上述规定填补了公约的漏洞。需要注意的是,上述使用是指保护性使用,是临时性的,并且只能使用其他标志中的一个标志,而不能同时使用数个标志。③

《第三议定书》最大的创新是标志的标明性使用。根据第三条的规定,国家红会在使用红水晶标志时,可以嵌入红十字标志、红新月标志、红十字标志和红新月标志或者该国已经使用的其他标志。详见图6-1。

图6-1 《第三议定书》标志的标明性使用

---

① Quéguiner, J. -F. Commentary on the Protocol additional to the Geneva Conventions of 12 August 1949, and relating to the Adoption of an Additional Distinctive Emblem (Protocol III) [J]. IRRC, 2007 (89): 179.

② Quéguiner, J. -F. Commentary on the Protocol additional to the Geneva Conventions of 12 August 1949, and relating to the Adoption of an Additional Distinctive Emblem (Protocol III) [J]. IRRC, 2007 (89): 186.

③ Quéguiner, J. -F. Commentary on the Protocol additional to the Geneva Conventions of 12 August 1949, and relating to the Adoption of an Additional Distinctive Emblem (Protocol III) [J]. IRRC, 2007 (89): 189-190.

而且，这些国家的国家红会在国内可单独使用上述被嵌入的标志和名称。但只有后两种嵌入使用才有实践意义，因为只使用红十字或红新月标志的国家，无须任何嵌入，即可在国内外使用其特殊标志。

此外，为了方便工作，国家红会也可临时使用其经常使用的特殊标志以外的其他一种标志。这种情况往往是指国家红会在国外开展工作的情形。

上述安排被认为是一劳永逸地解决了将来可能出现的新标志的问题，即公约除红十字、红新月和红水晶标志之外，不再承认新的标志，任何企图使用其他标志的国家都可以通过接受《第三议定书》，既保留使用现存标志，又能加入红十字国际运动。

需要强调的是，上述灵活使用标志的办法专指标明性使用而言，对于保护性使用，缔约国仍只能按照第二条的规定，使用红十字、红新月或者红水晶。更多关于特殊标志的使用请参阅本书第五章第三节。

第四节 国际人道法的实施和执行

如前所述，在过去的150多年的时间里，国际人道法条约和习惯法规则得到较为充分的发展和编撰。但"徒法不能自行"，国际法，尤其是国际人道法在实施和执行方面遇到的难题和不足为人诟病，被认为是该法律体系的弱点。正如红十字国际委员会在其报告中指出的，武装冲突期间违法和苦难的主要原因，不是规则的缺失和不完善，而是现有的规范没有得到实施和执行。[1] 因此，了解研究国际人道法的实施和执行措施，极为重要。

一、宣传和教育

知法是守法和执法的前提。1899年的海牙《陆战法规与惯例公约》第一条就规定，缔约国应当在其军队中进行陆战法规的教育。"日内瓦

---

[1] ICRC. International humanitarian law and the challenges of contemporary armed conflicts [J]. IRRC, 2007 (89): 721.

四公约"分别在其第四十七、四十八、一二七和一四四条中要求缔约国在平时及战时,在军队和公民中广泛开展公约的传播与教育,以便使其国民、武装部队、医务人员等都了解公约的内容。《第二议定书》第十九条也要求缔约国广泛传播议定书的内容。

《第一议定书》第八十三条除了规定了上述义务外,还特别要求在武装冲突时负责适用各公约和本议定书的任何军事或民政部门,应充分熟悉各公约和本议定书的规定。为了促进公约和议定书在军队的实施,《第一议定书》第八十二条还要求缔约国为其武装部队配备法律顾问,以便就公约和议定书的适用做出指示,并就具体问题为司令官提供法律意见。

武装部队是国际人道法直接的执行者,对军队开展人道法宣传和教育的重要性毋庸置疑。各国军队往往也有类似的法制教育。但在普通公民教育中,国际人道法的宣传和传播较为差强人意。为弥补此方面的不足,红十字国际委员会及各国红会做了大量工作。①

二、保护国及其他人道组织

保护国源于国际交往的实践,是指经冲突一方提名和敌方接受并同意行使各公约和议定书所赋予保护国职务的中立国或其他非冲突一方的国家。②③ 据此,保护国系源于三方协议,即提名的冲突方、敌方和被提名非冲突方或中立方的共同同意产生保护国。

《日内瓦第一公约》第八条、《日内瓦第三公约》第八条、《日内瓦第四公约》第九条规定,缔约国应当和保护国合作,并在其监督下实施公约。保护国可以在其外交或领事人员、其本国国民或其他中立国国民中指派代表履行职责,但指派后者应当征得执行任务所在国的同意。冲突各方应当为保护国代表的工作提供便利,除非有迫切的军事需要,不得限制其活动。而保护国代表也应谨慎守责,尤其应当顾及其执行任务

---

① Kalshoven, F., Zegveld, L. Constraints on the Waging of War. 4th ed [M]. Cambridge: Cambridge University Press, 2011: 69, 151. 关于红十字国际委员会和国家红会在传播人道法方面的工作,参见本书其他有相关章节。

② 《第一议定书》,1977 年 6 月 8 日订立,1978 年 12 月 7 日生效,第二条第三款。

③ Kalshoven, F., Zegveld, L. Constraints on the Waging of War. 4th ed [M]. Cambridge: Cambridge University Press, 2011: 69.

所在国的安全需求。除监督冲突方实施公约外和保护被保护人的利益外，当冲突方对公约的适用有分歧时，保护国还应从中斡旋，通过召开代表会议的方式来解决分歧（《日内瓦第一公约》第十一条、《日内瓦第三公约》第十一条、《日内瓦第四公约》第十二条）。

当冲突方未能就保护国的选择达成一致时，缔约国应同意将保护国职责委托给公正和富有成效的组织来行使。如果上述委托无法实现，而受保护的人无法享有保护国所带来的利益时，拘留被保护人的缔约国则应请求中立国或上述公正和富有成效的组织来履行保护国职责。如果前述安排仍无法实现，拘留被保护人的缔约国则应请求或接受包括红十字国际委员会在内的人道组织，提供服务或履行保护国职责（《日内瓦第一公约》第十条、《日内瓦第三公约》第十条、《日内瓦第四公约》第十一条）。

在二战中，瑞典和瑞士积极地发挥了保护国的作用。但在此后的冲突中，公约规定的保护国制度没有得到尊重。冲突方往往无法就保护国的选择达成一致，对包括红十字国际委员会等人道组织的替代作用也不以为然。保护国制度成为"纸上谈兵"的游戏。①

为了改善保护国制度，《第一议定书》第五条首先确立了缔约国遵守保护国制度的义务，即缔约国有义务在冲突发生之时起适用保护国制度，以监督公约和议定书的执行。保护国应负保障冲突各方利益的责任（第一款）。第五条第二至三款规定了指定和接受保护国的程序：冲突方在冲突发生时即应指定保护国和接受敌方的保护国；如果未能指定或接受，红十字国际委员会或其他公正的人道组织应进行斡旋，以便冲突方指定和同意保护国。如果斡旋仍未成功，各方则应接受红十字国际委员会或其他公正的、富有效率的组织与各方磋商后充当保护国的替代组织（第四款）。《第一议定书》第六条还要求缔约国在国家红会的协助下，于平时训练合格人员，以便利公约和议定书的实施，尤其是保护国的活动。

---

① Kalshoven, F., Zegveld, L. Constraints on the Waging of War. 4th ed [M]. Cambridge: Cambridge University Press, 2011: 70, 152.

议定书关于保护国的规定强化了缔约国的义务和人道组织的地位。但迄今为止，上述规定也仍未付诸实践。

最后，需要指出的是，对于非国家性武装冲突，条约和实践没有设立保护国的制度。但"日内瓦四公约"共同第三条规定，红十字国际委员会等公正人道团体可以向冲突方提供人道服务。

此外，根据《日内瓦第三公约》第一二六条和《日内瓦第四公约》第一四三条规定，红十字国际委员会代表有探访被关押的战俘和平民的权力，并可以与他们进行单独会见，但代表的指定需事先征得被探访国的同意。红十字国际委员会也在实践中基于其人道倡议权和经验，探访非国际性武装冲突中被关押的人员。[①]

三、集体责任

（一）国家责任

国家责任在此有两重含义。首先，根据"条约必须遵守"的原则，缔约国有义务遵守公约及议定书的规定。需要强调的是，"日内瓦四公约"共同第一条和《第一议定书》第一条规定，缔约国承诺在一切情况下尊重公约和议定书，并确保公约和议定书被尊重。这就意味着，国家首先有自身不违反人道法、并采取措施实施人道法的义务，同时还有促使其他国家或冲突方遵守人道法的义务。[②]

其次，从另一方面来讲，国家对其武装部队的行为承担责任也是古老的国际法规则。1907年的海牙《陆战法规与惯例公约》第三条规定，国家对构成其武装部队人员实施的所有行为负责。该规定为《第一议定书》第九十一条所确认。这种责任往往是指对违反行为所承担的责任，可能产生报复、赔偿等后果。

（二）报复

国际法上的报复是指针对他国先前实施的违法行为而实施的不法行为。国家在实施报复行为前应当首先要求违法国停止其违法行为和给予

[①] 有关阐述见介绍红十字国际委员会的章节。

[②] Melzer, N. International Humanitarian Law: A Comprehensive Introduction [M]. Geneva: ICRC, 2016: 263-264.

赔偿，而且报复行为的程度应当与违法行为相当。①

根据二战前的国际习惯法，报复是国际法承认的国家实施国际法的手段，但在实践中，报复行为往往容易导致冲突升级。二战中，轴心国和同盟国都以报复为理由对对方的领土进行了不加区分的轰炸。②

鉴于此，"日内瓦四公约"禁止对被保护的人和物体实施报复（分别在其第四十六条、第四十七条、第十三条、第三十三条）。《第一议定书》在其保护"伤者、病者和遇船难者"（第二十条）及"平民居民"（第五十一条第六款、第五十二条、第五十三条、第五十四条、第五十五条、第五十六条）部分也提出了禁止报复行为。因此，伤者、病者、遇船难者、战俘、医务人员和设备、平民、民用物体、文物、平民生存所不可缺少的物体、自然环境和含有危险力量的设施都不能成为报复的对象。

但是《第一议定书》在关于作战手段和方法规定的部分，没有禁止报复的规定。交战报复在特定情况下也被认为是合法的。③ 部分国家在批准议定书时，也就此做出了保留报复权力的声明，且未遭致其他缔约国的反对。据此，当冲突一方以攻击平民作为作战手段和方法时，可能遭致对方的报复。④

（三）赔偿

1907年海牙《陆战法规与惯例公约》第三条不仅要求交战方对其武装部队成员的行为负责，而且应因此负赔偿责任。"日内瓦四公约"没有对此做出明确规定。但《第一议定书》第九十一条再次确认了海牙公约的规定，确立冲突方的赔偿责任。

在实践中，冲突方一般通过在战后签署和平条约的方式解决赔偿问

---

① Shaw, M. N. International Law. 8th ed ［M］. Cambridge：Cambridge University Press, 2017：859-860.

② Kalshoven, F., Zegveld, L. Constraints on the Waging of War. 4th ed ［M］. Cambridge：Cambridge University Press, 2011：74-75.

③ Shaw, M. N. International Law. 8th ed ［M］. Cambridge：Cambridge University Press, 2017：907.

④ Kalshoven, F., Zegveld, L. Constraints on the Waging of War. 4th ed ［M］. Cambridge：Cambridge University Press, 2011：158.

题，并且往往是战败方给予战胜方一次性赔偿，而且要求战胜方及其国民放弃进一步追偿的权利。但仍出现个人通过国内法院寻求赔偿的例子，胜诉的案例不多。①

四、个人责任

（一）个人刑事责任

惩罚违反战争法的个人长期以来被认为是国家的权力而非义务，因此1899年和1907年的海牙《陆战规约和惯例公约》均未规定个人违反战争法的刑事责任。1906年的《日内瓦公约》首次要求缔约国采取立法措施惩罚违反公约的人，并为1929年《日内瓦伤病员公约》所接受，但同年的《战俘公约》却无此规定。二战后，纽伦堡和东京军事审判最终确定了违反战争法的个人刑事责任。② 1949年"日内瓦四公约"及其《第一议定书》则较为系统地规定了个人违反公约的刑事责任和国家由此所承担的义务问题。

首先，"日内瓦四公约"和议定书界定了严重破坏公约的行为，并将其定为战争罪。

根据"日内瓦四公约"的规定（分别在其第五十条、第五十一条、第一三〇条、第一四七条），严重破坏公约行为是指针对各公约中被保护的人实施的下列行为：故意杀害，酷刑或不人道待遇，包括生物学实验、故意使身体及健康遭受重大痛苦或严重伤害；强迫战俘或被保护的平民在敌国部队服务、剥夺被保护人公正审判的权利、非法驱逐出境或移送、非法禁闭、扣为人质，以及无军事上之必要而以非法与暴乱之方式大规模破坏与征收财产。

《第一议定书》第十一条和第八十五条还将下列行为定性为严重破坏公约行为。

严重危害到落于敌方权力下或因武装冲突而被剥夺自由的人的身心健康，特别是残伤肢体，进行医疗或科学实验，非为该人的健康状况所

---

① Kalshoven, F., Zegveld, L. Constraints on the Waging of War. 4th ed [M]. Cambridge: Cambridge University Press, 2011: 76.

② Kalshoven, F., Zegveld, L. Constraints on the Waging of War. 4th ed [M]. Cambridge: Cambridge University Press, 2011: 79.

要求并与公认医疗标准不符的、为移植目的而摘除组织或器官。

故意实施的造成死亡或严重伤害健康的下列行为：直接攻击平民；发动不分皂白的攻击；发动对含有危险力量的工程或装置的攻击；攻击不设防地方和非军事化地带；攻击失去战斗力的人；背信弃义地使用红十字、红新月或红狮与太阳的特殊标志或其他保护记号。

故意实施下列违反各公约和本议定书的行为：占领国将本国平民居民迁往其所占领的领土，或将被占领领土居民驱逐或移送到被占领领土内的其他地方或被占领土以外的地方；无理延迟遣返战俘或平民；种族歧视、种族隔离和其他不人道和侮辱性办法；在其不紧靠军事目标或未被敌方用于支持军事努力的情形下，攻击被给予特别保护的，构成各国人民文化或精神遗产的公认历史纪念物、艺术品和礼拜场所，使其遭到广泛的毁坏；剥夺被保护人受公正和正规审判的权利。

《第一议定书》明确规定这些严重破坏公约的行为应被视为战争罪（第八十五条）。

其次，公约和议定书规定了国家制裁严重破坏公约和议定书行为的义务。根据"日内瓦四公约"的规定（第四十九条、第五十条、第一二九条、第一四六条），缔约国有义务采取立法措施，对实施严重破坏公约或命令实施严重破坏公约的人，予以刑事制裁。而且，缔约国有义务搜捕被指控犯有严重破坏公约行为的人，并将其交给本国法院或其他缔约国法院审判，无论其国籍如何。公约关于搜捕和审判实施严重破坏公约行为的规定，被认为是确立对此类人员的普遍管辖权，即无论其国籍、行为实施地和被害人国籍，缔约国都可以对其进行追诉。① 上述关于严重破坏公约行为的规定，也适用于《第一议定书》规定的严重破坏公约的行为（第八十五条）。《第一议定书》还要求缔约国在追诉严重破坏公约行为方面开展刑事司法协助和引渡合作（第八十八条）。

最后，"日内瓦四公约"（分别在其第四十九条、第五十条、第一二九条、第一四六条）还要求缔约国对不构成严重破坏公约行为的其他违

---

① Kalshoven, F., Zegveld, L. Constraints on the Waging of War. 4th ed [M]. Cambridge: Cambridge University Press, 2011: 80.

法行为采取制裁措施。这类措施既可包括纪律或行政惩罚措施，也可包括刑事制裁措施。① 上述规定同样适用于违反议定书规定的行为。

（二）上级和军事指挥官责任

为促进公约及议定书的遵守，《第一议定书》规定了上级和军事指挥官在法律实施方面的责任。第八十六条要求，上级在知道或者可能知道其部下正在或将要实施违反公约或议定书的行为，而不予以制止和处罚，其将承担刑事或纪律责任。

军事指挥官的责任则更为重大。首先，他应使其部下了解公约和议定书所规定的义务；其次，他应采取措施防止、制止其部下或其控制的其他人员实施违法行为，并将有关情况报告给主管部门；最后，当其得知部下或其控制的其他人员将要或已经实施了违法行为后，应当制止或制裁此行为（第八十七条）。也正因如此，议定书要求缔约国在武装部队中配备法律顾问。

五、国际性实施和执行措施

（一）红十字组织的活动（《第一议定书》第八十一条）

红十字国际委员会和各国红会往往在武装冲突一线，根据公约和议定书的规定以及国际红十字运动的基本原则，直接接触受难人，为他们提供保护和援助，冲突方应当为他们的工作提供便利。红十字组织在一线的工作，实质也是对各方实施和执行人道法的督促和监督。②

（二）缔约国大会

《第一议定书》第七条规定，经一方或几方缔约国请求，在多数缔约国同意的情况下，议定书保存者（瑞士）可以召开缔约国大会，审议公约和议定书适用的一般性问题。所谓"一般性问题"即意味着缔约国大会不是针对具体违法问题进行调查和声讨的场合。迄今为止，尚未召开过缔约国大会。

---

① Kalshoven, F., Zegveld, L. Constraints on the Waging of War. 4th ed [M]. Cambridge: Cambridge University Press, 2011: 80.

② 红十字组织与人道法执行有关的活动见本书其他有关章节。

(三) 与联合国的合作

《第一议定书》第八十九条规定，在严重违反本公约或本议定书的情形下，缔约各方承诺在与联合国合作下按照《联合国宪章》采取共同或单方行动。这是颇具开放性的条款，实质是想借助联合国机制来促进人道法的实施，在理论上，其可能采取的措施可以包括断绝外交关系，甚至使用武力等。但后者会引发颇具争议的"人道干涉"问题。在实践中，尚未发生援引第八十九条的事例。但联合国安理会经常讨论国际甚至是国内武装冲突局势，并通过决议要求冲突各方遵守人道法的规定。①

(四) 国际实况调查委员会

为了解决冲突方在执行公约和议定书方面所可能产生的纠纷，《第一议定书》第九十条设立了"国际实况调查委员会"。该委员会由15名道德高尚和公认公正的委员组成，由缔约国选举产生。其主要职责是对被控严重违反公约或议定书的事实情况进行调查，并在冲突方之间进行斡旋，促使它们改正违法行为。实际的调查组由7人组成，其中5人来自非冲突方，2人来自冲突方。调查组可以进行实地调查，冲突方应当对调查组的工作提供协助，调查组应当根据其获取的证据，做出报告和提出建议，该报告和建议原则上不公开。

调查委员会的成立需要有20个以上的缔约国声明接受其职权，且只对接受其管辖的缔约国之间的纠纷有管辖权。现委员会已经于1991年成立，其行政经费来自声明方的捐款。

迄今为止，国际实况调查委员会尚未正式执行过任务。但其成员曾被邀请参加联合国的其他调查委员会的工作。2009年，联合国大会赋予调查委员会观察员地位。②

---

① Kalshoven, F., Zegveld, L. Constraints on the Waging of War. 4th ed [M]. Cambridge: Cambridge University Press, 2011: 166.

② Kalshoven, F., Zegveld, L. Constraints on the Waging of War. 4th ed [M]. Cambridge: Cambridge University Press, 2011: 168.

思考题：

1. 国际人道法的基本原则有哪些？

2. 国际人道法里的海牙法与日内瓦法有何联系和区别？

3. 国际人道法施行过程中如何追究集体责任和个人责任？

4. 简述国际人道法的发展历程及"日内瓦四公约"和三个附加议定书的主要内容。

参考资料：

1. 贾兵兵. 国际公法（下卷）：武装冲突中的解释与适用［M］. 北京：清华大学出版社，2020.

2. 一九四九年八月十二日日内瓦四公约及其附加议定书［EB/OL］.［2022-07-05］. https：//www.icrc.org/zh/doc/assets/files/publications/icrc-006-20110186.pdf.

3. Melzer, N. International Humanitarian Law：A Comprehensive Introduction［M］. Geneva：ICRC, 2016.

4. Solis, G. D. The Law of Armed Conflict：International Humanitarian Law in War. 2nd ed［M］. Cambridge：Cambridge University Press, 2016.

第七章
国际红十字运动与国际组织

◇ 学习目标:

1. 了解国际组织的一般特点与运行规律。
2. 了解红十字组织与运动的创新内涵。
3. 了解联合国的特点及与红十字运动的关系。
4. 了解奥林匹克运动的特点及与红十字运动的关系。

国际红十字运动、奥林匹克运动、联合国运动为当今世界最具影响力的三大国际运动,分别在各自领域维护和促进着世界的和平与发展。了解国际红十字运动与其他国际组织的特点、基本情况、内在规律、相互关系等,对于推进国际红十字运动的发展具有重要意义。

第一节 国际红十字运动与国际组织创新

一、国际组织的起源、发展及类别

(一) 国际组织的起源与发展

1. 国际组织的起源

国际组织的起源可以追溯到公元前。以东方文明古国著称的中国,在多元的春秋战国时期(公元前770—前221年)就有大量的"盟"存在,各国之间使臣往来"合纵连横",签订条约,缔结同盟,史不胜书。例如,管仲相齐,九合诸侯,一匡天下;葵丘之会与践土之盟;晋楚之约，互不攻击。① 春秋时期重要的盟会约有150余次。在西方，2500年前的古希腊就有为了政治与军事目的建立城邦之间同盟的实践，如著名的"伯罗奔尼撒同盟"建立于公元前6世纪中叶，公元前366年因内部矛盾而解散。"提洛同盟"建立于公元前478年，最兴盛时达到200个城邦，公元前404年因战败而解散。② 古代的这些联盟大多是有关各国围绕本国的安全与军事需要而进行的联盟。这些联盟不是现代意义上的政府间国际组织。但是，春秋时期的中国就已经出现了以孔夫子为代表的"天下大同"思想，西方在古希腊时期也出现了以柏拉图为代表的"理想国"和"天下统一于罗马"的主张。

2. 中世纪欧洲的国际组织萌芽

历经漫长的战争与混乱，中世纪后期的欧洲开始出现建立世界性组织、协商解决国与国纷争的思想。③ 罗马帝国后期，1305年法国思想家庇埃尔·杜布瓦著书《收复圣地》，建议基督教国家建立大同盟和订立协议，通过仲裁方式而不是通过战争来解决国家之间的争端。1603年，法国国王亨利四世倡议建立15国（基督教国家）联盟。而后，法国艾默里克·克鲁塞提出建立一个基督教和非基督教国家共同参与的联盟，并于威尼斯建立了一个由各国大使组成的最高机关——总理事会，以负责解决各国间的争端。④ 此后，法国大主教圣皮埃尔在《欧洲永久和平计划》中提出在欧洲成立永久联合国。德国哲学家康德亦提出自由国家联合成立"永久和平"联盟的构想。

3. 欧洲近代政府间国际组织的探索

1618—1648年间，欧洲各列强因领土与经济、政治矛盾爆发了著名的三十年战争（宗教战争），成为欧洲近代史的开端。在漫长的混战中，不少邦国频繁使用结盟手段形成集团，用以增加军事实力、扩张势力范围，将双边结盟改为多边结盟，将国家之间的一般盟友关系改为以法

---

① 陈世材. 国际组织：联合国体系的研究[M]. 北京：中国友谊出版公司，1986：11-12.
② 张丽君. 全球政治中的国际组织[M]. 上海：华东师范大学出版社，2017：19.
③ 张丽君. 全球政治中的国际组织[M]. 上海：华东师范大学出版社，2017：21.
④ 张丽华. 国际组织的历史演进[J]. 东北师大学报（哲学社会科学版），2003（5）：64-68.

律、条约形式长期固定下来。为维护重新分配的战后利益,维护欧洲的战后秩序,众列强分次协商签订了总称为《威斯特伐利亚合约》(1648年)的数个多边协议。该协议首次以国际法形式界定了欧洲各国的疆界,肯定了国家主权、国际关系准则,以及明确了欧洲主要大国间政治权利再分配的形式。该协议成为世界近代史上第一个揭示主权国家概念、围绕和平而签订的国际多边协议,并形成了国际法与维护世界秩序的基本体系,开创了通过国际会议处理国际关系的先河。

4. 现代政府间国际组织的诞生

现代政府间国际组织的雏形可以追溯到1815年。为了防止拿破仑再起,维也纳会议成为当时最具代表性的大国协商会议,其外交会议技巧、多边条约格律、会议程序、会议主导方式等均得到了创新,并一直延续至今。① 这一时期,大量的国际行政联盟开始出现,如1815—1856年的莱茵河委员会和多瑙河委员会,1865年在法国巴黎成立的万国电报联盟,1874年成立的邮政总联盟(1878年改为万国邮政联盟),1875年成立的国际度量衡组织,1883年成立的国际保护工业产权联盟,1887年成立的保护文化艺术作品联盟,1890年成立的国际铁路货运联盟等。其中,万国邮政联盟几乎覆盖了世界上所有的国家,被认为是最为成功的行政联盟。②③ 同时期,社会经济发展与人权、自由、民主、公民社会等浪潮为各种社会团体的蓬勃发展创造了有利条件。1863年,伤兵救护国际委员会诞生于日内瓦,1864年,《改善战地武装部队伤者病者境遇之日内瓦公约》签署。

19世纪末20世纪初,欧洲列强于1899年、1907年两次在荷兰海牙召开了有众多国家外交代表参加的国际和平会议,首次突破了以往国际外交会议讨论国家间势力范围再分配的主题,而是将裁军、和平解决国际争端、制定战争法规等作为会议主题。会议通过了《和平解决国际争端公约》,决定设立"常设仲裁法院",签订了《陆战法规与惯例公

---

① 张丽君. 全球政治中的国际组织[M]. 上海:华东师范大学出版社,2017:22-26.
② 张丽君. 全球政治中的国际组织[M]. 上海:华东师范大学出版社,2017:23-24.
③ 联合国官网[EB/OL]. [2022-07-03]. https://www.un.org/zh/about-us/history-of-the-un/predecessor.

约》，开创了以和平为主题的国际会议之先河。① 清朝政府也派官员参加了这两次和平大会，驻俄使臣杨儒代表清政府在1899年荷兰海牙和平会议上签署了将《改善战地武装部队伤者病者境遇之日内瓦公约》推广于海战的"陆战公约"（后为《日内瓦第二公约》）② 1906年，清朝政府再次委派驻英公使张德彝补签了《日内瓦第一公约》。③ 至此，中国也成为《日内瓦公约》的签约国。在该历史阶段，因政府间条约而诞生的国际组织日益走上促进世界和平与发展的前台。

（二）国际组织的分类

国际组织是国际社会经济政治发展到一定阶段国家间多边关系发展需要的产物。现代意义上的国际组织历经一百余年的酝酿、探索，于19世纪初呈快速发展趋势，20世纪特别是第二次世界大战结束后达到了高潮，冷战结束后更是盛况空前。

据国际协会联盟（UIA）统计，1909年各类国际组织只有213个，到1956年达到1 117个，冷战结束后的1990年增至26 656个，1998年底达到48 350个。据《国际组织年鉴》统计，至2018年，各种类型的国际组织总数已达75 750个。④

面对纷繁复杂的国际社会和名目繁多的国际组织，学界尝试按照各种不同的要素进行分类，并根据实践和理论归纳出一些具有重要意义的原则和分类方式，如国际组织应该没有固定的居民和领土，国际组织具有非主权性等。⑤ 在此基础上还提出了以下五种基本分类方式：

根据国际组织的主体构成划分，分为政府间国际组织和非政府间国际组织。划分的核心以该组织是否由各主权国家政府之间签订条约而组成。

根据国际组织所在区域或是否具有地域限制划分，分为全球性国际

---

① 联合国官网［EB/OL］．［2022-07-03］．https：//www.un.org/zh/about-us/history-of-the-un/predecessor.

② 中国红十字会．图说中国红十字会110年［M］．北京：中华工商联合出版社，2014：3.

③ 中国红十字会总会编译．国际红十字与红新月运动基本文件汇编［M］．北京：中国红十字会总会，2008：78.

④ 国际组织编写组．国际组织［M］．2版．北京：高等教育出版社，2018：1.

⑤ 于永达．国际组织［M］．2版．北京：清华大学出版社，2011：12.

组织和区域性国际组织。

根据国际组织的宗旨和职能不同划分，分为综合性国际组织和专门性国际组织。

根据组织形态划分，分为协定性组织、论坛性组织、协定性组织的辅助机构和内部机构、国际多边条约的执行机构，以及其他形式的组织或机构。①

在国际组织中又常根据表决权的大小（是否加权）将国际组织划分为联大型、加权型②、盟主型、混合型四种。

其中第一种分类的主体构成要素（政府间国际组织、非政府间国际组织）则常常决定了该组织在国际上的基本定位和作用发挥方式。其余四种分类又常与第一种分类交叉展现于世。

国际红十字运动本身不是国际组织，但是如前所述，运动各组成部分既具有政府间国际组织和非政府间国际组织的双重特点，同时具有全球性国际组织、专门性与协定性、论坛性组织的多重特点。在红十字与红新月国际大会、国际红十字与红新月运动代表会议的表决权上，每一个国家、每一个红会组织均具有平等的投票权，又呈"联大型"特征。

（三）政府间国际组织

政府间国际组织是众多国际组织中最重要的组织形态之一。前联合国秘书长德奎利亚尔说："联合国是一个真正具有能力的国际组织。"③尽管法学界关于国际组织的定义还处于不断完善与论证之中，但是一般认为，政府间国际组织由各主权国家组成，通过主权国家间签署条约成立，承担该国际组织条约所规定的权利义务。④ 政府间国际组织成为国际法主体必须具备"协定性政府间组织"的五项基本要素：一是成员主要是国家（政府），少数情况下国际组织也可以被吸纳为成员；二是必须建立在符合国际法条约的基础上；三是必须有不同于其成员国的独立

---

① 饶戈平. 全球化进程中的国际组织 [M]. 北京：北京大学出版社，2005：4.
② 陈世材. 国际组织：联合国体系的研究 [M]. 北京：中国友谊出版公司，1986：60-61.
③ 于永达. 国际组织 [M]. 2版. 北京：清华大学出版社，2011：153.
④ 于永达. 国际组织 [M]. 2版. 北京：清华大学出版社，2011：152.

意愿，并被赋予法律人格；四是必须有常设的组织机构；五是必须能够通过针对其成员的规则（包括投票权设定和财政预算保障等）。①

政府间通过协议建立的国际组织具有十分重要的国际地位，但当今世界国际组织呈多样性发展，法学界将其归纳为五种主要国际组织的形态。

1. 现代主权国家（政府）间国际组织

现代政府间国际组织一般由多个主权国家经友好协商，以主权国家政府名义共同签订协议而组成国际组织，组成方式可呈现多样性。

① 签订协议国家可覆盖全世界各主权国家。如1919年第一次世界大战后成立的"国际联盟"和1945年第二次世界大战后成立的联合国，都是最典型的全球主权国家政府间签订协定的国际联盟性组织。

② 跨区域的多国主权国家政府签订协议组成的国际联盟性组织。如北大西洋公约组织（NATO，1949）等。

③ 某区域性主权国家间签订协议而组成协定性国际组织。如欧洲委员会（1949）—欧洲共同体—欧盟委员会（European Commission）、华沙条约组织（Warsaw Pact，1955）、经济互助委员会（COMECON，1959）、阿拉伯国家联盟（The Arab League，1954）、东南亚国家联盟（ASEAN，1967）、非洲统一组织（Organization of African Unity，OAU，1963）—非洲联盟（African Union，AU，2002）、美洲国家组织（Organization of American，OAS，1948）等。②

2. 能独立行使权职的国际组织（非联合国体系）

主权国家在某些专门领域中合作，组成能独立行使权职的国际组织（非联合国体系）。例如，世界贸易组织（WTO）、国际原子能机构（IAEA）、禁止化学武器组织（OPCW）、联合国世界旅游组织（UNWTO）、石油输出国组织（OPEC）、国际货币基金组织（IMF）、世界银行（The World Bank）、万国邮政联盟（UPU）、国际电信联盟（ITU）等。它们往往独立于联合国之外，成为以主权国家为主体的专业

---

① 饶戈平. 全球化进程中的国际组织 [M]. 北京：北京大学出版社，2005：38.
② 陈世材. 国际组织：联合国体系研究 [M]. 北京：中国友谊出版公司，1986：49-51.

性国际组织。

3. 联合国体系各相关组织

① 主权国家在联合国经济及社会理事会组织（简称经社理事会，ECOSOC）框架内形成的国际组织。这些组织属于各签约国组成的、相对独立的组织，经社理事会根据《联合国宪章》负责协调。如国际劳工组织（ILO），联合国粮食及农业组织（FAO），国际民用航空组织（ICAO）；联合国教育，科学及文化组织（UNESCO），世界卫生组织（WHO），世界气象组织（WMO），世界知识产权组织（WIPO），国际农业发展基金（IFAD），国际海事组织（IMO），联合国工业发展组织（UNIDO）等。

② 在联合国内各方案、秘书处和基金组织。如1949年设立的"技术援助扩大方案"①、联合国贸易发展会议（UNCTAD）、联合国妇女发展基金（UNIFEM）、联合国开发计划署（UNDP）、联合国人口基金（UNFPA）、联合国儿童基金会（UNICEF）等。围绕项目设立的办事机构，如联合国环境规划署（UNEP）、联合国国际药物管制规划署（UNODC）、联合国人类住区规划署（UNHSP）、联合国难民事务高级专员办事处（UNHCR）、世界粮食计划署（WFP）等。还有联合国内设的其他事务性实体机构，如联合国人权事务高级专员办事处（OHCHR）、联合国项目事务署（UNOPS）、联合国大学（UNU）等。②

③ 联合国主体框架外机构。联合国主体框架外机构众多，一般可以归纳为：专门机构、相关组织、公约的秘书处和国际组织法框架下国际组织间的联合项目四种类型。

4. 主权国家间建立制度性较低的论坛性质的组织

政府间论坛性质的组织一般认为主要采取定期或不定期地举办国际论坛的方式，协调各自的立场、沟通政策、营造氛围、统一行动。论坛性国际组织一般不设立常设性国际法人机构，大会地点在参与国中轮转，主办国负责筹备和主持大会，论坛主题常结合世界形势和论坛参与

---

① 李东燕. 联合国 [M]. 北京：社会科学文献出版社，2005：116.
② 李东燕. 联合国 [M]. 北京：社会科学文献出版社，2005：101-111.

国共同关切的政治、经济、文化、反恐、生态等进行讨论。例如，七十七国集团（G77）、七国集团（G7）、亚太经济合作组织（APEC）、上海合作组织（SCO）、二十国集团（G20）等。20世纪末，该类型组织已经达到700余个。

5. 国家联盟

因国家间军事斗争需要，部分国家为了维护团体的共同利益而形成国家联盟。① 这种联盟往往起步于战争对立中双方各自组团成立的国家联盟，战败一方随战争结束其联盟自然消失，战胜国则经过协商签订（或进一步强化、拓展）国家政府层面上的协议，并随着时间演变而成型、发展。此类国家联盟本质上是为维护新的世界秩序而形成世界范围内的主权国家联盟。近代最为典型的是第一次、第二次世界大战期间酝酿诞生、战后延续发展的国际联盟和联合国。这一类国际组织往往具有强制性和非强制性维护国际秩序的巨大能力。

70多年来，联合国在世界各国人民追求和平、平等与发展的历史趋势中，通过联合国大会决议和公约，不断完善、落实《联合国宪章》所提出的目标与任务，已经突破了早期"同盟国联盟"的某些局限和东道主美国的完全控制，联合国成为当今维护世界和平的重要力量。联合国发展走向与世界和平力量的崛起状况直接相关。维护《联合国宪章》精神成为该组织现阶段所面临的重大挑战。

在漫长的历史长河中，为国家间、区域性或全球性战争需要，有关国家政府间结成军事同盟、准军事同盟等多种形式的国际组织仍将不可避免，如华沙条约组织和北大西洋公约组织等。特别值得注意的是，美国为了其军事霸权需要，在欧洲牵头组织北大西洋公约组织，又分别与有些国家签约建立军事同盟、准军事同盟，如军事情报共享机制的美国、英国、加拿大、澳大利亚、新西兰五国"五眼联盟"，以及《美韩共同防御条约》《日美安全保障条约》《美澳新安全条约》和"美英澳安全伙伴关系"等，尤其是北约东扩已经成为世界新的不稳定因素，成为引发武装冲突和世界性人道危机的最主要因素。

---

① 饶戈平. 全球化进程中的国际组织 [M]. 北京：北京大学出版社，2005：4.

国际联盟和联合国这类的国际组织诞生时所具有的先天性特点使它既具有维护世界和平与秩序、维护世界各国合法权益、维护世界各国人民基本权利的一面，在某些条件下又同时具有战胜国中超级大国、部分列强为了本国与部分联盟国家的政治、经济、军事利益，在国际事务中继续采用"丛林法则"，对国际规则合则用、不合则废的另一面。超级大国常常会通过操控、绕开或不顾联合国安理会反对，直接发动对主权国家的战争或单方面蛮横地实行军事封锁、禁运、经济制裁等。例如，1950年7月7日，美国通过控制安理会而通过了84号决议，组织所谓"联合国军"直接介入朝鲜战争；1955年11月，美军大规模介入越南南北统一战争；1982年，英国不顾联合国绝大多数国家的正义之声，悍然发动了维护英帝国殖民统治的马尔维纳斯群岛战争（简称马岛战争）；等等。

（四）非政府间国际组织

联合国经济及社会理事会1950年第288（X）号决议指出："任何国际组织，凡不是经由政府间协议而创立的，都被认为是此种安排而成立的非政府组织。"① 非政府间国际组织的定义在联合国经济及社会理事会第1296号决议中亦明确：一个国际非政府组织必须是"具有代表性并具有被承认的国际地位；对于一个覆盖了世界上不同地区相当数量国家的特殊领域的人们，它应该代表其中的大多数并表达其中主要部分的观点"②。国际组织是建立在根据国际法订立的协定的基础上，拥有一个以上具有独立意志的机构的合作形式，也有学者将其归纳为"条约性组织""制度化模式"。③ 由各国自然人或法人根据国内法订立协议而自愿成立或加入的，属民间性质，在政治上、经济上独立于各国政府；它们的构成是国际性的，活动是跨国的，设有总部与常设机构；它们是非营利的社会组织，自主经营，以服务于国际社会的公共利益为宗旨。④ 这个概括直接将非政府间国际组织与遍布世界的跨国性公司区别开来。

---

① 饶戈平. 全球化进程中的国际组织 [M]. 北京：北京大学出版社，2005：39.
② 饶戈平. 全球化进程中的国际组织 [M]. 北京：北京大学出版社，2005：112.
③ 饶戈平. 全球化进程中的国际组织 [M]. 北京：北京大学出版社，2005：72-73.
④ 饶戈平. 全球化进程中的国际组织 [M]. 北京：北京大学出版社，2005：8.

非政府间国际组织数量众多,有的规模巨大,且涉及各个领域,在国际事务中发挥着重要的作用。例如,国际奥委会(IOC)、国际法学会(IDI)、各国议会联盟(IPU)、世界和平理事会(WPC)、国际劳资关系协会(IIRA)、国际标准化组织(ISO),还有绿色和平组织等,这种非政府间的国际组织在国际事务中发挥着日益重要的作用。① 2017 年的《国际组织年鉴》显示,全球共有 69 000 多个非政府间国际组织,活跃的有 37 000 多个②。

非政府间国际组织的大量涌现是现代社会国际化发展的必然产物,它能在政府、政府间国际组织不能、不很关注或不愿作为的领域、时间、地点开展工作,弥补国际社会在治理上的缺失,满足人类社会共同发展的需要。

二、国际红十字运动开创了国际组织新模式

(一)国际红十字运动的架构及组织创新

1. 独特的国际论坛性组织——红十字与红新月国际大会

2006 年修订的《红十字与红新月运动章程》(以下简称《运动章程》)在序言中明确指出:国际红十字运动的构成为"各国红十字会和红新月会、红十字国际委员会和红十字会与红新月会国际联合会合在一起构成了一个世界性的人道主义运动"。《运动章程》在第三章明确将红十字与红新月国际大会定义为法定机构,并在第八条规定:国际大会是本运动的最高审议机构。本运动各成员的代表与《日内瓦公约》缔约国代表一道参加国际大会会议。第九条规定:每个代表均拥有平等的权利,即一票表决权。③ 国际大会讨论的议题既宽泛又集中,涉及国际人道法的修改制定、国际红十字运动的规则、运动的原则、国家红会的认同与否,还涉及武装冲突、重大灾害救援规则与国际红十字运动方向及各方的分工与协作等。

按照《运动章程》规定,红十字与红新月国际大会既具有主权国家

---

① 饶戈平. 全球化进程中的国际组织[M]. 北京:北京大学出版社,2005:4.
② 张丽君. 全球政治中的国际非政府组织[M]. 天津:天津人民出版社,2020:24.
③ 中国红十字会总会编译. 国际红十字与红新月运动基本文件汇编[M]. 北京:中国红十字会总会,2008:13.

论坛的基本要件——主权国家代表参加,又有与主权国家论坛不同的其他代表(列入政府间条约《日内瓦公约》的非政府间国际组织——国际委员会、国际联合会,非国际组织的国家红会)参加,并在日内瓦有常设机构(常设委员会)和经费保障。红十字与红新月国际大会作为一个论坛性组织,其组成架构明显不同于其他论坛性国际组织,已经成为迄今为止参加国家最多、覆盖人群最广、影响力最大、组织结构最新颖的世界人道主义领域的特殊论坛性组织。

2. 独特的国际组织——红十字国际委员会

红十字国际委员会是一个渊源独特的国际组织。弗朗索瓦·比尼翁评价红十字国际委员会是国际组织里的一个特殊的"法律人格","它在个人倡议下成立,但却拥有国际公法赋予的职权;它在思想和行动上是一个国际性组织,但其成员却是一名名拥有瑞士国籍的个人;它的行动建立在国际公约的基础之上,但它本身却不是这些公约的缔约方"①。

红十字国际委员会在1863年建立时是依照该时期欧洲盛行的私人公民团体方式组成的,它在1864年《日内瓦公约》草案(10项决议)通过后、国际外交会议召开前才得到瑞士政府的认可与授权委托。② 1907年12月瑞士颁布《瑞士民法典》后,它获得法人团体地位,被瑞士政府授予国际组织应有的众多权限,拥有相当大的回旋余地。③ 红十字国际委员会并不是一个通常意义上的典型国际组织,它是一个独立、中立的独一无二的国际组织。④ 其运行资金主要来自于各国政府、国家红会及其他捐赠。

红十字国际委员会由于直接起草、推动了《日内瓦第一公约》的签署,成为调整私人公民团体与国家及其赋予合法性的代表(如国家红

---

① 弗朗索瓦·比尼翁. 红十字国际委员会与保护战争受难者:第1卷[M]. 青岛:青岛出版社,2014:10.

② 罗歇·迪朗. 红十字之父:亨利·杜南传[M]. 晓亚·杜博礼,译. 青岛:中国海洋大学出版社,2011:42.

③ 丹尼尔·帕尔米耶里. 一个经久不衰的机构?对红十字国际委员会150年历史的回顾[J]. 廖凡,译. 红十字国际评论,2012(4):33.

④ 埃尔斯·德比夫. 开展工作的工具:红十字国际委员会的法律地位、特权及豁免[J]. 尹文娟,译. 红十字国际评论,2016(1):204.

会）之间关系的组织。① 1867年7月，红十字国际委员会牵头在法国巴黎召开了首届伤兵救护协会国际大会，进一步奠定了红十字国际委员会作为国际组织的基础。② 红十字国际委员会长期积极履行源自《日内瓦公约》赋权的职责，在世界各地努力为受武装暴力影响的人们提供援助，并积极推广保护武装冲突受难者的《日内瓦公约》。红十字国际委员会也得到联合国及其他国际组织的认同。2003年红十字国际委员会代表大会通过的《红十字国际委员会章程》第一条、第二条指出：红十字国际委员会于1863年在日内瓦成立并得到《日内瓦公约》与红十字国际大会的正式承认，是一个具有法人资格的人道组织，它是国际红十字运动的成员之一。《运动章程》序言、第一章第一条、第二章第五条均确认了红十字国际委员会的国际独立法人地位。

依照《日内瓦公约》和《运动章程》的赋权，红十字国际委员会担负承认符合《运动章程》所规定条件的重组或新建的国家红会，并通知各国红会知情的职责。红十字国际委员会还承担《日内瓦公约》及其附加议定书所赋予的特殊任务：受理任何被指称违反国际人道法的申诉；在国际性与其他武装冲突或国内动乱中作为开展（与协调）人道工作的中立机构对受难者提供保护和救助；确保《日内瓦公约》及其附加议定书中所规定的"中央寻人局"正常运转；执行红十字与红新月国际大会委托的工作；红十字国际委员会和红十字会与红新月会国际联合会、各国红会保持密切的联系，依照《运动章程》及《塞维利亚协议》就共同关注的问题进行合作。③ 据2022年11月统计，已经有196个国家签署"日内瓦四公约"，《运动章程》也得到了所有参会的国家政府与国家红会（192个）的认同。

红十字国际委员会依照《红十字国际委员会章程》第八条至第十六

---

① 丹尼尔·帕尔米耶里. 一个经久不衰的机构？对红十字国际委员会150年历史的回顾[J]. 廖凡，译. 红十字国际评论，2012（4）：32.

② 罗歇·迪朗. 红十字之父：亨利·杜南传[M]. 晓亚·杜博礼，译. 青岛：中国海洋大学出版社，2011：47.

③ 中国红十字会总会编译. 国际红十字与红新月运动基本文件汇编[M]. 北京：中国红十字会总会，2008：70-71.

条规定，在瑞士日内瓦设置了总部（常设管理机构），并在世界相关地区和国家设置了100多个办事处和人道救助机构。① 截至2016年年底，95个国家与红十字国际委员会签订了国际合作协议，并赋予其国际组织的相应权利。② 红十字国际委员会具有明显的国际组织一般特点。

红十字国际委员会除了有国际组织的一般特征外，还具有与其他国际组织不同的特点。第一，红十字国际委员会是一个中立和独立的组织；其特有的人道使命是保护武装冲突和其他暴力局势受难者的生命与尊严，并向他们提供援助；负责指导和协调国际红十字运动在武装冲突和其他暴力局势中开展的国际行动；推广和加强人道法与普遍人道原则，尽力防止苦难发生。第二，红十字国际委员会不代表国家政府签署《日内瓦公约》，但各政府间签署的《日内瓦公约》条文中多处直接认同了红十字国际委员会在国际武装冲突中的地位、任务和协调作用。例如，《日内瓦第一公约》在第九条、第十条、第十一条、二十三条、二十六条、三十八条、四十四条、五十三条等处直接用"红十字国际委员会""红十字会""红十字标志"的提法而纳入公约条款。第三，红十字国际委员会成立之初是五位瑞士公民组成的民间组织，1907年颁布、1912年1月1日正式实施的《瑞士民法典》将其作为第六十条及相应条款管理的机构。但是，瑞士政府同时又赋予其作为国际组织运行的一切便利，并得到红十字与红新月国际大会的正式承认，③ 即得到非政府间国际组织红十字会与红新月会国际联合会、各国家红会、各国政府的正式承认。1997年11月26日，国际红十字与红新月运动代表会议上通过的《塞维利亚协议》第一条就承认红十字国际委员会为国际组织，并赋予其重要的国际责任。第四，红十字国际委员会还得到联合国及其海牙国际法院的承认，1989年成为联合国大会观察员。

---

① 中国红十字会总会编译. 国际红十字与红新月运动基本文件汇编[M]. 北京：中国红十字会总会，2008：70-71.
② 红十字国际委员会组织介绍[EB/OL]. [2021-07-21]. https://www.icrc.org/zh/who-we-are/the-governance.
③ 中国红十字会总会编译. 国际红十字与红新月运动基本文件汇编[M]. 北京：中国红十字会总会，2008：5, 70.

3. 创新的国际组织——红十字会与红新月会国际联合会

1919年，在美国红十字会战时委员会主席戴维逊的提议和组织下，美国与法国、意大利、日本、英国红十字会签署了红十字联盟章程，不久后签署《国际联盟盟约》，红十字会与红新月会国际联合会宣告成立。国际联合会的建立完全符合非国家政府间组织通过签订国际条约而组成非政府间国际组织的要件。1986年第25届红十字与红新月国际大会首次通过、1995年重新修订通过的《运动章程》使国际联合会所具有的国际非政府组织的创新性进一步得以确定和体现。《运动章程》序言在开篇中声明：国际联合会与各国红会、红十字国际委员会共同组成了国际红十字与红新月运动。这代表各《日内瓦公约》签约国政府、国际组织（红十字国际委员会）、非政府机构的各国国内组织（各国家红会）一致通过决议，认同了国际联合会是一个国际组织。

《国际联合会章程》序言声明：国际联合会是一个"纯粹的非政治、非政府、非宗教的志愿组织，共同协力预报、降低和救助因疾病和灾难引发的苦难"。第一条明确：国际联合会由各国红十字会和红新月会创建并作为其成员的组织。第二条进一步声明：国际联合会是根据自身章程建立的法人机构，具有完整的法人身份，特别是拥有签订契约、获得和处置不动产和动产、启动司法程序的权力。国际联合会按照非政府间国际组织的一般设置要求及《国际联合会章程》第三条规定，在瑞士日内瓦设立总部（常设机构）。其机构设置包括：全体大会、领导委员会、主席、行政职能机构——秘书长及其领导下的秘书处，并依照《国际联合会章程》第二十八条到第三十三条规定，设置了财务委员会、青年委员会、监察和仲裁委员会及选举委员会等。① 还在全球各大洲相关国家设置了地区办事机构。

国际联合会与其他一般的非政府间国际组织的不同主要表现在以下三个方面。第一，它首先由5个创始国的非国家政府机构的组织——国家红会于1919年共同签订《国际联盟盟约》，通过制订共同章程而设

---

① 《红十字与红新月会国际联合会章程》，参见中国红十字会总会编译. 国际红十字与红新月运动基本文件汇编［M］. 北京：中国红十字会总会，2008：80-99.

立。但是，而后它又与另一个国际组织——红十字国际委员会，通过《运动章程》及签订《塞维利亚协议》等，成为一个既有世界各国的非国家政府机构的组织（国家红会）为成员组成非政府间国际组织，又同时与特殊的国际组织——红十字国际委员会组成同盟，并将定期召开世界红十字与红新月国际大会纳入了国家红会、红十字国际委员会、国际联合会必须共同遵守的《运动章程》，成为功能外溢的非政府性国际组织。第二，由于与红十字国际委员会的合作，国际联合会成为红十字与红新月国际大会的当然成员，而"日内瓦四公约"及其附加议定书的各签约国政府也派代表参加国际红十字大会，国际联合会又自然得到全体参加国际大会的《日内瓦公约》签约国政府的认同。第三，国际联合会又与瑞士及其他70多个设有其运作机构的国家签订了合作协议，签约国给予其享有国际组织的待遇，并于1995年获得联合国大会观察员身份。

（二）国际红十字运动对国际组织的创新

国际红十字运动源于1862年亨利·杜南出版的《索尔费里诺回忆录》中提出的两项伟大构想，红十字国际委员会、《日内瓦公约》的诞生，继第一次世界大战后巨大的人道灾难与人道救助需求，以及红十字会与红新月会国际联合会的成立。

1986年《运动章程》序言明确："各国红十字会和红新月会、红十字国际委员会和红十字会与红新月会国际联合会合在一起构成了一个世界性的人道主义运动。《运动章程》对运动的任务表述为：防止并减轻无论发生在何处的人类疾苦；保护人的生命与健康；保障人类尊严，尤其是发生在武装冲突和其他紧急情况的时候；为预防疾病、增进健康和社会福利而工作；鼓励志愿服务，鼓励本运动的成员随时做好准备提供帮助，鼓励对那些需要本运动保护和帮助的人持有普遍的同情感。《运动章程》还明确指出，本运动的宗旨是"保护人的生命和健康；保障人类尊严；促进人与人之间的相互了解、友谊和合作，促进持久和平"。在履行职责时必须恪守"人道、公平、中立、独立、志愿服务、统一、普遍"七项基本原则。

《运动章程》在序言最后部分指出，国际红十字与红新月运动再次提出：本运动所信奉的箴言是"战时行善"和"通过人道获致和平"，共同表达了运动的理想。据 2021 年年底统计，《日内瓦公约》签约国已经达到 196 个，建立国家红会开展人道救助工作的国家有 192 个。《运动章程》与世界红十字运动的实践清楚地表明：国际红十字运动是迄今为止人类历史上最悠久、覆盖国家与地区最广、参与人群最多的国际人道救助运动，是参与国际社会治理的重要力量。

国际红十字运动具有极大的创新性，在人类历史上具有重要的地位。主要体现在：第一，首次开展以国际人道主义为核心内涵的"运动"。第二，首次将武装冲突的各方（处于交战对立的政府、武装部队）及愿意践行国际人道主义的单位、非政府组织与团体、普通民众（志愿者）联合起来，共同为维护武装冲突中、各种灾难后的受难者提供人道服务。第三，首次将不同的国籍、种族、信仰、阶级和政治见解的人群团结在红十字旗帜下，共同服从于、服务于国际人道主义运动的七项基本原则。第四，首次将武装冲突中"消灭敌人"与"保护俘虏、保护伤病员、保护平民"不同的理念平衡于"运动"之中；第五，首次将世界各地区、各种族、各种不同文化和信仰的人们组成一个覆盖全世界的人道网络，团结一切国家政府、国际国内组织、团体、志愿者等为一切紧迫需要人道救助的受难人群提供适宜的人道服务。

第二节　国际红十字运动与联合国

一、联合国的建立及其使命、原则、目标

（一）联合国诞生前的国际联盟

1919 年，为了促进国际多边合作和实现世界和平安全，出于维护第一次世界大战后的秩序和成果需要，根据《凡尔赛和约》，以战胜国为核心联合构建了有主权国家参加的国际联盟（League of Nations），联盟于 1920 年 1 月正式宣布成立。同期，根据《凡尔赛和约》规定，于 1919 年还成立了国际联盟的附属机构——国际劳工组织。1934 年年底至 1935 年年初，国际联盟的发展达到顶峰，拥有 58 个成员国。然而，国际联盟终因内部利益纷争难以形成合力，不能有效地阻止第二次世界大战，"促进国际合作和实现世界和平与安全"的目标难以达到，国际联盟被迫停止了其一切活动①。

（二）联合国的诞生及其宗旨、原则、目标

1. 联合国的诞生

联合国是一个从军事同盟演变而来的国际组织。1941年年底，第二次世界大战进行期间，为稳定世界各国反法西斯同盟，美国总统富兰克林·D·罗斯福邀请26个国家派出代表，希望共同承诺其政府将继续共同对法西斯轴心国作战。1942年1月1日，26国发布了《联合国家宣言》，首次正式公开使用了"联合国"这个概念。1944年8—10月，在美国敦巴顿橡树园会议上，中国、苏联、英国和美国四国代表提出组建"联合国"的提案。1945年4月25日—6月26日，来自50个国家的代表参加了在美国旧金山举行的联合国国际组织会议，会议对中、苏、英、美四国代表在敦巴顿橡树园会议上提出的提案进行了讨论、完善，最终形成了《联合国宪章》文本。

1945年6月26日，第二次世界大战结束前夕，为了维护战后世界和平与安全，维护国家间以尊重人民平等权利及自决原则为基础的友好关系，促进国家间合作，解决经济、社会、文化及人类福利性质的国际问题，增进人权、自由的发展，51个国家的代表签署了《联合国宪章》。1945年9月，世界反法西斯战争正式结束，1945年10月24日，联合国正式成立。

联合国是一个由主权国家政府参加的国际性组织，到2022年，会员国有193个，其职责与权限不断拓展与完善，涉及维持国际和平与安全，发展国家间友好关系，促成国际合作共同解决经济、社会、文化及人类福利等国际问题，增进人类的人权及自由与尊重等。其官方中文网中的行动，使命首页将其行动使命表达为：维护国际和平与安全；保护人权；提供人道主义援助；支持可持续发展与气候行动；维护国际法。②

---

① 李东燕. 联合国［M］. 北京：社会科学文献出版社，2005：18.
② 联合国官方网站—行动使命［EB/OL］.［2022-01-11］. https://www.un.org/zh/our-work.

联合国成为近代以来世界上参加国家最多，在维护世界稳定、促进人类和平与发展方面具有较高权威性、影响力与执行力的国际组织。

2. 联合国的宗旨

1945年6月26日签署的《联合国宪章》将联合国的宗旨和主要工作归纳为四个方面：

① 维持国际和平及安全；并为此目的：采取有效集体办法，以防止且消除对于和平的威胁，制止侵略行为或其他对和平的破坏行为；并以和平方法且依正义及国际法规定的原则，调整或解决足以破坏和平的国际争端或情势。

② 发展国家间以尊重人民平等权利及自决原则为根据的友好关系，并采取其他适当办法，以增强普遍和平。

③ 促成国际合作，以解决国家间属于经济、社会、文化及人类福利性质之国际问题，且不分种族、性别、语言或宗教，增进并激励对于全体人类之人权及基本自由之尊重。

④ 构成一协调各国行动之中心，以达成上述共同目的。《联合国宪章》还在第九章"国际经济及社会合作"第五十五条规定，为创造国家间以尊重人民平等权利及自决原则为根据的和平友好关系所必要的安定及福利条件，联合国应促进：较高的生活程度，全民就业及经济与社会进展；国家间经济、社会、卫生及有关问题的解决，国家间文化及教育合作；全体人类的人权及基本自由得到普遍尊重与遵守，不分种族、性别、语言或宗教。

3. 联合国的基本原则

为更好实现宗旨，联合国成立初就在《联合国宪章》第二条对各会员国明确提出了必须遵循的七项基本原则：① 本组织系基于各会员国主权平等的原则。② 各会员国应一秉善意，履行其依本宪章所担负的义务，以保证全体会员国由加入本组织而发生的权益。③ 各会员国应以和平方法解决其国际争端，避免危及国际和平、安全及正义。④ 各会员国在其国际关系上不得使用威胁或武力，或以与联合国宗旨不符合的任何其他方法，侵害任何会员国或国家的领土完整或政治独立。⑤ 各会员国对于联合国依本宪章规定而采取的行动，应尽力予以协助，联合国对任何国家正在采取防止或执行行动时，各会员国对该国不得给予协助。⑥ 本组织在维持国际和平及安全的必要范围内，应保证非联合国会员国遵行上述原则。⑦ 本宪章不得认为授权联合国干涉在本质上属于任何国家国内管辖的事件，且并不要求会员国将该项事件依本宪章提请解决；但此项原则不妨碍第七章内执行办法的适用。

《联合国宪章》强调"主权平等""一秉善意""和平方式""国际关系中不使用威胁或武力"等的七项基本原则与国际红十字运动促进持久和平的使命、宗旨、目标具有相当程度的共性。《联合国宪章》的七项基本原则得到会员国的确认，一定程度上具有减少世界武装冲突的次数及武装冲突中非人道事件发生的总量，减少国际武装冲突中非人道事件发生的数量，以及降低非人道事件恶性程度的积极作用，客观上也为红十字国际委员会、红十字会与红新月会国际联合会及国家红会参与维护世界和平、发展提供了行动支持，减轻了负担。

4. 联合国的可持续发展目标

2015 年，联合国所有会员国一致通过 17 项可持续发展目标，联合国呼吁所有国家（不论该国是贫穷、富裕还是中等收入）行动起来，消除贫困、保护地球、改善所有人的生活和未来。发展目标指出：消除贫困必须与一系列战略齐头并进，包括促进经济增长，解决教育、卫生、社会保护和就业机会的社会需求，遏制气候恶化和保护环境等。

联合国的 17 项可持续发展目标融入了国际红十字运动三个组成部分在非武装冲突时期绝大多数的工作项目，也为减轻武装冲突后的人道后果及降低各类灾害后果的严重程度起到了积极作用，有利于使红十字运动在与各有关国家层面的协同上产生同频共振，为国家红会工作与所在国政府的重点工作相协调，并能够更多地得到所在国政府的支持、理解与获得更多的支持与工作空间。

二、国际红十字运动与联合国的合作

1945 年联合国成立之时，依据《联合国宪章》第七条规定，联合国设有六个主要机关：联合国大会、安全理事会、经济及社会理事会、托管理事会、国际法院、秘书处；并可以根据需要依宪章设立认为必需之辅助机关。

联合国总部设于美国纽约，在日内瓦、内罗毕、维也纳设立了三个分部。据《联合国宪章》规定，秘书长是联合国的首席行政长官。联合国现任（即第九任）秘书长是来自葡萄牙的安东尼奥·古特雷斯，他于2017年1月1日起开始担任此职务，并于2021年通过投票而连任。

联合国在国际上的特殊地位和庞大的组织资源、运行权力等给国际红十字运动及各组成部分提供了强有力的组织支持和合作便利，这些支持与合作便利分别在联合国所设置的各机构中得到了体现。

（一）国际红十字运动与联合国大会

联合国大会由全体参加联合国的会员国组成，是联合国组织最高权力机构。联合国大会分为常会、特别会议、紧急特别会议三种。常会每年举行一次，一般由各国外长（有时总理或国家元首也出席）组成不超过5人的代表团出席。各国代表团均享有同等的一个投票权。联合国不是世界政府，联合国大会决议对一个国家并无法律的约束，但是具有重要的道义约束力。①②《联合国宪章》对所有会员国具有宪章所规定的约束力。

《联合国宪章》第一、十一、十二、十三、十八条的联合国大会运行规则中有一些内容直接与国际红十字运动的宗旨、使命、职责相关。例如，关于维持国际和平及安全的建议；关于维持国际和平及安全与合作的普遍原则（包括军缩及军备管制原则）；关于维持国际和平及安全的任何问题；促进政治上的国际合作，并提倡国际法之逐渐发展与编纂；促进经济、社会、文化、教育及卫生各部门的国际合作；促进全体人类的人权及基本自由的实现；等等。

红十字国际委员会于1989年、红十字会与红新月会国际联合会于1995年分别获得联合国大会观察员身份，具有参加联合国大会及其他会议和活动的权利。1977年"日内瓦四公约"《第一议定书》第八十九条规定：在严重违反本议定书的情形下，缔约各方承诺在与联合国合作下按照《联合国宪章》采取共同或单方面行动。这反映了红十字组织的意

---

① 李东燕. 联合国 [M]. 北京：社会科学文献出版社，2005：40-45.
② 陈世材. 国际组织：联合国体系的研究 [M]. 北京：中国友谊出版公司，1986：73-85.

愿，即通过与联合国的合作机制联动促进国际人道法的实施。

作为联合国大会观察员，红十字国际委员会与国际联合会参加联合国大会及相关活动，有利于及时了解世界各地发生武装冲突的可能与状况、世界各国的认识与态度等，对于预先准备、超前介入、舆论宣传、政策协调、探索履行人道救助行动等都具有不可替代的积极意义。对于严重违反国际人道法行为的武装组织和国家政府，联合国大会提供了红十字国际组织向国际社会呼吁的平台，对于及时、有针对性地传播国际人道法，促进相关国家履行《日内瓦公约》及其附加议定书的权利与义务，有着重大的积极意义。

联合国成立70多年来，联合国大会制定并通过了一系列与国际红十字运动宗旨、目标、原则一致，维护人的基本权利、体现人道主义精神的大会决议、公约，对国际红十字运动实现其初衷具有重要的意义。例如，《世界人权宣言》①《防止及惩治灭绝种族罪公约》《关于难民地位的公约》《囚犯待遇最低限度标准规则》《禁止或限制使用某些可被认为具有过分伤害力或滥杀滥伤作用的常规武器公约》《禁止酷刑和其他残忍、不人道或有辱人格的待遇或处罚公约》《关于儿童卷入武装冲突问题的任择议定书》《保护所有人免遭强迫失踪国际公约》等。

（二）国际红十字运动与联合国安全理事会

联合国安全理事会是联合国维持国际和平及安全的重要的职能机构，具有极大的独立性和维护世界和平的权力、资源。《联合国宪章》第五章第二十三条第一款规定：安全理事会由联合国15会员国组成。中国、法国、俄罗斯、英国、美国为安全理事会常任理事国。大会应选举联合国其他10个会员国为安全理事会非常任理事国。

《联合国宪章》第五章第二十四条至第二十七条明确：各会员国将维持国际和平及安全的主要责任授予安全理事会，并同意安全理事会在履行此项责任下的职务时，即系代表各会员国。宪章还在第四十一、四十二、四十四、四十五、五十一条中赋予了安全理事会认为必要时可以

---

① 凯瑟琳·福廷. 1948—1968年间红十字国际委员会与联合国间以及国际人道法与国际人权法间的互补性［J］. 廖凡，译. 红十字国际评论，2012（4）：93-112.

决定对相关国家采取全方位强制措施的权利,其中包括军事行动、经济制裁、全面封锁、断绝外交关系等,以维持或恢复国际和平及安全。联合国安理会经常讨论国际、国内武装冲突局势,并通过决议要求冲突各方遵守人道法的规定。

联合国安理会的这些权力与措施无疑对维护世界和平、减少国家间武装冲突的次数、缩小国际武装冲突的规模、降低冲突的烈度和危害性具有重要的意义。红十字国际委员会作为《日内瓦公约》明确赋权的国际人道组织,能够较早获知有关国家武装冲突的相关信息、发展状况、人道救助需求,以及人道救助可能的通道等。在"日内瓦四公约"《第一议定书》第八十九条合作条款中,各缔约国与国际红十字委员会约定:在发生严重违反公约或议定书的情况时,缔约各方承诺在与联合国合作下按照《联合国宪章》采取共同或者单方面的行动。这表明红十字国际委员会成为联合国安理会维护世界和平和给予受难者人道救助的最重要伙伴。

红十字国际委员会在武装冲突中开展人道救助工作,对武装冲突的相关国家和冲突方维护武装冲突中的受难者的人道状况具有最直接的了解,也有利于利用联合国安全理事会的平台,及时采取措施防止(或中止)类似二战中德国法西斯对犹太民族的种族灭绝行为及日本军国主义对中国南京人民的大屠杀,有利于将犯下种族灭绝罪、战争罪、反人类罪的罪犯绳之以法,有利于维护《日内瓦公约》的严肃性,维护武装冲突中的受难者的生命权和尊严。但红十字国际委员会与安全理事会的合作是谨慎的,以确保在各类武装冲突中的独立和中立立场。①

(三) 国际红十字运动与联合国经济及社会理事会

《联合国宪章》规定建立经济及社会理事会(以下简称经社理事会),在第十章对经社理事会的主要职责进行了规定。第六十二条明确要求经社理事会发动或作成关于国际经济、社会、文化、教育、卫生及其他有关事项之研究及报告;并得向大会、联合国会员国及关系专门机

---

① 奥雷利奥·维奥蒂. 寻找共生:人道领域中的安全理事会 [J]. 朱利江,译. 红十字国际评论, 2007 年文选: 50-77.

关提出关于此种事项之建议案。在第六十八条中则要求经社理事会应设立经济与社会部门及以提倡人权为目的之各种委员会,并得设立于行使职务所必需之其他委员会。

1946年6月21日,根据联合国经社理事会3(Ⅱ)号决议,成立了负责非政府组织事务的常设委员会"非政府组织委员会"。1948年,成立了享有联合国经社理事会咨商地位的非政府组织大会,简称非政府组织大会(CONGO)。1950年,经社理事会做出了第一批有关非政府组织与联合国关系的安排。1996年5月,经社理事会通过1996/31号决议,重新审议了联合国与非政府组织的关系安排,根据咨商与经社理事会任务相关的密切程度分成三类:全面咨商地位;专门咨商地位;名册地位。获得经社理事会前两类咨商地位的非政府组织有更多的机会了解和参与联合国临时议程,提出的项目可以纳入临时议程,以观察员身份出席理事会和附属机构的公开会议,提出书面或口头陈述。

联合国经社理事会在1946年第三届会议期间通过一项决议,要求联合国成员(各国)鼓励建立国家红十字会,并尊重红十字会的独立性。[①] 这项决议与1919年红十字会联盟公约中的第二十五条非常相似,即要求国际联合会成员同意鼓励和促进正式授权的国家建立志愿红十字组织并积极与之合作,其目的是在全世界改善健康、预防疾病和减轻痛苦。

从1972年斯德哥尔摩人类环境大会开始,非政府组织参加联合国会议已经形成制度,可以参与联合国正式会议的准备工作,参加一些正式会议,在联合国召开政府间会议期间专门召开非政府组织论坛等。非政府组织在业务与伙伴关系、影响政策和政策对话、影响国际制度创新等方面发挥着日益积极的作用。[②] 在人道主义援助协调方面,根据联大1991年第46/182号决议,秘书长每年向联大和经社理事会提供人道主义援助事务报告,报告紧急人道主义援助的协调情况。

国际红十字运动长期把救助战争受难者,帮助妇女儿童、被拘押

---

① 参见1946 UN Resolution 21 联合国经济及社会理事会(ECOSOC)在1946年9月11日至12月10日第三届会议文件,1946年9月21日通过。

② 李东燕. 联合国[M]. 北京:社会科学文献出版社,2005:137-146.

者、国内流离失所者、移民、难民和寻求避难者、失踪人员、残障人士，提供教育机会，应对气候恶化与冲突，维护经济安全，推进医疗卫生状况的改善，重建家庭联系，帮助解决供水与住所等作为重要工作内容，与经社理事会及成员所推动开展的工作有很多协同性。经社理事会使红十字运动各组成部分能直接参与世界经济、社会发展的各重大问题讨论，协同参与重大人道主义危机的救援。例如，1948年联合国让时称"红十字会联盟"的国际联合会向黎巴嫩、叙利亚、伊拉克和约旦河外的巴勒斯坦难民提供救济援助；1950年5月，联合国经社理事会通过国际联合会出面协调，将国际救济行动分发给联合国近东巴勒斯坦难民救济和工程处（UNRWA）等。近年来，国际红十字运动将"2020战略""2030战略"等长期发展战略契合于联合国经社理事会推动的世界发展议程中，经社理事会成为红十字国际组织参与世界和平与发展建设的探讨、交流、沟通、合作的渠道与平台。

目前，国际委员会和国际联合会派驻常驻联合国观察员兼驻纽约代表团主任，授权参与联合国相关组织的国际人道活动会议，提供战略咨询，与联合国机构、国际媒体沟通、宣传国际红十字运动及对外合作事务的立场、原则，在联合国秘书长的报告、联合国大会、经济及社会理事会、安全理事会和其他相关机构的讨论、决议中，以及在审议和联合国有关机构形成的决议、通过的报告中，寻求对红十字运动、红十字国际组织的任务、工作、政策和业务重点的认同，有效扩大了红十字组织在联合国开展人道外交工作的范围和国际影响力。

（四）国际红十字运动与国际法院及国际刑事法庭

1. 国际法院

国际法院是联合国下设的司法机构，设立在荷兰海牙，习称"海牙国际法院"，前身是据1899年第一次海牙国际和平会议通过《和平解决国际争端公约》于1902年成立的"常设仲裁法院"，1945年联合国建立后经改造纳入联合国体系，并于1996年2月依据《联合国宪章》和《国际法院规约》完善成立。国际法院由联合国大会及安理会推荐产生的15名不同国籍的法官组成。法官不代表任何国家，任期9年，每3年更换1/3。联合国所有会员国为《国际法院规约》的当然参加国。《国际法院规约》是《联合国宪章》的构成部分。《联合国宪章》第十四章第九十二条对国际法院的性质、职责权限、管辖范围等进行了规范。

国际法院依照《联合国宪章》《国际法院规约》及联合国大会赋予的权利履行职责,主要履行:① 审理所有声明、承认国际法庭管辖权的成员国(非成员国)及《联合国宪章》、公约中特别规定的事项;② 审理当事国各方共同委托的国际争议事项;③ 为联合国各相关部门及争议各当事国共同委托的议题提供法律咨询。国际法院不受理非国家间的争端,亦无权调查主权国家行动与国家内政。联合国成员国有委托和不委托国际法院仲裁的自主权。遇有不履行国际法院判决的应负之义务时,可向联合国安全理事会提起申诉,安全理事会认为必要时可提出建议或决定应该采取的办法,以执行判决。①

国际法院多年来受理并成功处理了数十起国家间水域、大陆架划分、领土争议及边界划分,裁决了相关边界村庄、古寺主权争端等案件,一定程度上缓解或避免了国家间因主权纠纷可能引起的武装冲突,减少了这些国家之间因主权争执而发生的人道危机。②

2. 国际刑事法庭

继第二次世界大战后的纽伦堡审判、东京审判后,1993 年联合国安理会通过第 808 号决议,并于同年 5 月 25 日通过了附有《前南国际法庭规约》的 827 号决议,在荷兰海牙成立了前南斯拉夫国际刑事法庭。1994 年 11 月 8 日,根据联合国安理会第 955 号决议在坦桑尼亚阿鲁沙成立了卢旺达问题国际刑事法庭。2002 年 7 月,按照《罗马国际刑事法院规约》成立的海牙国际刑事法院(ICC),对缔约国及联合国安理会移交的案件进行审理,对犯有灭绝种族罪、危害人类罪(反人道罪)、战争罪、侵略罪的个人进行起诉,《日内瓦公约》及共同条款成为法庭判决与追究个人责任的重要法律依据,同时也促进和激励各相关国家国内法院履行其追诉犯有战争罪之人的义务。

国际刑事法庭的建立不仅有力地促进了国际人道法的进一步完善,

---

① 于永达. 国际组织[M]. 2 版. 北京:清华大学出版社,2011:174-175.
② 李东燕. 联合国[M]. 北京:社会科学文献出版社,2005:63-65.

维护了《日内瓦公约》的严肃性，客观上也提升了《日内瓦公约》的国际地位，保障了《日内瓦公约》的贯彻与落实，提升了人类社会自觉维护"战争中的人道"规则的力度。

（五）国际红十字运动与联合国人道主义事务协调厅及其他下属组织

联合国系统除了联合国大会、安全理事会、经济及社会理事会、托管理事会、国际法院、联合国秘书处外，还拥有被称为办公室、方案、基金和专门机构的众多附属组织。这些组织有自己的章程、会员、领导和预算。这些主要附属组织有：1945年12月成立的世界银行；1947年成立的联合国国际法委员会；1948年4月成立的世界卫生组织；1967年设立，1969年定名为联合国人口活动基金；1972年1月成立的联合国环境规划署；1979年成为联合国附属机构；1987年改为现名的联合国人口基金会；2003年11月归入联合国的世界旅游组织；等等。

人道主义援助是联合国重要的使命之一。联合国成立后就把人道主义援助作为重要职责，20世纪70年代开始，联合国为了更好地协调开展全球人道救助工作，开始设立人道援助协调机构：1971年，联合国大会第2816号决议设立救灾协调员（Disaster Relief Coordinator, DRC）职位，又在日内瓦设上救灾协调员办公室。1991年12月，联合国大会通过了第46/182号决议，提出了联合国人道主义援助的12项原则。决议同时决定设立人道主义援助机构间常设委员会（Inter-Agency Standing Committee, IASC），负责研究制定人道主义救援政策，确定人道主义救助战略优先事项和调动资源，统筹应对全球人道主义危机；设立副秘书长级别的紧急救济协调员（Emergency Relief Coordinator, ERC）作为联合国系统内人道主义行动的最高协调人，成立人道主义事务部（Department of Humanitarian Affairs, DHA），以及创建人道主义联合呼吁程序（Consolidated Appeal Process, CAP）和中央救援基金（Central Emergency Revolving Fund, CERF）等协调工具。1998年，人道主义事务部更名为人道主义事务协调厅（OCHA），进一步明确和细化了紧急救济协调员和人道主义事务协调厅在全球人道主义事务中的领导和协调地位，把人道主义事务协调厅的职能扩展到协调人道主义应急、政策制定和人道主义宣传等领域。①

目前,人道主义事务协调厅由主管人道救援事务的副秘书长暨联合国系统紧急救济协调员主持工作,并担任机构间常设委员会的主席。机构间常设委员会有18个人道机构成员,聚集了联合国系统内具有人道主义救援功能的各个基金、方案、专门机构,以及红十字、红新月组织和重要非政府组织的最高领导,定期举行会议,商议人道主义重大政策,联合开展救灾呼吁,协调重大应急行动。②

人道主义事务协调厅的核心职能包括协调、供资、政策、宣传和信息管理等五个方面:"一是协调,就是汇集各个方面的人道主义行动者,通过救灾门类体系、人道主义规划周期、应急伙伴网络等系统、工具,来促进各方分工、互补,协调开展救援工作,将救援和保护最有效地送达最需要的人群。二是供资,要尽最大力量动员各个类别、各个层面的筹资工具、机制和伙伴,来满足人道主义救助资金需求,并提高各机制的互补性,取得最大的救助效果。三是政策,要密切根据人道主义领域的新情况、新问题,领导和协调有关政策的讨论、制定和执行。四是宣传,为遭遇危机的人们发声,尤其要提高全球对'被忽视的危机'的认知和重视,帮助他们获得援助,并倡导对国际人道主义法律的遵守。五是信息管理,为全球人道主义行动者提供真实、客观、实时、全面的数据和信息,促进快速、有效、坚持原则的人道主义行动,为协调、决策和宣传工作提供信息支持。"③

机构间常设委员会成员除发挥牵头协调职能的人道主义救援事务协调厅(办公室)外,涵盖了联合国系统中主要负责提供紧急救助的实体,包括联合国开发计划署、联合国难民署、联合国儿童基金会、世界粮食计划署、世界卫生组织等。机构间常设委员会长期受邀机构还包括

---

① 联合国官方网站-联合国人道主义援助-简介[EB/OL].[2022-01-11]. https://www.un.org/zh/issues/humanitarian/index.shtml.
② 纪念"世界人道主义日"推进全球人道主义救援事业:专访联合国人道主义事务协调厅官员杨臻黛博士[EB/OL].(2019-08-18)[2022-01-11]. https://news.un.org/zh/story/2019/08/1040011.
③ 联合国官方网站-联合国人道主义援助-简介[EB/OL].[2022-01-11]. https://www.un.org/zh/issues/humanitarian/index.shtml.

红十字国际委员会、红十字会与红新月会国际联合会、世界银行、人道主义应急反应指导委员会、国际志愿组织理事会等18家国际人道主义援助机构。

红十字国际委员会、红十字会与红新月会国际联合会是联合国人道救援机构间常设委员会的重要合作伙伴。①② 联合国在2008年12月11日第68次全体会议63/139号决议《加强联合国紧急人道主义援助的协调》中提出，"鼓励联合国继续作出努力，加强同国际红十字与红新月运动、相关人道主义非政府组织和机构间常设委员会其他参与机构在全球层面建立的伙伴关系"，"重申提供人道主义援助要遵守的中立、人道、公正和独立原则"。

2016年5月，联合国时任秘书长潘基文与红十字国际委员会合作召开首届世界人道主义峰会。来自173个会员国的9 000名与会者，其中包括55位国家元首和政府首脑，数百位私营部门的代表，几千位来自民间社会和非政府组织的人士，参加了在伊斯坦布尔举行的峰会。潘基文提出，希望各国政府和民间社会支持其提出的五项核心责任，即预防冲突、尊重国际人道主义法、不让任何人掉队、将发展努力与人道救援行动相结合，以及加强筹资，从消除人道主义危机的根源和改进全球救援体系入手，来缓解全球人道主义危机。与会全球领导人宣布要通过一系列具体措施，包括训练武装部队、通过国家立法、批准核心国际条约、提倡普遍加入国际条约，以及加强教育和提高认识，加强遵守国际人道主义法和人权法。会议呼吁所有国家和人道主义行动组织均应重申致力于履行普遍适用的人道主义原则——人道、中立、公正及独立，并根据需要为所有人提供援助和保护，不会基于任何理由歧视任何人。

联合国这些被称为方案、基金和专门机构的众多附属组织都具有极大的全球覆盖面，均是联合国维护和平与发展的重要助手，与国际红十字运动有着内在共性，在有关目标和实体项目上积极互动。国际红十字运动的各组成部分也根据需要和可能主动争取这些组织的支持

---

① 李东燕. 联合国［M］. 北京：社会科学文献出版社，2005：256.
② 联合国官方网站-联合国人道主义援助-简介［EB/OL］.［2022-01-11］. https://www.un.org/zh/issues/humanitarian/index.shtml.

和帮助。① 1957 年，联合国难民事务高级专员办事处向红十字会与红新月会国际联合会颁发了"汉森奖章"，以表彰其向匈牙利难民提供"高效和人道主义"的救援。2021 年 7 月 9 日，世界银行、红十字国际委员会和联合国儿童基金会在北京共同发布了一份题为《加强人道与发展合作，携手应对长期危机：对中东与北非地区供水与环境卫生服务提供方的人道与发展支持》的报告。②

第三节　国际红十字运动与奥林匹克运动

一、奥林匹克运动的兴起和发展

（一）现代奥林匹克运动的兴起

奥林匹克运动早期发源于 2 000 多年前位于古希腊首都雅典西南 300 千米的奥林匹亚（Olympia）。据有关资料，奥林匹克运动起源有多种传说，但第 1 届古奥林匹克运动会（简称奥运会）于公元前 776 年举办，至公元 394 年，在古希腊的奥林匹亚运动场共举办了 293 届奥运会。在长达 1 000 多年的时间里，奥林匹克运动均作为地域性的赛事被各界所认同。

随着政权更迭、战火和大自然的风霜，历经 1 000 多年的奥林匹亚运动场及设施被损毁殆尽，成为一片废墟。直到 19 世纪末，在法国教育家皮埃尔·德·顾拜旦（Le baron Pierre De Coubertin，1863—1937 年）的倡议和积极运作下，停办 1 500 多年的奥林匹克运动会火炬被重新点燃。1894 年 6 月 23 日，"奥林匹克运动会国际委员会"（1901 年定为现名"国际奥林匹克委员会"）成立，并于 1896 年在希腊雅典成功举办了近代首届奥林匹克运动会。③④

---

① 樊尚·贝尔纳. 编者按：人道的追求：国际人道法及 150 年人道行动回顾［J］. 红十字国际评论，2012（4）：23.

② 世界银行、红十字国际委员会和联合国儿童基金会共同发布报告 聚焦人道和发展领域合作：以改善针对长期危机的应对工作［EB/OL］.（2021-07-09）［2022-07-04］. https://www.icrc.org/zh/document/world-bank-icrc-and-unicef-launch-joined-report.

③ 史国生. 奥林匹克运动［M］. 北京：高等教育出版社，2020：66.

④ 全国体育学院教材委员会. 奥林匹克运动［M］. 北京：人民体育出版社，1993：16-28.

（二）奥林匹克运动的组织与架构

国际奥林匹克运动依靠三大支柱：一是国际奥林匹克运动委员会（IOC）；二是国家奥委会总会（ANOC）；三是国际单项体育联合会总会（GAISF）。国际奥林匹克运动委员会（简称国际奥委会）是奥林匹克运动的领导机构，领导着全球的奥林匹克运动。国际奥委会总部于第一次世界大战爆发不久后的1915年4月10日从法国巴黎迁至瑞士洛桑至今。至2020年，国际奥委会已经拥有夏季奥林匹克项目国际单项体育联合会总会（ASOIF）33个，冬季奥林匹克项目国际单项体育联合会总会（AIOWF）7个，国际奥委会承认的国际体育联合会协会（ARISF）、国际单项体育联合会总会（GAISF）、国家奥林匹克委员会（NOC）206个。①

自1896年第一届奥林匹克运动会举办以来，除因1916年第一次世界大战，1940年、1944年第二次世界大战而被迫停办三届外，每四年举办一届奥运会的传统延续至今，并不断创新、发展，形成了每届奥运会内含奥运会（夏季）、冬奥会（1924年首届）、残奥会（1960年首届）、青奥会（2010年首届）的全系列、广覆盖、大规模的世界性体育盛会。

每四年一届的国际奥林匹克运动会是目前世界上规模最大、影响最广的体育赛事。出于各种利益考虑，世界各国、各著名城市竞相争办奥运会。参加奥运会、在奥运会上取得良好成绩已经成为每一个参赛国、参赛队、参赛运动员的期盼和荣耀，也是参赛国家、城市、民族展现自己的文化和魅力、交流各种不同文化的重要机会。国际奥运会的赛事、精神、文化、商业广告、志愿服务等也已经成为人类世界一种特殊的文化。在比赛场馆、数字通信和电视机高度普及的现代社会，奥林匹克重大赛事几乎达到家喻户晓的程度，现代奥林匹克运动创造了人类历史的奇迹。

（三）《奥林匹克宪章》

《奥林匹克宪章》（Olympic Charter）是国际奥委会制定的关于奥林

---

① 史国生. 奥林匹克运动［M］. 北京：高等教育出版社，2020：72-83.

匹克运动的最高法律文件，得到全体委员大会的批准。《奥林匹克宪章》成为推动奥林匹克运动发展的总章程，也是约束所有奥林匹克活动参与者行为的最基本标准和各方进行合作的基础和准则。《奥林匹克宪章》集中阐述了奥林匹克运动的宗旨、目标、发展方向，诠释了奥林匹克主义和奥林匹克精神等重要概念，奠定了奥林匹克运动实现其目标的思想基础；规范了奥林匹克大家庭的各个成员，特别是国际奥委会、国家奥委会和国际单项体育联合会等在这一运动中的地位、功能、任务及相互关系；界定了奥林匹克运动的基本内容及奥运会与大众体育活动、教育与文化活动的关系等。

《奥林匹克宪章》规定：奥林匹克标志是奥林匹克运动的象征，是国际奥委会的专用标志。标志由五个相互套连的彩色圆环（奥林匹克环）组成，环的颜色自左至右为蓝、黄、黑、绿、红，象征五大洲的团结，全世界的运动员以公正的比赛和友好、坦率的精神在奥运会上相见。奥林匹克旗帜为白底无边，中间是奥林匹克标志。

"奥林匹克五环"是奥林匹克运动的象征，是国际奥委会的专用标志，未经国际奥委会许可，任何团体或个人不得将其用于广告或其他商业性活动。但是，每届奥林匹克运动主办城市都可以按照《奥林匹克宪章》规定的要求，在完整表达"奥林匹克五环"的基础上，按照本国、本地特点设计本届奥运会会徽、吉祥物等。奥林匹克标志受到世界各国的保护，中华人民共和国国务院于 2002 年 2 月 4 日以国务院令第 345 号下发《奥林匹克标志保护条例》，2018 年 6 月经修改后再次下发。

（四）奥林匹克运动的社会文化基础

奥林匹克运动的复兴与国际红十字运动的兴起同处于 19 世纪下半叶。欧洲经历了文艺复兴、宗教改革和启蒙运动，随着科学革命、工业革命与地理大发现，人道、人权、自由、平等、博爱等人文主义思想不断发展，探寻、恢复人类历史曾经的文明成为时代的潮流之一。意大利捷奥·帕尔维叶里（Palmieri Matteo，1405—1475 年）首次撰文提出古代奥运会精神；法国诗人汉斯·沙克斯（Hans Sarks，1494—1576 年）揭示了古代奥运会的竞赛制度和审美观（人体的运动美）；意大利医生赫·美尔库里亚利斯（Hieronymns Mercurialis，1530—1606 年）于 1569

年出版了《论体操》，从医学和教育角度阐述了古代奥运会体操与医疗卫生保健学的关系；法国卢梭（J. J. Rousseau，1712—1778年）在其著作《爱弥尔》中对体育教育进行了理论架构的描述；英国斯宾塞（H. Spencer，1820—1903年）在其著作《教育论：智育、德育和体育》中提出，只有掌握人体的规律，懂得生活卫生，使用科学的方法，才能获得健康、保持健康，他强调思想的解放和身体的解放；意大利著名学者培特·保尔·韦尔杰里乌斯（Pater Paul Vergerius，1370—1444年）在《有关青少年的道德及有益的活动》一书中专门论述人的教育和体育训练应从幼年开始，才能使其在成人后担当重任，并将体育运动与人的全面发展联系在一起。① 这些思想论述成为现代奥林匹克运动兴起的思想理论基础。

二、国际红十字运动与奥林匹克运动的合作

（一）国际人道主义与奥林匹克主义

1. 国际人道主义

国际人道主义诞生的年代尽管早于奥林匹克主义数十年，但是两者之间所处的时代相近，在社会、思想文化背景方面更具有共同性。文艺复兴、宗教改革、科技革命、启蒙运动等对这两个主义都提供了养料和社会基础。以国际红十字运动为代表的国际人道主义与以奥林匹克运动为代表的奥林匹克主义在诞生的直接动因、宗旨和目的、运动主体、运行方式、行为结果、个人利益等方面则具有明显的区别。

① 国际人道主义起因是战争中的人道，并延伸到灾害中或和平时期的人道救助等。它的诞生与战争密切相关。1859年，亨利·杜南先生因经历了法国-撒丁王国联军与奥地利帝国在意大利伦巴蒂地区索尔费里诺战役的战地救护，震撼于战争的残酷，才写出了《索尔费里诺回忆录》，并提出了两条建议，促成了《日内瓦公约》和国际红十字运动的诞生。以《日内瓦公约》为基础的国际人道法成为履行国际人道主义最典型、最早期的国际法之一。

② 国际人道主义的重点是希望通过国际人道法规范武装冲突各方在

---

① 史国生. 奥林匹克运动［M］. 北京：高等教育出版社，2020：26-27.

冲突中的行为，减少不必要的伤害；维护以红十字为代表的相关组织对冲突各方及灾害的受难者给予必要的人道救助，并充分维护和尊重受难者的尊严。

③ 国际人道主义履行方首先是各国政府及所属武装部队按照《日内瓦公约》规范本国武装部队在武装冲突中的行为；其次是冲突的非政府武装组织和人员（包括放下武器的俘虏、伤者、病者和平民）；再次是以国际红十字运动三大组成部分为代表的人道救助组织开展国际人道救助行动，战时并协调其他组织。

④ 国际人道主义履行的主要法律依据为一九四九年八月十二日"日内瓦四公约"及其第一、第二两个附加议定书，国际红十字与红新月运动章程及与国际人道法相关的人道、人权条款。除《日内瓦公约》的签约国必须"善意"履行国际义务外，《日内瓦公约》的公共条款部分具有强制性，严重违反《日内瓦公约》所规定的国际人道主义义务的国家政府、武装部队负责人等，都将受到国际法庭的管辖，依法予以惩罚。1994年卢旺达发生严重的违反国际人道法的种族灭绝事件，1995年前南斯拉夫发生种族灭绝事件，该两个事件的主要责任人都先后依照国际法受到了联合国国际法庭的严惩，这有力地维护了体现国际人道主义精神的《日内瓦公约》。

⑤ 国际人道主义行动中的三大组成部分及其志愿者通过志愿服务，以不谋求个人的任何利益为出发点，并通过这种"利他"行动履行国际人道主义。

⑥ 国际红十字运动在履行职责时，高举的旗帜是"红十字、红新月、红水晶"，象征着人类的普遍同情。

2. 奥林匹克主义

奥林匹克主义（Olympism）一词由现代奥林匹克运动创始人顾拜旦于1911年首次提出，但他却从来没有给其下过明确的定义，还常常将奥林匹克精神赋予其中。《奥林匹克宪章》指出：奥林匹克运动是国际奥委会领导下，受奥林匹克主义的价值观所鼓舞的所有个人和团体协调一致的、有组织的、普遍而永恒的活动。① 在《奥林匹克宪章》中可以看到后人对奥林匹克主义的多种释义。① 奥林匹克主义的宗旨是体育运动为人类的和谐发展服务，以促进建立一个维护人类尊严的、和平的社会。② ② 奥林匹克主义是谋求增强体质、意志和精神生活的哲学。奥林匹克主义把体育运动与文化和教育融合起来，创造一种在努力中求欢乐、发挥良好榜样的教育价值并尊重基本公德原则的生活方式。③ ③《奥林匹克宪章》在对奥林匹克主义诠释中指出：将身、心和精神方面的各种品质均衡地结合起来，并使之得到提高。④ 曾担任国际奥委会主席长达21年的胡安·安东尼奥·萨马兰奇（Juan Antonio Samaranch，1920—2010年）指出：奥林匹克主义是一种人生哲学，其目标在于使体育运动为人的和谐发展服务，从而促进一个关心、维护人类尊严的和平社会的建立。④ ⑤ 国际奥委会在《奥林匹克宪章》中将"奥林匹克主义的原则"描述为：每一个人都应享有从事体育运动的可能性，而不受任何形式的歧视，并体现相互理解、友谊、团结和公平竞争的奥林匹克精神。《奥林匹克宪章》赋予奥林匹克精神的内容是相互理解、友谊长久、团结一致和公平竞争。

1920年，奥林匹克运动委员会对原格言"重要的不是取胜，而是参加"进行了补充，形成了著名的运动格言："更快、更高、更强"。2021年奥林匹克运动委员会对格言增改为"更快（Faster）、更高（Higher）、更强（Stronger）、更团结（Together）"。格言成为奥林匹克精神的重要组成部分，也是对奥林匹克主义的进一步诠释。

总之，奥林匹克主义主要针对运动员个体"人"和"团队"而言，试图通过体育运动，达到强身健体、增强毅力和快乐感，形成一种良好的生活方式及人生哲学。奥林匹克主义对群体的"人"则表达为：奥林匹克主义的宗旨是体育运动为人类的和谐发展服务，以促进建立一个维护人类尊严的、和平的社会。"重要的不是取胜，而是参加"及"更快、

---

① 史国生. 奥林匹克运动［M］. 北京：高等教育出版社，2020：5.
② 史国生. 奥林匹克运动［M］. 北京：高等教育出版社，2020：55.
③ 史国生. 奥林匹克运动［M］. 北京：高等教育出版社，2020：5.
④ 史国生. 奥林匹克运动［M］. 北京：高等教育出版社，2020：55.

更高、更强、更团结"则是对个体和团体提出了一种全新的价值取向，使参与和不断超越自己成为一种和谐、奋发向上的新精神状态。

追溯到古奥林匹克时期，为了举办神圣的奥林匹克运动会，奥林匹亚所在的伊利斯城邦要选派三名使者，在宙斯神殿的圣火坛前举行宗教仪式，分别派往希腊各城邦，宣告奥运会即将举行，整个伊利斯城邦都成为圣地，不允许任何战争行为发生，后人称奥林匹克神圣休战。[1][2]奥林匹克运动及其圣火成为和平休战的象征。

奥林匹克主义通过奥林匹克标志和奥林匹克运动充分体现了其内涵，尤其是在为人类的和谐发展服务，促进建立一个维护人类尊严的、和平的社会，促进五大洲人民团结等方面，起到了积极作用。在此意义上，其与促进人类永久和平为己任的国际红十字运动宗旨相一致。

(二) 红十字精神与奥林匹克精神

1. 红十字精神

在中国，红十字精神（Red Cross Spirit）被归纳为"人道、博爱、奉献"六个字；在《国际红十字与红新月运动章程》中，没有如此直接的文字归纳、表达，而是将其含义融于国际红十字运动的任务、宗旨、箴言、七项基本原则、《日内瓦公约》及其附加议定书和《国际红十字与红新月运动章程》之中。

首先，国际红十字运动七项基本原则中的"人道、公正、中立、普遍"与中国红十字精神中的"人道、博爱"共同表达了红十字精神的本质：不加歧视地救护战地伤员、和平时期不加歧视地救助一切灾害受难者，仅根据需要优先救济困难最紧迫的人，不受其他因素的干扰，以人道求和平。

其次，国际红十字运动七项基本原则中的"志愿服务"与中国红十字精神中的"奉献"一词共同表达了红十字运动在实施中的基本要求：绝不期望以任何方式得到利益，倡导奉献（包括钱、物、知识、技能、时间甚至生命等）。"志愿服务""奉献"作为一种高尚精神境界和具体

---

[1] 全国体育学院教材委员会. 奥林匹克运动 [M]. 北京：人民体育出版社，1993：22.
[2] 史国生. 奥林匹克运动 [M]. 北京：高等教育出版社，2020：18.

行为的精神指南，在国际人道主义、红十字精神的指引下涌现出了众多的典范，如亨利·杜南（瑞士）、南丁格尔（英）、克拉拉·巴顿（美国）①、居里夫人（波兰）②、白求恩（加拿大）、柯棣华（印度）、苏克己（中国）③、孙伟（中国）④ 等。

国际红十字运动七项基本原则中的"人道、公正、中立、普遍"与中国红十字精神中的"人道、博爱"为红十字精神的核心内涵，"志愿服务"与"奉献"则成为红十字人在人道行动中的精神指南。

国际红十字运动七项基本原则与中国红十字精神的"人道、博爱、奉献"构成了红十字精神的全部内涵。

2. 奥林匹克精神

奥林匹克精神（Olympic Spirit）往往与奥林匹克运动的格言交融。《奥林匹克宪章》指出：奥林匹克精神就是相互了解、友谊、团结和公平竞争的精神。⑤⑥ 这是奥林匹克运动创始人顾拜旦于1908年在英国伦敦圣保罗大教堂参加一次宗教仪式时，根据宾夕法尼亚主教"在奥林匹克运动会上，取胜不像参加那样重要"的讲话而引出的思考，他后来做了精辟的解释：正如在生活中最重要的事情不是胜利，而是斗争；不是征服，而是奋力拼搏。⑦

1920年，顾拜旦将巴黎阿奎埃尔修道院院长亨利·迪东在一次户外运动会上鼓励学生们时说的话"在这里，你们的口号是：更快、更高、更强"移植过来，经奥林匹克运动委员会同意后正式写入《奥林匹克宪章》，成为奥林匹克运动的著名格言，⑧⑨ 格言所倡导的内在含义成为奥林匹克运动精神的重要组成部分。至此，奥林匹克运动精神完整形成。

---

① 克拉拉·巴顿是美国红十字会创始人，红十字志愿服务者。
② 居里夫人，著名核物理学家，第一次世界大战期间参加红十字志愿服务，带着X光机上前线协助诊治伤病员。
③ 苏克己，在第二次淞沪抗战中被日本侵略者杀害的中国红十字会总会志愿救护队员。
④ 孙伟，中国红十字会第一位异基因外周血造血干细胞捐献志愿者，移植获得圆满成功。
⑤ 全国体育学院教材委员会. 奥林匹克运动 [M]. 北京：人民体育出版社，1993：125.
⑥ 史国生. 奥林匹克运动 [M]. 北京：高等教育出版社，2020：59.
⑦ 全国体育学院教材委员会. 奥林匹克运动 [M]. 北京：人民体育出版社，1993：128.
⑧ 史国生. 奥林匹克运动 [M]. 北京：高等教育出版社，2020：60-61.
⑨ 全国体育学院教材委员会. 奥林匹克运动 [M]. 北京：人民体育出版社，1993：127.

"相互了解、友谊、团结和公平竞争"是奥林匹克运动精神的根本，"重在参与，参与比取胜更重要"成为国际奥林匹克运动的第一准则，"团结友好"体现了奥林匹克运动的任务和目的。"公平竞争"既是一种品格，也是营造良好竞赛环境、调整所有参赛人员心态、增进友谊、推动社会和谐与发展的基石。国际奥委会在"更快、更高、更强"的六字格言后增加"更团结"三个字，就是结合时代特点，突出奥林匹克运动希望人类成为一个命运共同体的思想。①

"更快、更高、更强、更团结"既是倡导挑战自我，崇尚坚韧不拔、锲而不舍、百折不挠、顽强拼搏、团结一致的内在精神力量和意志，也是一种自我激励、自我抚慰。任何赛事荣获冠、亚、季军的数量总是有限的，绝大多数运动员与此无缘。很多运动员历经几年、十几年、数十年的努力，却因某种偶然因素不能摘得桂冠，这固然使其扼腕叹息、遗憾终身，但是奥林匹克运动更推崇的是只要自己努力追求今天比昨天进步，尽力参与整个过程，即使没有得到冠军，也是一种历练，也能为体育运动做出贡献，也能传递国家、民族之间的友谊，团结一起为世界和谐做出贡献。这才构成了完整的奥林匹克运动精神。

（三）国际红十字运动与奥林匹克运动的合作

1. 国际红十字运动与奥林匹克运动的合作历史

让红十字运动与奥林匹克运动两大国际组织走到一起的一个重要因缘是"奥运休战传统"。所谓"奥运休战"，就是奥运会期间要停止战争，使运动员和观众得以参与奥运会并安全地返回家园。同时，在奥运场馆要秉持人道、公正原则，不加歧视地救护每一名遇到突发伤害的运动员和观众，不管他们来自哪个国家和地区——这与起源于战场救护的国际红十字运动无论是在价值理念还是在行动准则上都高度契合，因此，奥运场馆的救护人员需要佩戴红十字或红新月标识，也就是把奥运会变成一个真正体现人道、公正、和平、友谊的人类文明盛会。②

---

① 厉苒苒. "更快、更高、更强"后，多了"更团结"！奥运格言为何变了？[N]. 新民晚报，2021-07-21（15）.

② 张成杰. 专访中国红十字会副会长：红会是冬奥会的"小助手，大角色"[EB/OL].（2022-01-25）[2022-07-03］. https：//www.thepaper.cn/newsDetail_forward_16445365.

红十字运动与奥林匹克运动的更广泛的合作，主要体现在举办国城市奥组委层面与国家红会、奥林匹克运动会所举办城市红十字会组织合作开展红十字志愿服务和应急救护服务上。这种合作具有数十年的历史，如普莱西德湖冬奥会（美国，1980年）、汉城奥运会（韩国，1988年）、巴塞罗那奥运会（西班牙，1992年）、亚特兰大奥运会（美国，1996年）、盐湖城冬奥会（美国，2002年）。2003年5月16日，时任红十字会与红新月会国际联合会主席托罗与奥林匹克运动委员会主席罗格在西班牙马德里签订合作谅解备忘录，双方均认同对方的基本理念，共同建立一个联合工作组，每年至少举行一次会议，推进双方的合作。备忘录明确：依据各自的宗旨和原则开展合作，以促进国际团结并为可持续的人类发展做出特别贡献。鼓励国家奥委会和国家红十字会为达到上述目的而开展各项活动，特别是在为易损人群提供帮助和志愿服务方面推进合作。① 备忘录为雅典奥运会（希腊，2004年）、都灵冬奥会（意大利，2006年）、北京奥运会（中国，2008年）及之后历届奥运会举办国（及城市）红会积极参与奥运会期间的应急救护培训和志愿服务工作提供了合作基础和指引。②

据2011年11月28日国际奥委会网站报道，国际奥委会将与红十字和红新月国际联合会携手通过体育运动推进非暴力与和平文化。2015年年底、2016年年初，国际奥委会与红十字会与红新月会国际联合会在瑞士洛桑签订框架协议，同意深化双方合作，国际联合会组织红十字志愿者为2018年布宜诺斯艾利斯世界青年奥林匹克运动会提供相关服务。

2. 中国红十字会与奥林匹克运动会

2001年7月13日，中国北京成功当选2008年夏季奥运会举办城市。这也是中国首次举办世界奥林匹克运动会。中国红十字会总会及北京市红十字会积极组织力量，全力投入奥运会的志愿服务筹备工作，大力开展现场初级救护培训，完善红十字"999急救系统"，全面推进全市居民现场初级救护技术培训，积极组织、落实赛场内外红十字志愿服

---

① 韩陆. 红十字会奥运任务探讨 [N]. 北京日报, 2005-08-22 (19).
② 韩陆. 红十字会在历届奥运会中 [N]. 人民日报海外版, 2006-05-26 (10).

务点和志愿服务队伍建设，仅在北京奥运会开幕前就为北京市培训了24万名应急救护人员（其中包括7万名活跃在场馆内外的红十字志愿者）。2008年8月8日，北京奥运会正式开幕，来自204个国家和地区的11 526名运动员和3万名记者、媒体人，以及全世界观众共同见证了这一历史时刻。

在北京奥运会及北京残奥会期间，北京市红十字会组织了红十字志愿者7万余人，设置了1 942个志愿服务点，准备了40支红十字应急救护队、132辆救护车、68个急救站，为运动会提供了场馆内外应急及志愿服务。参加奥运期间服务的红十字志愿服务人数之多也成为历届奥运会红十字会之最，得到了国内外的一致好评。①

2014年南京夏季青年奥林匹克运动会时，南京青奥委与中国红十字会总会签署《南京2014年青奥会合作备忘录》，中国红十字会及南京地方分会积极组织红十字志愿者为青奥会的举办提供志愿服务和应急救护服务。

中国获得2022年冬奥会、冬残奥会举办权后，2019年9月17日，中国红十字会总会与北京冬奥组委正式签署合作备忘录。根据备忘录精神，中国红十字会为北京冬奥会、冬残奥会提供航空医疗救援、急救转运服务、志愿者急救技能培训、比赛场馆自动体外除颤仪（AED）配置、无偿献血宣传动员等服务保障工作。

北京冬奥会、冬残奥会赛前，北京市红十字会共培训冬奥志愿者、交通等重点行业工作人员20万人次，普及应急救护知识技能200万余人次；河北省红十字会与省卫健委等连续举办冬奥急救技能培训17期，培训赛区保障人员近千人，张家口市红十字会培训教练员、消防员、酒店员工、社区志愿者等1万余人。中国红十字会在北京、延庆、张家口3个赛区共布设187套红十字冬奥AED一体机，覆盖三地12个竞赛场馆、6个非竞赛场馆、3个训练场馆、部分冬奥服务区、冬奥社区（学校）、交通场站、高铁站及部分签约酒店和冬奥工作人员驻地酒店。

北京冬奥会前夕，北京市红十字会联合北京市红十字血液中心向志

---

① 韩陆. 红十字与奥林匹克同行［J］. 北京观察，2008（9）：10-11.

愿者特别是特殊血型志愿者发出"争做2022年冬奥会无偿献血志愿者"倡议书，665名志愿者报名成为2022年北京冬奥会和冬残奥会稀有血型应急献血志愿者，为冬奥会和冬残奥会提供用血保障。河北省红十字会加强与省血液中心、张家口市红十字会和血站的工作协调，在张家口市建立9支无偿献血志愿服务分队，注册应急献血志愿服务者2 000余人，其中稀有血型捐献者近200人。

北京冬奥会、冬残奥会举办期间，中国红十字会充分发挥独特优势，助力构建冬奥会应急救护救援保障体系，在志愿者应急救护培训、无偿献血宣传动员、航空医疗救援、救护车急救转运和志愿服务等方面做了大量工作，取得了显著成效，以实际行动践行了"人道、博爱、奉献"的红十字精神和"更快、更高、更强、更团结"的奥林匹克格言，向国际社会展示了"双奥之城"红十字组织的良好形象，交出了一份服务保障的优异答卷。

北京市红十字会救援服务中心为赛事提供航空医疗救援服务，还派出34辆救护车、236名医务服务志愿者担负北京、延庆和张家口3个赛区，国家体育馆、冰立方、五棵松体育馆、首钢滑雪大跳台等4个竞赛场馆，首体速滑训练馆、首体花滑训练馆2个训练馆及主媒体中心、冬奥组委总部、延庆冬残奥会颁奖广场3个非竞赛场馆的医疗保障任务。根据冬奥组委要求，除正常医疗保障工作外，冬奥组委总部保障车组还为餐饮、安保、物业、武警、消防等多个部门开展AED使用和心肺复苏等应急救护知识培训，完成冬奥总部第四类人员的全员培训工作。

北京市和河北张家口市的志愿者一直坚守在志愿服务岗位，为服务冬奥的其他志愿服务团队提供应急救护培训，普及AED使用和心肺复苏技能，进行防疫消杀，提供指引服务等。同时，他们每天利用空暇时间开设小课堂，为各部门进行专业培训，让总部所有人员都能学习、掌握自救互救知识技能。

2022年2月21日，冬奥会协调委员会主席胡安·安东尼奥·萨马兰奇等四位国际奥运会官员向北京冬奥组委运动会服务部致感谢信，对中国红十字会提供的志愿服务表示感谢。

2022年4月27日，中国红十字会将一件带有红十字会与红新月会国际联合会主席弗朗西斯科·罗卡和红十字国际委员会主席彼得·毛雷尔亲笔签名、编号为"2022"的北京冬奥会红十字志愿者马夹捐赠给中国国家博物馆进行收藏，让人们记住奥林匹克运动 2022 年在北京铸就的新的辉煌，记住红十字志愿者在赛场内外忙碌奉献的身影。①

思考题：

1. 国际组织分为哪些类别？有哪些不同特点？
2. 试分析国际红十字运动的创新意义。
3. 国际红十字运动与联合国、奥林匹克有哪些联系和合作？

参考资料：

1. 中国红十字会总会. 国际红十字与红新月运动基本文件汇编[M]. 北京：中国红十字总会，2008.
2. 于永达. 国际组织[M]. 2 版. 北京：清华大学出版社，2011.
3. 李东燕. 联合国[M]. 北京：社会科学文献出版社，2005.
4. 饶戈平. 全球化进程中的国际组织[M]. 北京：北京大学出版社，2005.
5. 史国生. 奥林匹克运动[M]. 北京：高等教育出版社，2020.
6. 弗朗索瓦·比尼翁. 红十字国际委员会与保护战争受难者：第 1 卷[M]. 晓亚·杜博礼，安德烈·杜博礼，译. 青岛：青岛出版社，2014.

---

① 中国红十字会官网"红十字与冬奥同行"栏目 2022 年相关报道[EB/OL]. [2022-06-28]. https://www.redcross.org.cn/html/hszydatx/index.html.

第八章
国际红十字运动面临的挑战与展望

◇ 学习目标：

1. 了解国际红十字运动面临的挑战。
2. 了解挑战的根源和应对的主要思路。
3. 了解国际红十字运动应对挑战的主要方式、手段。

21世纪是一个科学技术飞速发展的世纪，国际政治、经济、军事、气候及社会发展的众多不确定性，给国际人道事业带来前所未有的挑战。国际红十字运动各组成部分只有未雨绸缪，增强战略定力，提升能力，才能有效应对。

当今世界正经历百年未有之大变局，国际和地区形势复杂多变，大规模局部武装冲突时有发生，自然灾害频发，生态文明遇到严重挑战，人道危机持续不断。国际红十字与红新月运动及各组成部分作为全球人道救助领域的重要力量，只有按照"2030可持续发展目标"，超前研究、认知挑战，明确方向、树立信心、制定战略，并不断提高自身专业化水平，在全球、国家、地方和社区各个层面广泛动员人道力量，积极应对，才能满足日益增长的多样化、个性化和专业化的人道需求。

第一节　二战以来面临的人道主义挑战

近年来，全球政治、经济、社会、文化、生态环境正在发生复杂而深刻的变化，国际形势总体平稳，但是部分地区局势冲突不断恶化。尽管国际社会和相关国家红会为满足人们对于伤残、疾病医治、卫生、营养、住房、供水和环境卫生等需求做了最大的努力，始终将人道主义援助放在核心地位，然而相对于冲突和暴力的规模、手段、形式、延续时间和破坏力的影响，脆弱性问题的范围和领域不断扩大，对于人道援助的需求也不断增加。

一、当代武装冲突的挑战

当代武装冲突为人道事业带来的挑战日益得到关注①，武装冲突的城市化和无差别的轰炸，新的战争技术与大型杀伤性武器的应用，旷日持久的冲突中平民需求的短缺、非政府武装团体、恐怖主义和反恐行动等给国际人道法带来了新的挑战。

第一，现代武装冲突中保护平民问题日益突出。越来越多的武装冲突发生在城市，这些战场的特点是平民和战斗人员混杂在一起，平民目标和军事目标接近，城市基础设施错综复杂、相互关联。特别是在人口稠密地区使用具有广泛影响的爆炸性、破坏性武器，对维系平民生命安全与生存需要的电力、水源设施等持续性的破坏引发重大的法律问题和重大人道主义关切。首要的、根本的一项挑战是要确保国际人道法中关于敌对行为的基本原则的适用性，即区分、相称性、预防措施，保护城市战场上的平民，要确保围困、包围、攻击军事目标等战术不违反保护平民的规则。

第二，武装冲突中高新科技应用层出不穷，激光武器、电磁炸弹、网络攻击、无人机等正日益走上武装冲突的前台。在可以预期的未来，

---

① 2019 年第 33 届红十字与红新月国际大会在日内瓦召开。红十字国际委员会向大会提交了"国际人道主义法及其在当代武装冲突中面临的挑战——《日内瓦公约》70 周年之际重申承诺，致力于继续在武装冲突中提供保护"的报告。红十字国际委员会之前曾分别于 2003 年、2007 年、2011 年和 2015 年的国际大会提交过类似报告。本节摘选了报告中的部分内容。

使用这些武器和高科技手段的情况只会增加、不会减少,这对保护平民、缩小战争范围来说既有积极的作用,也有消极的影响,关键在于是否遵循《日内瓦公约》精神。人类可能要为网络战、武器系统"关键功能"的自主性而失去对武力使用控制权而承担由此产生的法律和伦理后果。国际红十字运动所依据的重要法律《日内瓦公约》和其他战争法的规定、限制范围和措施等都将面临新的挑战,维护《日内瓦公约》的内涵、范围、方式等也需要重新审视、充实、完善。国际红十字运动的三大组成部分在维护世界和平方面必将面临新的挑战。

第三,因武装冲突引发的难民潮波及武装冲突的双方及周边国家和地区,造成规模巨大、持久的难民问题。近些年来,因武装冲突而流离失所者的数量攀升到前所未有的高度,因武装冲突造成的残疾人数量也在增加。如何建立长久机制、解决国内流离失所者(包括其他国家因武装冲突流入的难民)的困境,如何改善冲突中残疾人的境遇和自我生存能力,如何保证民众获得最基本的医疗卫生服务、保障妇女分娩安全、保障新生儿健康与儿童仍能够获得受教育的机会,等等,这些都成为红十字运动面临的巨大挑战。

第四,冲突涉及多个武装团体(或恐怖组织),国际国内武装冲突、恐怖与反恐怖行动胶着,占领与被占领领土犬牙交错,情况非常复杂。如何在多方博弈的复杂环境中发挥国际人道主义组织的协同作用,保护受武装冲突影响的平民、伤者,尤其是保护生活在非政府武装团体控制领土上的平民、被非政府武装团体羁押的在押者等,对国际人道法的适用性提出了新的挑战。

二、气候变化与环境危机的挑战

与气候变化相关的极端天气引发了越来越频繁、越来越严重的灾难事件,让以前未受影响的地方也开始需要得到外界的帮助。2017年和2018年孟加拉国、印度和斯里兰卡发生了百年来最严重的洪水灾害,受灾民众超过4 000万人;中美洲、加勒比海地区和美国遭受了那些只有在电影艺术中才有的最强飓风的侵袭;2018年,尼日利亚七个州发生大规模洪灾;2019年3月和4月,热带气旋"伊代"和"肯尼斯"对莫桑比克、津巴布韦和马拉维的许多地区造成了严重破坏。

气候危机和环境变化是人类面临的重大风险。气候和环境的变化已经导致恶劣气候的天数增加、生物多样性下降、灾害强度提升和巨大的不可预测性。气候变化带来的环境恶化提升了移民数量，影响了居民健康，导致了生物多样性下降，如果人类不采取行动，将日益影响包括食物、水和空气等在内的稀缺自然资源。

在已经遭受暴力冲突的城市和地区，气候恶化与自然灾害相关风险的增长对人们的生计、心理健康和社会心理福祉造成更加严重的后果。这些问题相互交织，增加了受影响概率和易受损性。

三、自然灾害与其他灾害的挑战

近年来，紧急人道主义需求和人道主义行动都有所扩大。从伊朗边界克尔曼沙赫省的地震，印度尼西亚龙目岛的大地震，及随后苏拉威西岛的地震和海啸的致命结合，印度尼西亚巽他海峡的再次地震，到影响中国东部地区的"利奇马"台风，以及印度和孟加拉国的严重洪灾，人道主义危机一直占据新闻头条。此外，还有数百起规模较小、未引起国际媒体关注的自然灾害。在过去的五年中，国际联合会启动了393项救灾应急基金、125次紧急呼吁和4次联合呼吁，拨发了10亿瑞士法郎的款项，救济覆盖了近9 000万人。在遭受各种形式的灾害冲击后，393项应急基金立即提供了超过7 500万瑞士法郎的资金，受益面超过4 600万人。

据预测，随着全球气候条件的恶化，未来自然灾害发生的频率将更高、代价将更重，情况将更复杂和更集中，这对于人类的应对能力是巨大的挑战。极端天气和气候及环境破坏造成的灾害预计会增加。复杂地缘政治因素往往会引发旷日持久的人道危机，叠加自然灾害后，人道危机就更为严重。到2030年，全球几乎有一半的贫困人口生活在遭受冲突影响的国家，他们抗击灾害的能力最弱，受灾害影响最大。

除了传统的灾害和危机驱动因素外，我们对技术的日益依赖也带来了新的风险和问题，包括无法预见的网络和数据风险。同时，日益增长的城市人口，特别是越来越多的非正规渠道的人口流入，很可能导致严重的贫困和更多的风险。这些复杂的因素交织在一起，当灾害来袭时，无论是地震还是极端天气，或是传染病暴发，都会带来多重的影响。在如此复杂、面宽量大的人道需求情况下，我们提供紧急援助的能力受到极大的挑战，人道援助的成本也大幅提升，人道援助的物资、资金也遇到前所未有的挑战。

四、维护健康基本需求的挑战

近年来随着社会与医学的发展，全球医疗卫生领域有了长足的进步。但是我们仍要清醒地看到，除了一般意义上人类的健康和福祉依旧面临风险外，人口流动、流行病、冲突、传染性与非传染性疾病、自然灾害、技术风险、气候变化等挑战均将成倍放大人类的健康风险。

当前，人口结构发生变化，越来越多的老年人需要卫生健康和社会关爱服务，这方面的供给会面临巨大压力。而全球超过10亿人长期生活在各种危机之中，脆弱的卫生服务体系无法为他们提供基本的卫生保健。世界上相当数量的人群没有清洁水源和基本卫生设施。

日益加剧的抑郁和焦虑等心理健康问题给个人、社区和卫生系统带来越来越大的压力，同时孤独感、被孤立感和数字化带来的距离感等与日俱增，这些都阻碍人们融入正常的社会生活，增加了社会不安定因素。全球大多数国家正疲于应对快速上涨的医疗健康成本，医护人员将出现严重短缺，预计到2030年，医护人员缺口将达到1 800万人，医疗设备设施和药物等都难以满足巨大的需求，各级健康服务保障将受到影响。

突发卫生事件及威胁生命的传染病大规模、跨境传播的风险不断增加。非洲埃博拉疫情、全球新冠疫情等不仅为各国的医疗体系带来了巨大压力，还在政治、经济、社会等多方面产生了严重影响，公共部门的资源和能力都面临前所未有的挑战，而国际层面抗击疫情的协同努力又交织了医疗之外的诸多复杂因素。

在纷繁复杂的医疗卫生需求与健康维护面前，以维护人的生命与健康为重要职责的国际人道主义系统，如何结合不同国情扮演好政府在医疗卫生事业上的助手，为维护生命安全与满足特殊人群的基本健康需求做好工作，已经成为一个严峻的挑战。

五、人口流动的挑战

人口流动是21世纪的一个典型特征。正常的人口流动可以改善原籍国和目的地国民众的生活，全球数以百万计的人过上了安稳而有意的生活。但自2000年以来，因为武装冲突、自然灾害、贫困和缺乏就业等，全球移徙者人数大幅增加，预计还将继续增加。未来，气候条件的恶化也将使更多的地区变得无法居住，迫使人们集体迁移。

流动中的人们面临的风险越来越大，尤其是难民，他们可能受到"人口贩子"和其他犯罪集团的剥削和虐待，还会受一些政策限制无法获得基本服务和关爱。如果没有国籍和缺少官方身份证明，他们面临的风险将更高。

目前有些地方关于移徙问题的争论加剧了地方紧张局势和仇外心理，在迁出地和迁入地都出现了是否接受和认同移徙者的问题，这些不仅对迁入地国家红会的工作是一个巨大的挑战，对国际红十字运动也是一项巨大挑战。

六、技术变革带来的挑战

除了传统的危机和挑战外，技术的发展，特别是数字技术在全球各领域的广泛应用也是人道组织要面对的新兴挑战之一。

国际红十字运动各组成部分与世界同步迈入了数字化时代，任何长期落后于时代技术的组织都将被时代淘汰。人道组织必须尽快使用涉及互联网和数字领域的新技术，加快对组织内部与相关外部工作的衔接，对工作流程进行再造，实施与社会同步的现代化管理，不断提升本级组织利用数字与网络技术开展人道工作的能力，提升管理水平、工作效率、公信力和透明度。

数字技术和互联网技术的应用已经是不可逆转的社会历史发展潮流，但我们必须看到，对技术的日益依赖还带来了新的风险，如可能出现的技术崩溃，还有数字道德、数据保护、信息安全、数据访问和权利、数字隔离、网络战、对技术工具的固有偏见及数字鸿沟等。

在看到数字新技术为人道事业带来的巨大促进作用的同时，也必须看到它给我们带来的风险与挑战，尤其是处理不当将危及我们力图保护的服务对象安全的问题。人道组织用现代网络技术收集并处理高度敏感的个人数据，客观上提高效率的同时，也存在遭受网络攻击、窃取数据等安全隐患，从而影响我们所服务与保护的对象的安全，影响国际红十字运动各组成部分的社会公信力等。

这些因新技术带来的新风险需要企业、政府和社会的共同努力才能有效防范，国家红会尤其要站在人道主义价值观念和原则的高度统筹考虑和解决这些问题。确保数据仅用于原本目的——纯粹的人道目的，确保运行的系统经受得住域外攻击，确保网络和数字技术有效地提高本组织的工作效率，确保网络与数字技术更好地亲和于民、服务于民、服务于红会会员与广大志愿者。这不是一个可有可无的问题，而是值得信赖的人道行动的核心要素。

七、价值观的挑战

在世界百年未有之大变局中，国际红十字运动将面临因价值观不同而出现的人道主义挑战，它主要表现在以下四个方面。

（一）社会经济发展和技术进步成果能否共享带来的挑战

20世纪下半叶和21世纪是科学技术和社会经济快速发展的重要历史时期。快速发展给有关国家和地区（包括部分人群）带来了巨大的经济和社会福利等方面的收益。与此同时，国际上南北差异，发达国家和发展中国家、同一国家不同区域或同区域的不同人群的贫富差异（基尼系数）则日益严重。而联合国、各国家政府及相关国际社会的调节政策、基本福利保障策略、保障绝对贫困者生存需要的监督体系等还无法适应社会变革的需要，甚至不能满足挣扎在生存边缘人群的基本需求。具有人道需求的人群仍然不能分享技术、经济、社会发展带来的红利。世界各国相互帮助、共赢共享，不落下一个人的人类命运共同体建设正面临价值观的碰撞、考验与挑战。从国际上看，新冠疫情在全球暴发，能否"共享疫苗"正是上述价值观碰撞的一种客观反映。"天下患不公"而引起的国际和国内武装冲突更是比比皆是。

（二）人道行动空间不断被压缩带来的挑战

在人道行动中遵守中立与公正等重要原则是确保实现解决人道问题目的的重要手段。联合国人道主义事务协调办公室将"人道空间"一词用作"人道行动环境"的同义词。① 由于受各种因素干扰，"人道空间"

---

① 丹尼尔·蒂雷尔. 杜甫的金字塔：关于"人道空间"的思考［J］. 红十字国际评论，2007（1）：41-49.

在不同的国家、地区和环境下受到挤压，甚至在某些地区因秉承国际人道主义原则开展的某些特殊工作而被列为犯罪行为。这些由于对国际红十字运动的原则，人道法、人权法和公共卫生等知识的缺乏，以及特定的政治需要而压缩了国际人道行动的空间。如何在国际人道法和《联合国宪章》框架下维护和拓展人道行动的空间，既是对国际红十字运动的挑战，更是对运动三大组成部分之一——国家红会的严峻挑战。

（三）性别、种族、族裔、宗教信仰或性取向等不同者能否平等地参与世界（社会）治理带来的挑战

希望自己的生活、家园和世界变得更美好，是人类的共同追求，也是各国家与民族的基本权利。由于世界各国日益走向开放，随着世界各民族的交流交往日益密切，多民族共同生活在同一个区域、同一个国家已经成为事实和潮流，多种途径移民、多民族杂居、多种信仰同存、多种生活方式聚集已经成为客观的社会存在。要构建人类命运共同体，地球上的每一个国家能否平等、公正的（非歧视的）共同参与国际社会治理，每一个国家（民族）能否享受平等的待遇，每一个人能否享有平等的对待，将是21世纪世界和平与稳定的重要问题，也将成为国际人道领域突出的挑战。

（四）种族歧视、妇女解放、男女平等的价值观挑战

在人类社会发展进程中，联合国大会早在1965年12月21日决议通过了《消除一切形式种族歧视国际公约》，又在1985年12月10日通过《反对体育领域种族隔离国际公约》，种族歧视尽管早已在法理上废除，但是在不少国家仍然存在严重的种族歧视问题。同样，尽管从1952年起，联合国大会先后通过了《对男女工人同等价值的工作付予同等报酬公约》《妇女参政权公约》《同酬公约》《已婚妇女国籍公约》《消除对妇女一切歧视公约》等一系列的决议和公约，但是妇女的真正解放、获得男女平等的地位的实现还有漫长的路要走。在部分国家、地区和民族，种族歧视还严重地存在，妇女还处于从属地位，被无理地限制了许多基本人权和参政议政的权利。破除种族歧视，实现男女平等，妇女权利得到全面保护，妇女真正具有参与各项社会事务管理的权利，这也是国际红十字运动面临的重要挑战。

第二节 联合国可持续发展目标及红十字行动

2015年9月,各国领导人在联合国召开会议,通过了《变革我们的世界:2030年可持续发展议程》(即《2030年可持续发展议程》),号召全世界团结一致,共同应对人类所面临的气候恶化、贫困、和平与正义等有关的全球挑战,确保不让任何人掉队,实现所有人更美好和可持续发展的未来。

一、联合国可持续发展目标和行动十年

(一)可持续发展目标

可持续发展目标,也称全球目标,诞生于2012年在里约热内卢举行的联合国可持续发展会议,并在2015年9月的联合国会议上得到了通过。该目标为2015年后发展议程的目标,为世界到2030年的发展设定了目标。

可持续发展目标共有十七项(图8-1),主要指导全球2015—2030年的发展工作,适用于所有国家,致力于确保不让任何人掉队。诸多目标都关系人类的和平发展与福祉,是实现所有人更美好和更可持续未来的蓝图。这些目标相互联系,一个目标实现的关键往往依赖于其他目标相关问题的解决。每个目标下面设有子目标,总共169个子目标,展现了《2030年可持续发展议程》的规模和雄心,标志着人类社会就发展的概念达成高度共识,是全球治理的指南,具有划时代意义。

图8-1 《2030年可持续发展议程》中的十七项可持续发展目标

实现可持续发展目标要求我们坚持合作与务实的态度，以一种可持续的方式来提高我们及后代的生活水平。它们为所有国家提供了明确的指导方针和目标，将本国的发展重点与全世界面临的挑战结合起来。

（二）行动十年

联合国认为，目前许多国家和区域的行动正取得进展，但总体而言，进展的速度和规模尚未达到实现可持续发展目标所需的水平。自2020年起的十年内，我们必须采取有力的行动，才有可能在2030年之前实现可持续发展目标。世界各国领导人在2019年9月的可持续发展目标峰会上呼吁开展"行动十年、实现可持续发展"，并承诺调动资金、提高国家行动力、增强机构能力，在2030年目标日期前实现可持续发展目标，不让任何一个人掉队。

联合国秘书长呼吁社会各界在三个层面上开展"行动十年"：在全球层面，采取全球行动，为实现可持续发展目标提供更强的领导力、更多的资源和更明智的解决方案；在地方层面，政府、城市和地方当局的政策、预算、制度和监管框架应进行必要的转型；在个人层面，青年、民间社会、媒体、私营部门、联盟、学术界和其他利益攸关方应发起一场不可阻挡的运动，推动必要的变革。

许多民间社会领袖和组织呼吁开展"行动主义超级年"，加快实现可持续发展目标，敦促世界各国领导人加倍努力，帮助最落后的人，支持地方行动和创新，加强数据系统和体制，重新平衡人与自然之间的关系，并为可持续发展筹得更多的资金。

二、可持续发展目标与人道挑战

可持续发展目标描绘了我们期望的世界，全世界数十亿人可以畅所欲言，越来越多的组织和个人，包括大小企业、民间社会、学者和科学家等，都纷纷要求并已就创造未来拥有一定的发言权。联合国不断举行各种辩论，世界各地各级政府为实现这一愿景采取具体行动。

2015年联合国峰会通过了《2030年可持续发展议程》，红十字会与红新月会国际联合会时任秘书长哈吉·阿西代表国际红十字运动发言。他强调，当前预计有2.5亿人遭受人道主义危机，是第二次世界大战以来最严重的危机，是全世界共同的人道主义挑战。如果要实现《2030年可持续发展议程》不落下一个人的目标，那么就必须解决和应对人道主义危机和挑战，满足人们的人道需求。国际红十字运动遍及全球各个国家和社区，有1 700万志愿者，长期在社区为易受损害群体服务。红十字会作为政府在人道领域的助手，支持社区应对挑战和实现发展，推动从社区层面自下而上有意义的、可持续的发展和改变。

第三节　国际红十字运动展望

当今世界的发展变化，特别是面对更大规模、日益复杂的冲突与突发灾难，人道需求的挑战不断增加，这些都要求人道组织和机构能够开展更有效和更高效的人道服务。然而，人道领域各方力量的竞争也在持续增长，国际红十字运动也不可避免地面临与日俱增的压力。

2019年11月，红十字国际委员会、红十字会与红新月会国际联合会和来自运动各成员国红会代表和所属国家政府代表团齐聚瑞士日内瓦，讨论国际红十字运动的人道议程，并先后召开第22届红十字会与红新月会国际联合会大会、国际红十字与红新月会运动代表会议和第33届红十字与红新月国际大会等会议，对当前国际红十字运动面临的挑战和应对策略进行讨论，充分肯定运动在为易受损群体带来希望、为有需要的人提供援助和可持续发展方面所做的积极贡献。会议通过了"2030战略"①、《加强运动协调与合作（SMCC2.0）》② 等系列政策和决议，

---

① "2030战略"：进入21世纪以来，红十字会与红新月会国际联合会每十年制定一次战略。这是联合会非常重要的纲领性文件，制定过程中不但广泛征求各成员国家红会的建议，而且还会征求红十字国际委员会及其他合作伙伴的意见。形成文件后要在领导委员会会上充分讨论，最终由红十字会与红新月会国际联合会大会审议通过。通过后的十年战略规划，将作为联合会和各成员国家红会未来十年的行动指南，联合会在战略执行中期（一般是第五年）将进行中期评估，在战略执行结束时再进行终期评估。2019年第22届红十字会与红新月会国际联合会大会通过了"2030战略"，本节部分内容摘自"2030战略"和此次会议有关文件。

② 《加强运动协调与合作（SMCC2.0）》：2019年12月8日，红十字运动代表会议在日内瓦召开，红十字国际委员会、红十字会与红新月会国际联合会、各国红十字会的代表团参加会议。在《塞维利亚协议》《加强塞维利亚协议执行的补充措施》及其后续报告的基础上，会议通过了《加强运动协调与合作（SMCC2.0）》（CD/19/7.2DR）。

展望未来国际红十字运动，做出重要规划和部署。

一、加强国际红十字运动的协调与合作

2016年5月，在时任联合国秘书长潘基文的倡议下，在土耳其伊斯坦布尔召开了首届世界人道主义峰会。峰会旨在重新激发世界致力于人道主义事业的共同承诺，并注入新的活力。首届人道主义峰会是推动人道事业进步的新起点，全球人道主义行动与时俱进，相关机构联合发起多项行动，共同应对人道危机与挑战。红十字国际委员会、红十字会与红新月会国际联合会和各国红会代表联合组成了约200人的国际红十字运动代表团参会，团结合作，作为世界人道领域的重要而专业的力量发出统一的声音。

协调是一项复杂的工作，整个运动要有共识，要有相适应的、可持续的政策指引，要在协调合作中看到筹资效能的提高和工作效果的提升。虽然整个运动在实际运转中已经在加强协调与合作，并且也不断积累了成功的经验，但还要继续挖掘这方面的潜力，效果也需要实践来证明，对运动整体工作的影响和经济效果还需要进一步地论证。运动成员的不同工作系统的兼容性和互联互通还需要进一步加强。

2019年的国际红十字与红新月运动代表会议通过了《加强运动协调与合作（SMCC2.0）》的决议，充分论证在人道需求和竞争与日俱增的背景下，国际红十字运动必须加强团结，成为领先的、协调良好且经济高效的人道网络，相互合作、互为补充，支持国家红会在当地的领导和行动，提高运动的整体影响力。

运动各方一致同意，要致力于运动的统一数据管理、公信力的提升，并向运动内外各方及时通告工作成效，提高运动整体的知名度和资源动员能力；致力于开发系统协同能力，对于危机做出运动协调一致的响应，应用通用的工具和质量标准提升运动各成员的能力，特别是当地和基层成员的能力，团结合作，不断提高国际红十字运动作为全球重要人道组织的地位，不断提高对危机的反应能力和扩大对弱势群体的救助。

二、红十字国际委员会需发挥更加直接和可持续的影响力

面对人道挑战和新机遇，以及在高度复杂的环境下开展工作所产生

的困境和紧张局势，红十字国际委员会将根植于丰富的历史和传承，立足于当前的实际情况并且具有坚定的前瞻性，预防和减轻受武装冲突影响的人群和社区的痛苦，并提供直接、可持续的人道影响力。①

红十字国际委员会将继续保持中立、公正和独立性，在日益政治化的环境中提供人道援助和保护；继续应对和处理有原则的行动与实用主义、保密和宣传之间的各种困境和矛盾；同时发挥国际组织应有的作用，根据具体情况为国家红会提供支持，履行国家赋予它的职责，公正地对待所有冲突和暴力行为者，包括这些国家的敌人。

它将在多个层面加强工作能力，从拯救生命的紧急行动，到解决最严重的脆弱性根源问题的长期性、系统性和创新性活动；继续解决常规战争和暴力引发的问题，同时做好应对与网络安全和数字领域敌对行动有关挑战的准备，并对相关的人道后果做出应对。

同时，它还将积极拥抱创新和数字化转型，发展成为一个更灵活、更敏捷的组织，在不丧失与受影响人群和社区之间的人性化、个性化和非正式互动的前提下，更迅速、更有效地应对受影响人群不断变化的需求；专注人道行动为优先事项，并与其他人道机构建立伙伴关系，与它们在技能和职责上形成互补，从而扩大影响范围；影响人道领域，加强其对复杂危机的人道后果做出应对的能力，同时保持和发展其有原则的行动能力，实现对受影响人群需求的及时应对。

三、国际联合会和各国红会需实现变革迎接挑战

第22届红十字会与红新月会国际联合会大会对于192个国家红会及其组成的红十字会与红新月会国际联合会来说非常重要。大会经过充分讨论，最终审议通过了"2030战略"，不仅总结了过去十年的成就和经验，而且分析了国际联合会和各国红会所面临的诸多外部和内部挑战，并对未来十年的发展目标和路径进行了规划。

---

① 红十字国际委员会的最高管理机构是大会，大会确定红十字国际委员会的机构战略、制定政策并批准预算，一般情况下大会每年召开一次。《红十字国际委员会2019—2022年机构战略》由大会通过，是国际委员会的四年工作所需要遵循的文件，在分析面临的挑战与机遇、组织宗旨等基础上，确定了组织未来四年的五大战略方向，每个方向都制定了详细的目标。

(一）愿景与目标

为了人类的利益，全球红十字会与红新月会网络团结起来，推动变革，为所有人创造更美好的未来。领导和推动全球数十亿民众所期望的变革，鼓励他们所在的社区拒绝排斥和冷漠，支持创造一个更加团结、更加富有同理心和更加和平的未来。积极与那些在未来十年可能受全球性挑战影响最严重的人群合作，共同应对这些挑战并实现后续发展，为建设一个更加包容和平的世界做出贡献。具体分为三个战略目标。

一是人们预测危机、应对危机并迅速从危机中恢复过来。面对日益增长的全球性挑战，我们不能简单停留在应对危机，必须直接找到危机的根本原因，了解易受损性不断变化的性质，减少其带来的影响，更好地应对新的、正在出现的风险，甚至做到防止发生危机；加强当地备灾救灾能力，同时建立补充性的国际支持机制，让我们的网络能够有效应对任何紧急情况；对人类在自然环境中的地位有正确的认识，工作方法合乎道德和原则，确保地球生态系统和人类的生存、持续和健康发展。

二是人们过着安全、健康、有尊严的生活，并且获得发展的机会。为了实现可持续发展，我们的工作方式应该更加系统，以便我们能够促进社会包容，增强人们的韧性和实现繁荣的能力。这种方法的关键是确保人们能够获得高质量的医疗服务，并降低在健康韧性方面的易受损性。我们应用专业知识，促进包括积极的社会、身心健康和生计在内的各个层面的福祉。

三是人们动员起来建设包容与和平的社会。全球网络协同促进和支持建设更具包容性、公平和凝聚力的社会，努力建设一个所有人都被包容、都能感受到共情的多元世界。为此，我们提倡积极的人道价值观，并将人道价值观贯穿于所有工作之中。我们也是更广泛网络的一部分，务实有效地开展工作，为人们的生活带来更加积极的影响。我们要与合作伙伴及各年龄段人群开展合作，调整人道工作的方法，解决我们共同关心的问题，并为此做出积极的改变。

（二）方法与转变

牢牢植根于人们为自己、为社区、为世界推动变革的权利、代表和行动之中，采取系统的方法，注重各方面的相互联系，并特别关注弱势、被排斥或边缘化的人群,为整个红十字会与红新月会国际联合会提供鼓舞和方向,各国红会和联合会秘书处都能发挥更强大的影响力。"2030战略"提出至关重要的七项转变。

一是支持国家红会发展成为强大且有效的当地行动者,在"2030战略"的指导下,对风险和挑战做出正确的研判和应对。当地行动者是支持世界各地社区实现更深层次人道目标和发展成果的关键。世界在快速变化,为此国家红会需要具备新技能,创造新模式,寻求新方法。我们要相互协调,高效工作,同时要给予尊重和支持,确保所有国家红会能与社区进行合作,了解他们的需求和优势,制定策略,不断改进工作质量。我们在提供信息的时候要以实证、研究和数据的方法,实现快速学习,迅速适应,并立刻行动,从而利用好机遇。要继续提高领导力,支持组织发展,实现系统的全面发展,促进诚实创新,保持好奇心,抓住变革机遇,并与外部伙伴广泛合作。要团结年轻一代,以社区为基础、创造性地进行大规模动员,推动变革。调整我们的制度和文化,吸引年轻人并有效提高年轻人在治理和决策等方面的参与度。

我们的转变行动将更大程度上关注分会和国家红会的发展,确保地方组织能够领导并开展服务,确保国家红会在确定自身重点工作时发挥更大作用,在国家各项事务中享有更大的话语权。作为全球性的网络,我们将共同支持国家红会在组织、机构和发展路径上实现转变,满足不断变化的社会需求,提高创新性、灵活性和预见性。

二是激励和动员志愿服务,提高全球范围内的志愿者数量和专业性,植根社区,领导社区。志愿服务和社会动员是让所有人都能享有机会、都能从中受益的更包容社会的关键。志愿者可以让我们深深植根于服务的社区,他们了解社区中不断出现的挑战,并为推动变革贡献出自己的想法和热情。数字技术加强了彼此联系,提升了自我动员的能力,这在一定程度上推动了"社区"和志愿服务发生本质改变。我们目前拥有全球最大的志愿者网络,世界各地还有许许多多的人也在行动,为创建一个更加美好的世界努力,我们希望为这种努力提供支持,扩大影响。

我们要重塑志愿服务和社会动员,开发更新颖、更灵活、更开放和更互补的方法，创建一个更有效的服务于全球福祉的人道工作者网络。通过提供更简便的参与途径、更有效的支持和奖励方式，加强志愿者管理。要继续发展志愿服务基础，确保在复杂环境下也能提供一系列基本服务；继续竭尽所能，确保志愿者，特别是在冲突和其他极端危险环境下工作的志愿者的利益、安全和保护。要继续扩大志愿者基础的多样性，并为所有志愿者提供机会；着力减少目前影响许多国家女性和女童参与志愿服务的障碍，促进老年志愿者的参与、跨代合作、残障人士合作，并寻求让先前无法参与红十字与红新月志愿服务的边缘人群参与其中。

我们要创新平台，支持人们自己做出努力，引领世界实现他们所期望的变革，尤其关注年轻人和自主团体所做的努力。努力确保志愿者更紧密的联系，包括跨国界的连通，更有效地利用数字方法，支持志愿人员在共同关心的问题上创造性地提出新的倡议，开展新的活动。

三是确保信任与责任，社区主导本地工作，并建立反馈机制，在决策、财务、管理上做到公开透明。在我们所有的合作关系中，信任至关重要。信任使我们能够接触到社区，建立伙伴关系，奠定高效、健康的志愿者和工作人员基础。

首先，我们要对服务的社区负责。在与社区的所有互动中，我们必须表现出正直、透明、谦逊和诚实。我们最核心的关切是必须在任何时候都能保证我们服务和工作的人群的安全，让他们都能受到保护。其次，捐助者和支持者也信任我们使用其提供的资源来帮助受灾民众改善生活，这种信任来自我们有效和正确使用这些资源的义务和承诺。最后，我们要对彼此负责。我们要对国际红十字运动的其他成员负责，对我们的工作人员和志愿者负责，并重视信任、安全和诚信的文化，互相监督。

我们要扩大在世界各地社区，特别是孤立或边缘化社区的影响力。我们要成为所在社区多元化的代表，加强与那些未能充分参与决策群体的接触，要让社区都能获得所需要的信息，使其在事关他们自身的决策和项目中起主导作用。我们还要提高透明度，定期发布我们的工作和财务情况，介绍进展、挑战和收获，并且鼓励大家提出改进我们工作的反馈建议。

我们必须继续改进我们工作的体系和方法，提升社区反馈机制中的隐私保护、完整性和透明度，要改善社区反映问题和表达意见的渠道，重点是反馈要形成闭环，还要做到安全和保密。治理要高度重视伦理、高效和透明。我们为领导们提供支持，帮助其建立组织文化和机构，保障员工和志愿者的安全、福利并促进他们的发展，赢得更多社区的信任。同时我们要努力预防、认清和应对那些违反人道原则或价值观的事件或者指控。我们支持广泛实施联合会"性别平等及多样性"和"防止性剥削和性暴力"方面的政策，并根据需求持续监测和改进这些政策及实践。

我们的转变工作要倡导职业道德文化，将个人和组织的公信力作为所有工作的重中之重。我们整个全球红十字与红新月运动要有效合作，推动工作，履行责任，并强化落实机制。

四是以遍布各地的网络形式有效开展工作，各国红会间加强联系，加强信息互通，扩大人道服务的网络和范围，提高自身地位和影响力。日益增长的人道需求要求我们以新型多方协作方式来采取有效行动。庞大、独立和本地化的网络是我们最大的优势之一，但我们必须重视内部运转，将优势转化为更大效益。我们还需要在传统合作基础上，与更广范围的伙伴建立新型合作模式，应对共同面临的问题。

我们要优化整个全球运动的工作合力，共享资源、经验和标准，努力实现更高效能，凝聚集体智慧。我们将本着团结、谦逊和协作的精神，探索新的合作模式。

我们要在人与人连接和提高知识可及性方面加大创新投入，拓宽我们在本地、区域和全球的网络，加强自身技术和体系，将自己打造成为"好伙伴"。我们还要继续支持地方机构的独立自主，提高他们的决策能力和代表性。

我们的转变行动将会是以开放、直接、去中心化沟通与决策为特点的新型合作模式。我们愿意创建更多交流联系和新型伙伴关系，重视联合行动，共同解决问题，包括那些传统主流人道体系之外的机构。

五是开展有影响的人道行动，加强政府助手作用，以实际工作效果影响人道议程，加大宣传和政策倡导。

我们认识到社区面临的挑战是复杂的，需要用多种方式来应对，有时需要我们发出集体的强音。我们也意识到，中立并不意味着沉默，一定要倾听我们的志愿者、青年和他们所在的社区对于影响其生存发展的问题的意见。我们也认为，那些明确支持我们事业和所尊崇的价值观的机构，与我们有着相似的价值观和愿望，会更容易认同我们的工作，与我们建立联系，与我们携手努力。数字通信的可及和作用将继续是我们传达信息的重要工具。

我们将支持那些开展工作的最弱势社区和个人，为他们挺身而出，大声疾呼，这不仅符合而且会促进我们坚持基本原则。当人们无法为自己发声时，我们代表他们发声，发挥我们的非凡网络和助手作用为他们谋利益。我们还会适情加入其他人，包括其他人道机构的声音，放大我们的影响效果。我们要继续提升和保护诸如国际人道法和灾害法等的影响力，发挥国家红会作为政府助手的独特作用。

我们的转变行动将会应用我们的号召力和外交能力，加强我们在关键人道问题上的集体发声；我们还会着力加大在证据、数据和研究上的投入，在能够影响舆论、政策和实践的人道和社会问题上为意见领袖提供信息。

六是实施数字化转型，充分应用数字技术加强运动内部的联系和数据共享，提高大数据在政策规划、战略决策上的应用，提高工作人员和志愿者的数字化技术和水平。

我们认识到迅猛发展的数字技术为我们带来巨大的机遇，提升工作，提高效率，推动新型人道行动。然而我们也认识到这些进步还带来了新的挑战、威胁和易受损性，需要我们在未来十年加以应对。

我们将尝试新技术，创新数字应用和文化，利用我们的集体智慧，弥合数字鸿沟，减少数字化贫困和孤立；我们认识到而且会一直留意伴随机遇而来的新风险，包括与数据伦理、访问、保护和权利、固有偏见、信息安全相关的问题，以及可能的网络战和未知风险。我们必须要尝试新兴科技、技术、技能和数字文化，并将其融入我们的工作方式中，还要在全球网络中提供必要的法律、伦理和风险管理支持。

我们的转变行动将拥抱和整合必要的文化、结构和技术，这是一场全面而公平的数字转型，其中包括建立数据和数字素养，与广泛的机构或力量建立目标明确的伙伴关系。

七是融资未来，多渠道、多来源地提高运动整体融资水平，创新筹资模式，加强运动内部的融资合作。

我们认识到人道和发展挑战的范畴和复杂性正在不断增加，如果要实现我们的目标，未来所需资金将远高于目前水平。我们也知道要实现这些融资目标，需要新的合作伙伴，新的工作方式，其他资金来源和融资渠道。

我们将寻求足够的资金，一要支持我们的全球网络，满足日益增长的需求，但是要以符合道德规范和可持续的方式来进行，符合我们的基本原则，确保人道行动的独立性；与此同时，我们还要加强在全球协同的投资战略上的投入，支持国家红会提高资源动员和筹资策略，其中包括更好发挥我们作为政府助手的作用。二要加强治理，财务和项目管理，以及公信力。

我们的转变行动将使我们的伙伴关系多元化，加强与更广泛行动者的合作，发展创新型商业模式、金融科技和新型融资机制，更好地支持行动的范围、深度和独立性。

"2030战略"提出了七个转变目标，还明确地制定了实现转变的成功标志，对于运动的所有成员都具有指导和引领意义，是我们工作努力的目标。

从1859年亨利·杜南在索尔费里诺战役组织救助伤兵行动开始，经历了160多年的发展，国际红十字运动坚持七项基本原则和人道价值观，为增进世界各地易受损和边缘化群体的福祉、满足他们的期待做出了不可磨灭的贡献。在未来的岁月里，全球的红十字工作者和志愿者要想继续守护人类的生命健康和尊严，应当加强团结，推动变革，为践行运动使命、增进人类福祉、创造更美好的生活做出更大贡献。

思考题：

1. 百年未有之大变局给国际红十字运动带来哪些挑战与机遇？

2. 联合国《2030年可持续发展议程》的可持续发展目标与国际红十字运动有哪些关系？

3. 国际红十字运动"2030战略"要实现的三个战略目标和七项转变是哪些？

参考资料：

2030年可持续发展议程［EB/OL］．［2022-07-05］．https：//www.un.org/zh/documents/treaty/A-RES-70-1.

后　记

《国际红十字运动讲义》作为红十字国际学院成立后教材编写计划中的首批教材之一，系统介绍了红十字运动的起源、历史发展、公约内涵、运动组成及当今红十字工作的主要内容、方法和未来挑战等内容，旨在为红十字国际学院学员，为进入红十字系统工作、加入红十字组织成为会员或参加红十字志愿服务的人员，以及关注红十字运动的读者，提供一本基础性、综合性知识读本，帮助其系统了解红十字运动的历史进程，掌握开展人道工作的基本知识和方法。

本书于 2019 年 12 月开始组建编写小组，由刘选国、马强编著，其中马强拟出编写大纲，刘选国负责组建写作团队并分工推进组织写作。2020 年 7 月完成第一稿，2021 年 8 月完成第二稿，2022 年 3 月修改完成第三稿。

本书共分八章。第一章国际红十字运动的诞生，由葛道顺编写。该章主要通过对国际红十字运动诞生的历史背景的描述，分析运动诞生的经济和社会背景、思想和文化基础，概述运动发展过程及主要构成，阐述运动对人类发展的意义。

第二章红十字国际委员会，由郭阳编写。该章主要介绍红十字运动创设机构红十字国际委员会的历史与发展，红十字国际委员会的法律地位和组织结构，红十字国际委员会的使命、经费和工作，以及红十字国际委员会对国际人道法的发展、传播和执行。

第三章红十字会与红新月会国际联合会，由国际联合会东亚代表处的彭玉美、张翼编写。该章主要介绍国际联合会百年来的历史与发展，系统描述其宗旨、职能、法律地位、治理结构和组织体系，介绍其指导战略和全球主要业务。

第四章国家红会，由彭玉美、张翼、蔡文男编写。该章主要介绍国家红会的起源和发展，国家红会的设立及如何得到国际批准和认定程序，国家红会在战争与和平时期的不同职责、任务，以及开展人道工作的主要领域和方法。

第五章国际红十字运动的组织与运行、第六章国际人道法，由郭阳编写。第五章先分别介绍国际红十字运动的三大组成部分，介绍将三个组成部分连接起来、协调相互合作的法定机构（包括红十字与红新月国际大会、国际红十字与红新月运动代表会议、红十字与红新月常设委员会），再介绍运动的标志、形成历史及其作用，运动的七项基本原则，最后介绍协调运动运作的《国际红十字与红新月运动章程》与《塞维利亚协议》。第六章主要介绍国际人道法的概念、渊源、主要原则，并分别对海牙法系及"日内瓦四公约"和三个附加议定书内容进行了介绍，对国际人道法和国家责任、集体责任、个人责任的实施和执行措施进行了阐释。

第七章国际红十字运动与国际组织，由马强编写。该章在简单回顾国际组织发展历史的基础上，梳理了国际红十字运动作为国际组织独有的创新特征，重点介绍了国际红十字组织与联合国、奥林匹克委员会的关系及合作。

第八章国际红十字运动面临的挑战与展望，由于丽颖编写。该章主要介绍当前全球政治、经济、社会、文化、生态环境发生的变化及带来的挑战，展开描述了武装冲突、气候变化及环境危机、自然灾害、健康及传染病、人口流动、技术变革、价值观等七个方面的挑战。为应对这些挑战，联合国牵头制定《2030年可持续发展议程》，提出了改变世界的十七个目标，同时国际红十字运动制订了"2030战略"，提出了运动的主要应对策略。

除了以上各章责任编写人员外，刘选国、马强负责统稿，王汝鹏负责最后审定。池子华、任浩、马文博、牛晓波、徐诗凌、吴苾雯、洪俊岭、张孚传、陈凡及出版社陈兴昌总编辑参与书稿审核修改，提出了很多有价值的修改意见和建议，郭进萍、李欣栩承担了红十字运动历史及重要人物注释的编写，谭渝丹负责了文稿的最后核校，吴昊思雨负责版面核对。

参加本书编写的人员一部分为红十字工作一线实务工作者，主要来自中国红十字会总会、省级红十字会、中国红十字基金会、红十字会与红新月会国际联合会东亚代表处等；一部分为来自中国社会科学院、苏州大学等学术研究机构的专家。大家利用业余时间搜集资料、研究、写作并完成书稿。受编写者知识结构、经验能力和视野所限，以及编写者各自视角和笔法的差异，书中风格略有差异，也存在一些缺憾和不足。按照学院第三次教材编审会意见，本书先期会作为学院授课讲义试用，同时不断征求意见进一步修改完善，争取最后编出一本合格的学院教材，作为广大红十字工作者、会员、志愿者及社会公众了解红十字运动知识，学习红十字工作基本理论，掌握人道救助工作技能的普及性、知识性、通俗性读本。

编　者

2023 年 6 月 26 日